IT 유망직업 100

**AI 시대,
나의 미래 직업을 위한
대학 진학 로드맵**

길벗정보연구회 지음

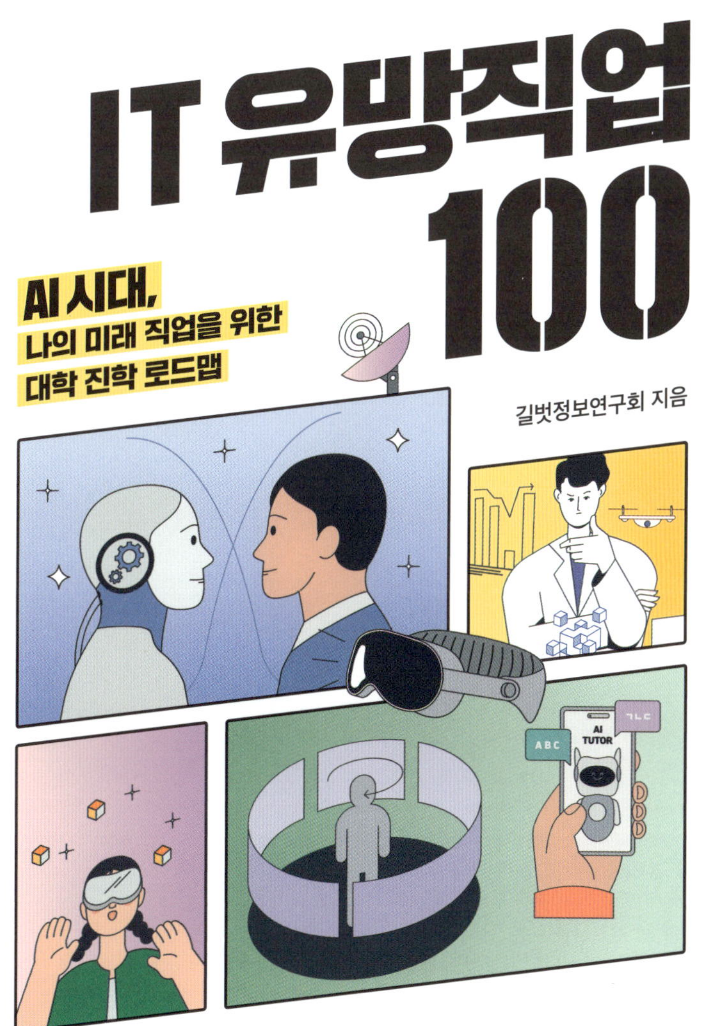

길벗

IT 유망직업 100

초판 1쇄 발행 · 2024년 11월 15일 | **지은이** · 길벗정보연구회 | **발행인** · 이종원

발행처 · (주)도서출판 길벗 | **출판사 등록일** · 1990년 12월 24일 | **주소** · 서울시 마포구 월드컵로 10길 56(서교동)

대표 전화 · 02)332-0931 | **팩스** · 02)323-0586 | **홈페이지** · www.gilbut.co.kr

책임편집 · 최준란(chran71@gilbut.co.kr) | **디자인** · 강은경 | **제작** · 이준호, 손일순, 이진혁

영업마케팅 · 김진성, 한준희 | **영업관리** · 김명자 | **독자지원** · 윤정아

교정교열 · 심은정 | **전산편집** · 페이지트리 | **인쇄** · 정민인쇄 | **제본** · 경문제책

ISBN 979-11-407-1425-4(길벗 도서번호 060136)

정가 19,800원

독자의 1초를 아껴주는 정성 길벗출판사

(주)도서출판 길벗(www.gilbut.co.kr) · 교육서, IT단행본, 경제경영서, 어학&실용서, 인문교양서, 자녀교육서

길벗스쿨(www.gilbutschool.co.kr) · 국어학습, 수학학습, 어린이교양, 주니어 어학학습, 학습단행본

페이스북 · www.facebook.com/gilbutzigy | **커뮤니티** · http://cafe.naver.com/gilbutit

* 본 내용은 교육부에서 지원하는 커리어넷(https://www.career.go.kr)을 참고하여 집필하였음을 밝힙니다.

2025년부터 전국적으로 고교학점제가 본격 시행됩니다. 고교학점제는 학생이 기초 소양과 기본 학력을 바탕으로 진로·적성에 따라 과목을 선택하고, 이수 기준에 도달한 과목에 대해 학점을 취득·누적하여 졸업하는 제도입니다. 주어진 교육 과정에서 제한된 수업을 듣는 것에서 벗어나 자신의 진로에 따라 다양한 과목을 선택해 공부하는 것을 허용하는 것이지요. 이를 통해 학생들은 자신에게 필요한 수업을 스스로 선택하고 자신의 진로를 개척해 나가는 자기주도적인 존재로, 교사는 학생 개개인의 다양한 성장과 맞춤형 학습을 지원하고 배움의 질을 보장하는 교수·학습 전문가로의 변화가 기대됩니다.

이러한 교육의 급격한 변화를 맞닥뜨린 지금, 학생들에게 자신의 진로를 어떻게 탐색하고 어떠한 과목을 수강해야 하는지, 교사들에게 학생들의 진로에 부합하는 교육 과정을 어떻게 설계할 수 있을지 등을 안내해주는 길잡이가 필요합니다.

《IT 유망직업 100》은 IT 계열로 진학·취업을 희망하는 학생과 학부모, 교사에게 유용한 정보를 제공하는 길잡이 역할을 해줍니다. IT 계열의 수많은 직업을 소개하고, 각 직업의 진학 로드맵, 고교학점제 준비 등을 한눈에 파악할 수 있습니다. 수시 모집의 학생부종합전형에서 전공과 관련된 과목을 적절하게 선택하는 것은 주요 평가 사항입니다. 따라서 단순히 좋아하는 과목, 높은 점수를 받을 수 있는 과목을 선택하는 것이 아니라 내가 진학하고자 하는 학과에 맞는 과목을 선택해야 합니다. 《IT 유망직업 100》의 '2025 고교학점제 준비, 이렇게 하세요'는 서울대학교에서 발표한 모집단위별 전공 연계 교과이수 과목을 토대로 전국 주요 대학의 다양한 학과 교육 과정을 분석하여 고교학점제에서 해당 학과에 진학하기 위해 수강해야 하는 과목을 일반선택, 진로선택, 융합선택에 따라 분류하여 정리하였습니다. 이 책에 소개된 고교학점제 정보를 통해 학생들은 자신의 진로를 탐색하며 자신이 수강해야 하는 과목을 쉽고 정확하게 파악할 수 있습니다. 또한 교사는 IT 계열의 학과를 지망하는 학생들을 위해 어떠한 과목을 설계해야 하는지 알 수 있고, 학부모 역시 자녀의 진로 활동에 대한 많은 정보를 얻을 수 있습니다.

《IT 유망직업 100》을 길잡이 삼아 다가올 교육의 변화에서 수많은 정보에 휘둘리지 않고 필요한 정보를 적절하게 얻으며 단단하게 중심을 잡아보시기를 바랍니다!

2024년 11월

백승균(용인고등학교 정보교사)

머리말   003
이 책 활용법   008
선생님들의 응원 한마디   010

PART 1
IT/SW

001 가상현실전문가   016

002 개인미디어콘텐츠제작자(크리에이터)   018

003 고객관리시스템(CRM)전문가   020

004 네트워크엔지니어   022

005 데이터베이스관리자   024

006 디지털큐레이터   026

007 디지털포렌식수사관   028

008 모바일앱개발자   030

009 블록체인전문가   032

010 사물인터넷전문가   034

011 사이버교육운영자   036

012 사이버평판관리자   038

013 생물정보분석가   040

014 생체인식전문가   042

015 스마트의류개발자   044

016 스마트재난관리전문가   046

017 스마트팜구축가   048

018 스마트팜운영자   050

019 시스템엔지니어   052

020 원격진료코디네이터   054

021 웹디자이너   056

022 웹마스터   058

023 웹접근성컨설턴트   060

024 웹프로듀서   062

025 유전공학연구원   064

026 의료기기개발전문가   066

027 의료정보시스템개발자   068

028 전자공학기술자   070

029 전자상거래전문가   072

030 정보보호전문가   074

031 정보시스템운영자   076

032 정보중개인   078

033 컴퓨터그래픽디자이너   080

034 컴퓨터하드웨어기술자 및 연구원　082

035 크라우드펀딩전문가　084

036 클라우드시스템엔지니어　086

037 통신망설계운영기술자　088

038 통신설비설치 및 수리원　090

039 투자분석가(애널리스트)　092

040 특수효과기술자　094

041 홀로그램전문가　096

042 IT교육강사　098

043 IT기술영업원　100

044 IT컨설턴트　102

045 UX디자인컨설턴트　104

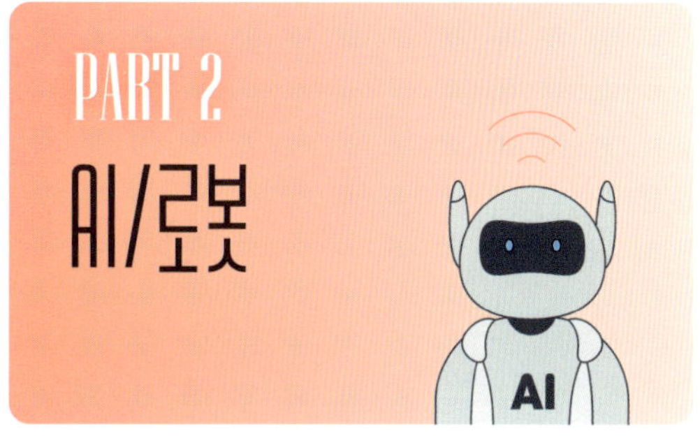

046 감성인식기술전문가　108

047 기계공학기술자 및 연구원　110

048 로봇연구원　112

049 로봇윤리학자　114

050 메카트로닉스공학기술자　116

051 빅데이터전문가　118

052 시스템소프트웨어개발자　120

053 신경회로망연구원　122

054 자동조립라인 및 산업용로봇조작원　124

PART 3 게임

055	게임감시관 및 조사관	128
056	게임기획자	130
057	게임방송프로듀서	132
058	메타버스크리에이터	134
059	비디오게임디자이너	136
060	컴퓨터게임시나리오작가	138
061	프로게이머	140

PART 4 우주/항공/환경

062	기후변화대응전문가	144
063	대기환경기술자	146
064	대체에너지개발연구원	148
065	드론전문가	150
066	드론콘텐츠전문가	152
067	무인항공기시스템개발자	154
068	비행기조종사	156
069	신재생에너지전문가	158
070	인공위성개발원	160
071	천문학연구원	162
072	항공교통관제사	164
073	항공기 · 선박조립 및 검사원	166
074	항공우주공학기술자	168

PART 5
공학

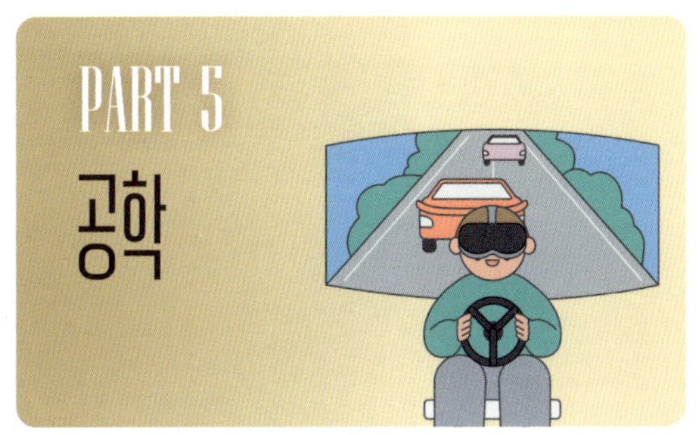

075	개인형이동수단개발자	172
076	금속공학기술자	174
077	도시 및 교통설계전문가	176
078	도시재생전문가	178
079	무선주파수(RF)엔지니어	180
080	반도체공학기술자	182
081	발명가	184
082	산업공학기술자	186
083	섬유공학기술자	188
084	생물공학연구원	190
085	스마트그리드엔지니어	192
086	스마트도시전문가	194
087	에너지공학기술자	196
088	원자력연구원	198
089	자동차공학기술자	200
090	전기공학기술자	202
091	조선공학기술자	204
092	지리정보시스템기사	206
093	토목공학기술자	208
094	통신공학기술자 및 연구원	210
095	통신엔지니어	212
096	통신장비기사	214
097	해양공학기술자	216
098	해양에너지기술자	218
099	환경공학기술자 및 연구원	220
100	3D프린팅전문가	222

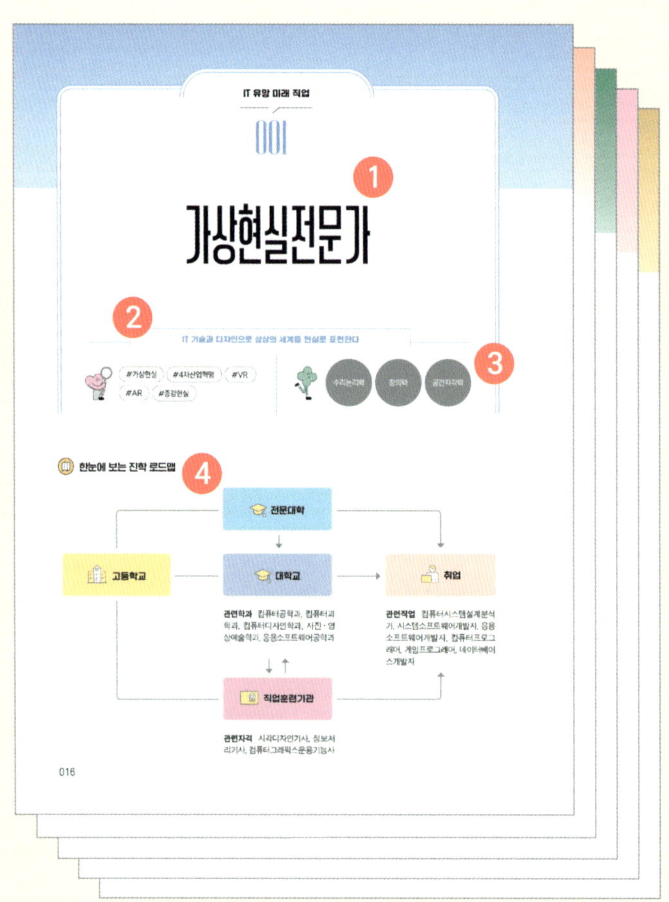

❶ 직업명을 안내합니다.

❷ 해당 직업을 한 문장으로 설명합니다. '어떤 일을 하나요?' 부분을 보면 해당 직업에 대해 더 자세히 알 수 있습니다.

❸ 관련 키워드와 필요한 적성을 실었습니다.

❹ 가장 일반적인 진학 로드맵을 보여줍니다. 하지만 모두가 이와 같은 경로를 거쳐 해당 직업에 종사하는 것은 아닙니다.

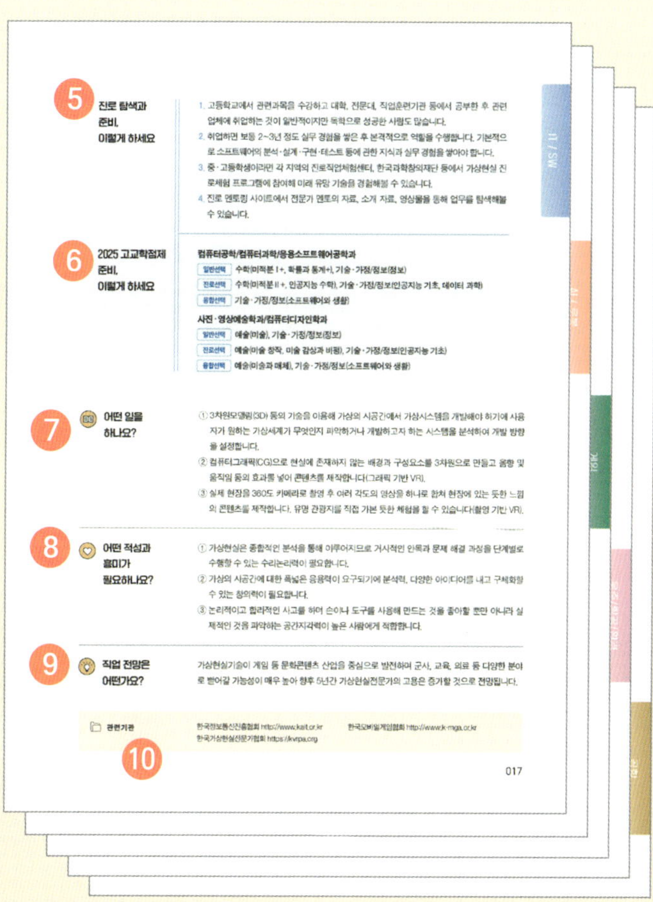

5 진로와 진학 방향과 중·고등학교 때부터 하면 좋은 활동을 설명합니다.

6 서울대학교에서 발표한 모집단위별 전공 연계 교과이수 과목을 토대로 전국 주요 대학의 다양한 학과 교육 과정을 분석하여 고교학점제에서 해당 학과에 진학하기 위해 수강해야 하는 과목을 일반선택, 진로선택, 융합선택에 따라 분류하여 정리하였습니다.

* 과목명 옆의 ++는 서울대 핵심 권장과목, +는 권장과목을 의미합니다.

7 하는 일을 알면 직업에 대한 이해도가 높아집니다. 자신이 하고 싶은 일, 할 수 있는 일을 꼼꼼히 따져보세요.

8 자신의 적성과 흥미는 진로 선택에 있어 중요한 기준이 됩니다.

9 해당 직업의 전망을 분석합니다.

10 더 알고 싶은 정보가 있으면 관련기관 사이트에 수시로 들어가 살펴보세요.

"진로를 고민하는 모든 청소년에게"

> 진로, 막연하게 생각만 하고 있으면 더 어렵고 힘듭니다. 이제 다양한 사이트와 이 책에서 수시로 관련 정보를 찾아보는 습관을 길러보세요. 그러면 진로에 대해 더 진지하게 고민하고 나에게 맞는 진로를 그 누구보다 빨리 찾을 수 있습니다.
> — 신갈고등학교, 강소희

> IT(Information Technology)에도 컴퓨터 하드웨어뿐 아니라 다양한 관련 직종이 있습니다. 이 책을 통해 자신이 가장 관심 있어 하는 분야를 잘 찾아보고 그에 맞는 여러 활동을 해나가며 차근차근 미래를 준비해보기를 추천합니다.
> — 부명고등학교, 강예진

> 당연히 진로와 진학에 있어 그에 맞는 특정 과목이나 활동을 선택하고 준비하는 것은 중요하지만 다른 분야의 지식을 얻는 것 역시 포기하지 않았으면 좋겠습니다. 청소년기에 배우는 모든 것은 여러분의 생각을 넓게 하고 문제를 해결하는 능력을 키워주기 때문입니다. 다양한 것을 접하는 과정에서 진로가 바뀌기도, 혹은 확장되기도 한답니다. 이 책을 통해 자신의 진로를 고민하여 진학을 결정하고, 더불어 관련 지식을 얻기 위해 꾸준히 노력한다면 반드시 좋은 결실을 맺을 거라 생각해요!
> — 송운중학교, 권정아

> 관심 있는 싶은 분야(OS, DB, NW, 프로그래밍)를 정해서 관련 동아리 등을 만들어 꾸준히 준비하세요. 또한 코드업 사이트(코딩 실습 사이트)를 활용하여 스스로 학습하고 청소년 코딩대회에도 참가해본다면 진학에 도움이 되리라 생각합니다.
> — 한수중학교, 김경진

> 진학이나 미래를 고민할 때는 다양한 경험을 통해 자신을 잘 이해하고, 자신만의 강점을 살리는 방향으로 나아가야 합니다. 이 과정에서 실패와 어려움은 성장의 과정임을 기억하세요. 무엇보다 항상 긍정적인 마음가짐을 잃지 말고, 스스로를 믿으세요.
> — 수원고등학교, 김민지

> 중학생이라면 무엇보다 평상시에 정보 교과 수업을 충실히 따라가고 수행평가나 중간, 기말고사 점수를 관리해놓는 것이 기본입니다. 더불어 IT/SW/AI/로봇 등의 자율 동아리를 직접 개설하거나 기존에 이미 만들어져 있다면 참여하는 것이 좋습니다. 프로그래밍 해커톤이나 관련 대회에 참가하고 교내외에서 개최되는 관련 특강을 수강하는 것도 도움이 됩니다. 이 모든 것이 생활기록부에 기재가 되고 자기소개서의 내용을 더 풍부하게 만듭니다. 또한 다양한 IT 관련 직업을 한눈에 살펴볼 수 있는 이 책으로 미리미리 진로를 준비해보세요.
> — 불로중학교, 김주희

> 먼저 꿈을 갖고 그 꿈을 이루기 위한 구체적인 방법을 찾아보고 단계적으로 작은 목표들을 세워나가기를 바랍니다. 작은 목표는 나의 성공과 실패 경험이 되어주고 더 나아가 성장의 디딤돌이 되어주기 때문입니다. 그러면 미래가 한 발 한 발 내 앞으로 다가올 거예요.
> — 거원중학교, 김예지

> 기하, 미적분, 정보과학, 데이터과학, 확률과 통계, 인공지능 기초… 도대체 내 전공을 위해 어떤 과목을 선택해야 할지 감이 오지 않는다면, 해당 교과 선생님이나 담임 선생님, 이 책의 도움을 받아 결정해보세요. — 용인삼계고등학교, 김지현

> 그 어떤 진로, 교과 활동도 성적을 넘어서 판단되지는 않기에 성적 관리가 중요합니다. 그렇기에 이 책을 참고하여 진학·진로 로드맵을 설계해놓고 연계된 교과를 충실히 학습하는 것이 미래 유망직업을 얻는 데 도움이 될 것입니다.
> — 현대청운고등학교, 김춘희

> 우리 생활에 정보 기술은 떼려야 뗄 수 없는 필수 기술이 되었습니다. 미래 사회는 무궁무진하게 열려 있습니다. 앞으로 여러분이 살아가고 이끌어갈 미래 사회에서 적극적으로 정보 기술을 발전시키고 핵심 기술을 개발하는 인재가 되기를 소망합니다.
> — 안화중학교, 김혜연

66 이제 학생부종합전형은 특히 내가 가고 싶어 하는 분야와 일치하는 과목을 이수했는지를 매우 중요하게 평가합니다. 진로를 정하고 이에 맞는 과목을 선택해 성실히 수업을 듣는다면 꼭 좋은 성과를 얻을 수 있을 것입니다.
— 인천영종고등학교, 김희연

66 하고 싶은 일을 하면서 살아간다면 그렇지 않은 사람에 비해 보람을 더 느낄 수 있습니다. 모든 직업은 고유한 특성과 가치가 있으므로 자신의 직업 가치관에 맞는 직업을 선택하여 개인의 자아실현을 이루고 사회 발전에 이바지할 수 있기를 바랍니다.
— 대구중앙중학교, 나윤경

66 학생부종합전형에서 가장 중요한 부분은 과목 선택과 진로 활동입니다. 희망 학과와 관련된 과목 선택이 우선이며, 연관 과목들에서도 희망 학과와 관련된 심화 연구 주제, 발표 주제를 선정해야 합니다. 학교에서 진행하는 진로 활동들에도 적극적으로 참여해보세요.
— 원곡고등학교, 박수빈

66 최근 구글코리아 본사에 다녀온 경험을 말씀드리면 구글은 정말 해고를 하지 않는 곳인데 최근 시키는 것만 코드로 짜는 분이 많이 해고되었다고 합니다. 결국 모든 일은 인간과의 관계이기도 하므로 인문학에 대한 탐구도 게을리해서는 안 됩니다. 실제 SW학과 관련 지도교수님도 수학과 같은 기초교과의 중요성을 강조했으며, 코딩만 열심히 한 학생보다 무언가를 주도적으로 구상하고 이끌어간 경험이 있는 친구가 진학에 성공한 사례를 보았습니다. 그러니 독서를 통해 다양한 지식을 얻도록 해야 합니다.
— 성의여자고등학교, 백길운

66 수학, 과학 등의 공부를 항상 소홀히 하지 않으면서 자신에게 잘 맞는 입시 전형이 무엇인지 생각해보고, 전략에 따라 자신의 강점을 강화하고 약점을 보완한다면 충분히 좋은 결과를 얻을 수 있을 것이라 생각합니다. 모두 파이팅하세요!
— 종암중학교, 박지호

66 자유학기를 통해 다양한 진로를 체험해보세요. 진로를 일찍 결정하면 고등학교 선택의 폭이 넓어지고 목표를 향해 갈 수 있는 시간이 단축됩니다. 일반 고등학교에서 고교학점제 교과를 선택할 때나 특성화고 학과를 선택할 때도 많은 도움이 됩니다.
— 광주수피아여자중학교, 서지웅

66 평소 컴퓨터와 코딩에 관심이 많은 학생은 미래에 구글과 같은 기업에 취직해 프로그램을 만들고 싶다고 말하곤 합니다. 관심을 가지고 있는 분야의 책이나 영상을 찾아보며 도전하다 보면 분명 여러분이 원하는 진학의 길로 한 걸음 더 다가가 있을 것이라 생각합니다. 응원합니다~!
— 대전봉명중학교, 신유진

66 가장 중요한 것은 능동적인 태도입니다. 나는 어떤 일을 할 때 행복할지 충분히 생각해본 후 진로를 정하고 그 진로에 필요한 것들을 찾으세요. 이때 부모님, 교사, 친구, 선배 등 주변의 도움을 적극적으로 받으면 좋습니다. 내신점수를 위해 학교 공부를 열심히 하고, 학생부종합전형을 위해 동아리 활동, 교내 교과 행사에 열정적으로 참여합니다. 수시 최저 등급을 맞추기 위해 모의고사 공부 역시 열심히 해야 합니다. 학교생활 전반에 걸쳐 능동적으로 열심히 해나가면 여러분이 원하는 목표를 이룰 수 있을 것입니다.
— 용인고등학교, 백승균

66 인공지능이 빠르게 발전하면서 직업에도 많은 변화가 예상됩니다. 그렇기 때문에 관련 정보를 신속하게, 제대로 아는 것이 더욱 중요해졌습니다. 미래 IT 직업의 다양한 정보를 제공하는 이 책이 여러분의 진로 결정에 많은 도움이 되기를 바랍니다.
— 광주효광중학교, 심현철

66 모든 과학기술은 보다 더 나은 사회를 만들기 위해 만들어져야 하니까 어려운 일이지만 인문학적 소양을 갖추고 과학기술을 탐구하는 융합적 사고력을 키우도록 노력하면 좋겠습니다. 가장 좋은 방법은 다양한 분야에 대한 폭넓은 독서라고 생각합니다.
— 부천고등학교, 오유경

❝ 진학 상담은 학생이 자신의 학업 목표와 진로를 설정하고 이를 달성하기 위한 구체적인 계획을 세우도록 돕는 과정입니다. 학생들은 여러 차례의 진학 상담을 통해 많은 자료와 경험자의 조언을 참고해 자신의 준비 상황을 점검하고, 필요에 따라 계획을 조정해간다면 후회하지 않을 진로 선택을 할 수 있을 것입니다. 그렇기에 학생은 무엇보다 정확한 자기 이해를 바탕으로 목표에 맞는 명확한 정보를 찾고, 구체적인 실행 계획을 세워서 자신의 목표를 달성해야 합니다.

– 만수북중학교, 오정택

❝ IT 분야에서의 성공은 꾸준한 자기개발과 학습이 핵심입니다. 중·고등학교에서 프로그래밍, 데이터 분석, 논리적 사고력을 키우는 과목을 수강하며 기초를 다지세요. 최신 기술 트렌드에 지속적으로 관심을 갖고 스스로 학습하는 습관을 길러야 합니다.

– 학산중학교, 오정민

❝ 프로그래밍은 코드를 논리적으로 구현하는 것이기에 이와 관련된 직업을 갖고자 한다면 독서를 통한 논리력을 기르는 것도 중요합니다. 콘텐츠 개발 관련 직업을 희망하는 경우라면 교내외 행사나 대회에 참여해 콘텐츠를 만들어보는 경험을 쌓으면 좋습니다.

– 양강중학교, 윤선영

❝ 대학의 컴퓨터 관련 학과뿐 아니라 이공계, 상경계열에서도 프로그래밍은 이미 필수가 되었습니다. 이 책을 통해 IT 미래 유망직업이 얼마나 다양한지 미리 탐색해볼 수 있으며 더불어 2025년 고교학점제 시행에 맞추어 관련 과목 선택에 도움을 받을 수 있을 것입니다.

– 인천연송고등학교, 윤태현

❝ 미래에는 정말 다양한 직업들이 있을 것이기에 직업들에 대해 찬찬히 읽어보는 것은 자신의 미래를 그려보는 시간이 될 거라고 생각합니다. 미래 사회의 주인공이 될 모든 학생이 다양한 IT 미래 직업을 접하고 자신의 길을 만들어나가기를 응원합니다.

– 상산고등학교, 윤현지

❝ 컴퓨터공학 안에도 여러 갈래의 길이 있습니다. 그렇기에 내가 잘하는 게 무엇인지, 하고 싶은 게 무엇인지 일찍 고민해서 그 분야의 전문성을 키우는 활동들을 해보는 게 중요합니다. 개발자라면 언어, 데이터베이스 관련이라면 SQL, 보안은 네트워크 등 할 수 있는 게 많습니다.

– 산내중학교, 이두리

❝ 고등학교 1학년 때부터 내신을 철저히 관리하고 진로와 관련된 학교 주도 프로젝트가 운영된다면 반드시 참여하여 대입에 도움이 되도록 해야 합니다. 무엇보다 고교학점제 도입으로 선택의 기회가 많아진 만큼 일찍부터 방향을 잘 세워서 준비해야 합니다.

– 덕현고등학교, 이수경

❝ 중학교와 고등학교 시절은 여러분의 인생에서 매우 중요한 전환점입니다. 이 시기 동안 다양한 경험을 쌓고 여러 활동에 도전해보는 것이 중요합니다. 활동 중 맞닥뜨리는 실패를 두려워하지 말았으면 좋겠습니다. 또한, 좋은 인간관계는 학습뿐만 아니라 여러분들이 살아가면서 많은 순간에 도움이 됩니다. 무엇보다도 여러분이 가진 가능성은 무한하다는 것을 항상 기억하며, 최선을 다하는 습관을 길러보세요. 그러면 언젠간 여러분들이 원하는 목표를 얻을 수 있을 것입니다. 여러분의 앞날을 응원합니다!

– 석호중학교, 이성지

❝ 하고 싶은 직업이 없어서 고민이거나 아직 자신의 꿈을 정하지 못한 학생들에게 추천합니다. 4차산업혁명의 급변하는 시대적 흐름 속에서 이 책이 학생 여러분이 꿈을 이룰 수 있도록 진로의 길잡이 역할을 하기를 바랍니다.

– 동우여자고등학교, 이시웅

❝ 무작정 성적 받기 쉬운 과목을 선택하는 시대는 지났습니다. 조금 어렵더라도 진로 역량을 기르기에 적합한 과목을 소신 있게 선택하여 공부한 학생들을 대학에서는 더 선호합니다. 자기주도적으로 학교생활을 계획하세요.

– 향남고등학교, 이은무

　　IT 관련 진학 및 진로에 진정으로 흥미가 있다면, 새로운 기술 트렌드를 주시하고, 그에 맞춰 자신의 학습 계획을 세우세요. 또한 학생 시절에 할 수 있는 다양한 경험을 쌓는 것도 중요합니다. 자신의 꿈을 향해 끊임없이 노력하고 발전해 나가기를 응원할게요.♥
— 정일중학교, 이지후

　　특히 중학생은 무슨 일이 하고 싶은지 모르는 학생들이 많고 그렇기에 공부를 왜 해야 하는지 동기부여가 안 되는 경우가 많은 것 같습니다. 주변 사람의 도움과 조언을 듣고 이 책을 비롯한 다양한 책을 읽으면서 미래를 생각해보는 시간을 가졌으면 좋겠습니다.
— 광동중학교, 이홍재

　　중학교 때는 학생들이 여러 직업에 대해 탐구해야 할 시기입니다. IT 기술의 발달로 평생 한 직업에만 종사하는 게 아니라 여러 차례 직업과 직종을 바꿀 수도 있는 사회가 되었기 때문입니다. 단순하게 나의 적성에 맞는 직업이 무엇인지만 찾는 것은 의미가 없습니다. 다양한 분야의 직업을 알아보고, 관련 책 독서와 체험 활동, 영상 시청을 통해 자신의 적성에 맞으면서 미래에도 살아남을, 미래를 이끌, 계속해서 일을 해나갈 수 있는 유망한 직업이 무엇인지 생각해보는 것이 중요합니다.
— 상갈중학교, 임병주

　　인공지능 시대의 도래와 함께 IT 관련 세부 직업에 대한 전망이 다양해졌습니다. 자신의 적성에 맞는 IT 관련 직업을 탐색하며 미래에 유망한 직업을 찾고 진학 로드맵을 잘 계획하여 우리나라를 이끌어 갈 IT 인재로 성장하기를 바랍니다.
— 아름고등학교, 임건웅

　　고교학점제는 자유롭게 과목 선택을 하는 것이지만 미래 진로에 필요한 과목들을 미리 이수해놓는 것이기도 합니다. 1학년 때 희망 직업이 구체적으로 정해지지는 않아도 분야 정도는 꼭 정해서 교과목을 선택하고 교육에 임해야 수시든 정시든 준비하는 데 도움이 될 것입니다.
— 경문고등학교, 전지은

　　구체적인 직업이 아니더라도 먼저 자신이 하고 싶은 분야와 잘하는 분야를 찾아봤으면 좋겠습니다. 어떤 삶을 살고 싶은지 생각하고, 어떻게 하면 좀 더 행복한 삶을 살 수 있는지 고민했으면 좋겠습니다. 그것을 위해 자신의 미래 진로를 그려보고, 진로를 도와줄 수 있는 전공학과와 대학을 선택하면 더 좋겠습니다. 특히 대학보다는 실제 실력을 높여줄 수 있는 전공학과를 먼저 살펴보고 그 학과에 진학하기 위해 고등학교 때 배워야 하는 과목을 잘 선택한다면 진로와 진학, 행복한 삶 모두를 얻을 수 있을 겁니다.
— 영일고등학교, 이종택

　　1학년 때는 적극적으로 진로를 탐색하고 2학년 때는 진로를 정하면 좋습니다. 또한 아무리 생기부가 중요하다고 해도 내신이 80% 이상을 결정하니 학교 내신에도 신경 써야 합니다. 나의 진로를 나타낼 수 있는 교과목 선택과 활동을 해서 특색 있는 생기부로 디자인하세요.
— 대전둔원중학교, 정종호

　　선생님도 학창시절 진로로 방황을 많이 했습니다. 작곡가를 꿈꾸며 예고 입시도 준비해보고, 우주에 관심이 많아 천문학자를 꿈꾸기도 했다가, 지금은 정보 선생님이 되었습니다. 여러분들도 진로가 불분명하다고 좌절하지 말고 이 책을 통해 본인의 흥미와 적성을 찾으세요!
— 안곡중학교, 정화정

　　고3만 6년째 가르치는 정보 컴퓨터 교사로서 2학년 때부터 내신이나 생활기록부를 포기하는 것은 말리고 싶습니다. 내신과 정시가 같은 2등급대라면 수시로 갈 수 있는 학교가 더 레벨이 높다고 생각하기 때문입니다. 변화하는 입학 제도에 맞춰 열심히 정보를 찾아보세요.
— 수원칠보고등학교, 최보미

　　본인이 좋아하는 영역과 잘하는 영역이 명확하게 두드러져 진학하는 친구들은 많지 않습니다. 그러니 친구들과 비교하여 본인의 진로를 성급하게 결정하기보다 관심 계열로만 진학한 후 대학에 가서 구체적으로 탐구해도 늦지 않는다는 사실을 잊지 않았으면 좋겠습니다.
— 잠신중학교, 최정원

IT/SW

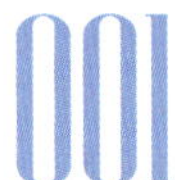

001

가상현실전문가

IT 기술과 디자인으로 상상의 세계를 현실로 표현한다

#가상현실 #4차산업혁명 #VR
#AR #증강현실

수리논리력 창의력 공간지각력

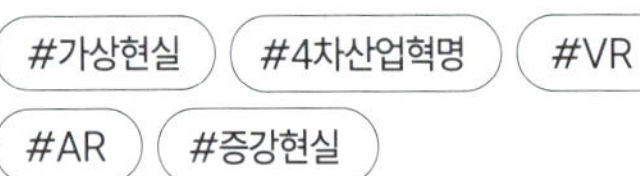

한눈에 보는 진학 로드맵

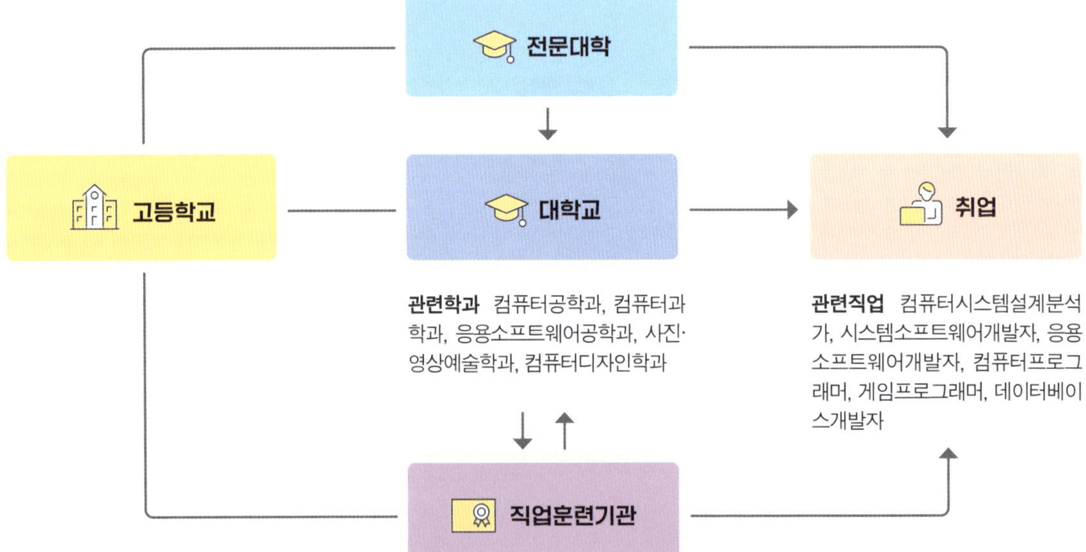

관련학과 컴퓨터공학과, 컴퓨터과학과, 응용소프트웨어공학과, 사진·영상예술학과, 컴퓨터디자인학과

관련직업 컴퓨터시스템설계분석가, 시스템소프트웨어개발자, 응용소프트웨어개발자, 컴퓨터프로그래머, 게임프로그래머, 데이터베이스개발자

관련자격 시각디자인기사, 정보처리기사, 컴퓨터그래픽스운용기능사

**진로 탐색과
준비,
이렇게 하세요**

1. 고등학교에서 관련과목을 수강하고 대학, 전문대, 직업훈련기관 등에서 공부한 후 관련 업체에 취업하는 것이 일반적입니다.

2. 취업하면 보통 2~3년 정도 실무 경험을 쌓은 후 본격적으로 역할을 수행합니다. 기본적으로 소프트웨어의 분석·설계·구현·테스트 등에 관한 지식과 실무 경험을 쌓아야 합니다.

3. 중·고등학생이라면 각 지역의 진로직업체험센터, 한국과학창의재단 등에서 가상현실 진로체험 프로그램에 참여해 미래 유망 기술을 경험해볼 수 있습니다.

4. 진로 멘토링 사이트에서 전문가 멘토의 자료, 소개 자료, 영상물을 통해 업무를 탐색해볼 수 있습니다.

**2025 고교학점제
준비,
이렇게 하세요**

컴퓨터공학과/컴퓨터과학과/응용소프트웨어공학과

일반선택	수학(미적분 I ++, 확률과 통계++), 기술·가정/정보(정보)
진로선택	수학(미적분 II ++, 인공지능 수학), 기술·가정/정보(인공지능 기초, 데이터 과학)
융합선택	기술·가정/정보(소프트웨어와 생활)

사진·영상예술학과/컴퓨터디자인학과

일반선택	예술(미술), 기술·가정/정보(정보)
진로선택	예술(미술 창작, 미술 감상과 비평), 기술·가정/정보(인공지능 기초)
융합선택	예술(미술과 매체), 기술·가정/정보(소프트웨어와 생활)

* 과목명 옆의 ++는 서울대 핵심 권장과목, +는 권장과목을 의미합니다.

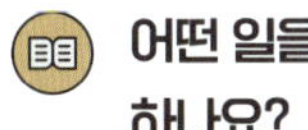 **어떤 일을
하나요?**

① 3차원모델링(3D) 등의 기술을 이용해 가상의 시공간에서 가상시스템을 개발해야 하기에 사용자가 원하는 가상세계가 무엇인지 파악하거나 개발하고자 하는 시스템을 분석하여 개발 방향을 설정합니다.

② 컴퓨터그래픽(CG)으로 현실에 존재하지 않는 배경과 구성요소를 3차원으로 만들고 음향 및 움직임 등의 효과를 넣어 콘텐츠를 제작합니다(그래픽 기반 VR).

③ 실제 현장을 360도 카메라로 촬영 후 여러 각도의 영상을 하나로 합쳐 현장에 있는 듯한 느낌의 콘텐츠를 제작합니다. 유명 관광지를 직접 가본 듯한 체험을 할 수 있습니다(촬영 기반 VR).

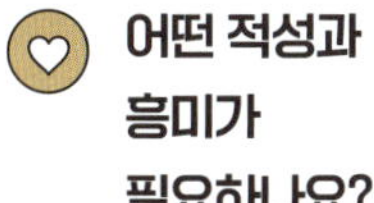 **어떤 적성과
흥미가
필요하나요?**

① 가상현실은 종합적인 분석을 통해 이루어지므로 거시적인 안목과 문제 해결 과정을 단계별로 수행할 수 있는 수리논리력이 필요합니다.

② 가상의 시공간에 대한 폭넓은 응용력이 요구되기에 분석력, 다양한 아이디어를 내고 구체화할 수 있는 창의력이 필요합니다.

③ 논리적이고 합리적인 사고를 하며 손이나 도구를 사용해 만드는 것을 좋아할 뿐만 아니라 실제적인 것을 파악하는 공간지각력이 높은 사람에게 적합합니다.

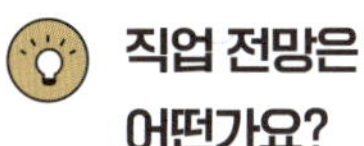 **직업 전망은
어떤가요?**

가상현실 기술이 게임 등 문화콘텐츠 산업을 중심으로 발전하며 군사, 교육, 의료 등 다양한 분야로 뻗어갈 가능성이 매우 높아 향후 가상현실전문가의 고용은 증가할 것으로 전망됩니다.

📁 **관련기관**

한국정보통신진흥협회 http://www.kait.or.kr   한국모바일게임협회 http://www.k-mga.or.kr
한국가상현실전문가협회 https://kvrpa.org

IT 유망직업 100

002

개인미디어콘텐츠제작자 (크리에이터)

내가 표현하고 싶은 것들을 영상콘텐츠로 만든다

#인터넷방송 #스트리머 #BJ #MCN

예술시각능력 창의력

한눈에 보는 진학 로드맵

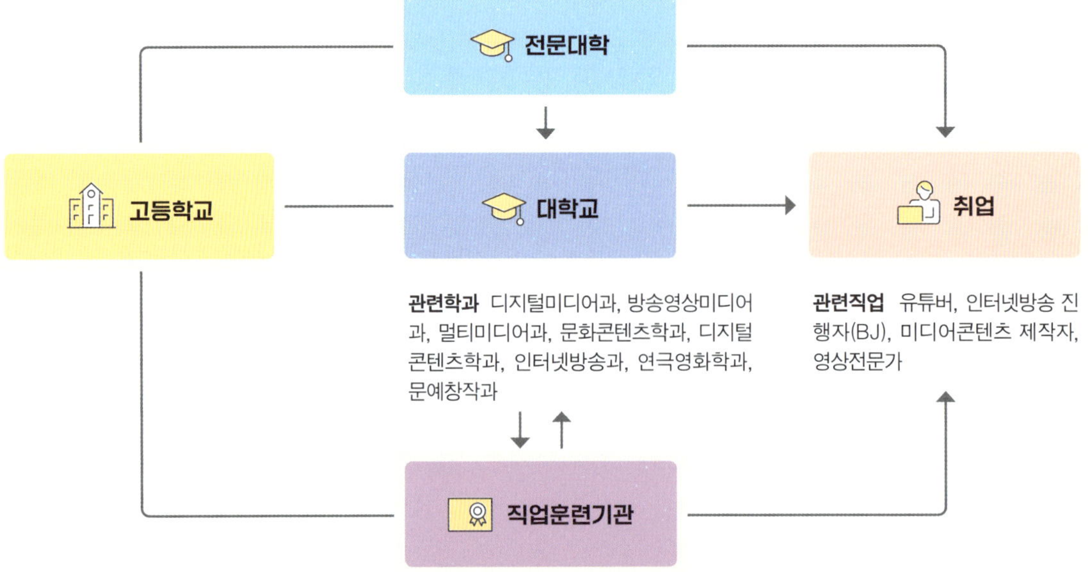

관련학과 디지털미디어과, 방송영상미디어과, 멀티미디어과, 문화콘텐츠학과, 디지털콘텐츠학과, 인터넷방송과, 연극영화학과, 문예창작과

관련직업 유튜버, 인터넷방송 진행자(BJ), 미디어콘텐츠 제작자, 영상전문가

관련자격 멀티미디어콘텐츠제작전문가, 컴퓨터그래픽스운용기능사, 디지털영상편집, GTQ

진로 탐색과 준비, 이렇게 하세요

1. 전공이나 학력의 제한은 없으나 고등학교의 방송학과, 영상·예술과에 입학하거나 전문대학과 대학의 관련학과에서 콘텐츠의 기획·연출·운영·제작 기법을 배우면 유리합니다.
2. 대학 부설 평생교육기관에서 1인 미디어콘텐츠 제작 과정, 영상제작 과정을 이수하거나 민간 훈련기관의 영상제작 과정을 통해 훈련과 교육을 받을 수 있습니다.
3. 중·고등학생이라면 지역의 청소년진로직업체험센터, 청소년센터, 대학, 민간기업에서 운영하는 크리에이터 진로체험 프로그램에 참여하여 크리에이터 업무를 알아볼 수 있습니다.
4. 진로 멘토링 사이트에서 전문가 멘토의 자료, 소개 자료, 영상물을 보면 좋습니다.

2025 고교학점제 준비, 이렇게 하세요

디지털미디어과/방송영상미디어과/멀티미디어과

일반선택	예술(미술), 기술·가정/정보(정보)
진로선택	예술(미술 창작, 미술 감상과 비평), 기술·가정/정보(인공지능 기초)
융합선택	예술(미술과 매체), 기술·가정/정보(소프트웨어와 생활)

문화콘텐츠학과

일반선택	국어(문학), 사회(사회와 문화), 기술·가정/정보(정보)
진로선택	국어(문학과 영상), 영어(영미 문학 읽기)
융합선택	국어(매체 의사소통), 영어(세계 문화와 영어)

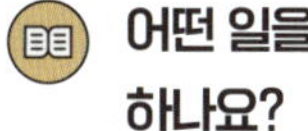

어떤 일을 하나요?

① 취업보다는 주로 미디어플랫폼(유튜브 등)에 자기 채널을 만들어 개인의 적성과 취향에 따라 표현하고 싶은 주제의 콘텐츠를 제작해 올립니다.
② 자신의 전문성을 토대로 직접 미디어콘텐츠 제작과 관련된 회사를 차리거나 미디어콘텐츠(MCN: Multi Channel Network) 회사에 소속되어 활동하기도 합니다.
③ 제작자 개인의 적성과 취향에 따라 표현하고 싶은 주제의 콘텐츠 제작을 위한 자료 조사와 기획·연출·영상 촬영·편집을 합니다.

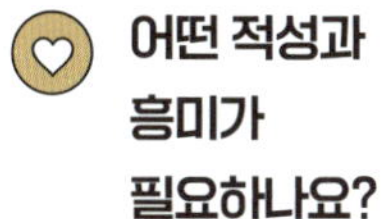

어떤 적성과 흥미가 필요하나요?

① 제작하고 싶은 콘텐츠 주제에 맞춰 영상을 조화롭게 재구성하는 예술시각능력이 필요합니다.
② 창의적이고 유연한 사고를 통해 떠오르는 아이디어를 콘텐츠화하는 창의력이 필요합니다.
③ 평소 자기 생각을 SNS 등 미디어콘텐츠를 통해 다른 사람들에게 표현하는 것을 즐기는 사람에게 적합합니다.
④ 콘텐츠 제작에 필요한 아이디어를 얻기 위해 여러 주제에 대한 영상 채널을 구독하거나 팟캐스트를 청취하고, 문화예술 분야에 관심이 많은 사람에게 유리합니다.

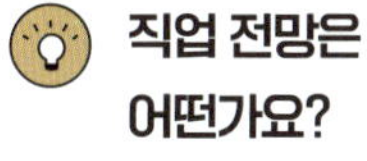

직업 전망은 어떤가요?

최근에는 포털에서 키워드로 검색하는 것보다 영상 플랫폼을 통해 검색하고 관련 콘텐츠를 이용하는 사람이 늘고 있습니다. 개인이 제작한 미디어콘텐츠를 좋아하는 사람 역시 점점 늘고 있어 전망이 밝습니다.

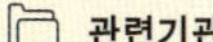

관련기관 한국엠씨엔협회 http://kmcna.or.kr   한국콘텐츠진흥원 http://www.kocca.kr

고객관리시스템(CRM)전문가

📖 한눈에 보는 진학 로드맵

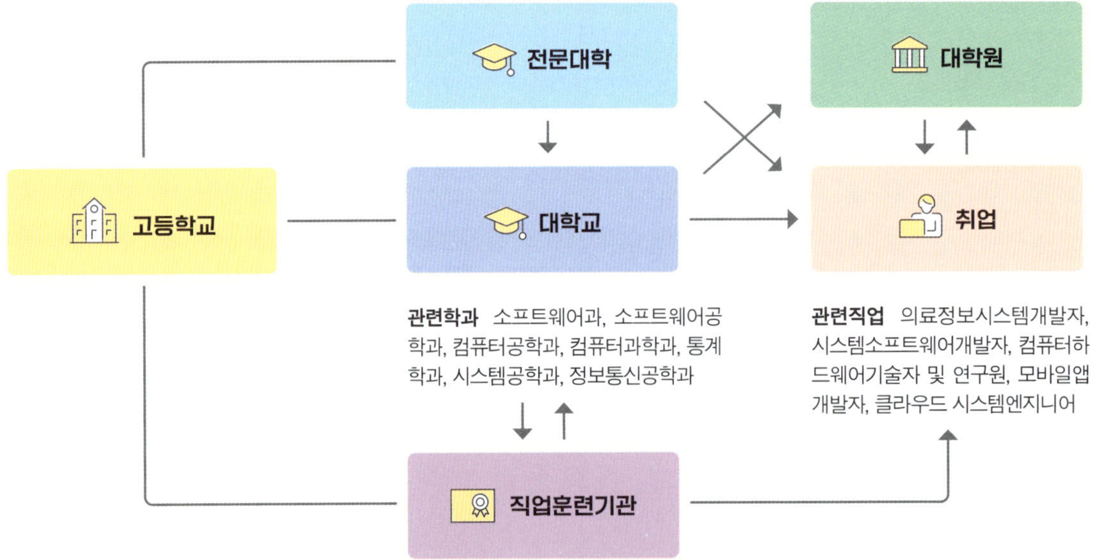

관련학과 소프트웨어과, 소프트웨어공학과, 컴퓨터공학과, 컴퓨터과학과, 통계학과, 시스템공학과, 정보통신공학과

관련직업 의료정보시스템개발자, 시스템소프트웨어개발자, 컴퓨터하드웨어기술자 및 연구원, 모바일앱개발자, 클라우드 시스템엔지니어

관련자격 전자계산기기사, 전자계산기조직응용기사, 정보처리기사, 컴퓨터시스템응용기술사, 고객DB분석가

진로 탐색과 준비, 이렇게 하세요

1. 고등학교에서 관련과목을 수강하고 컴퓨터나 정보통신 관련학과를 졸업하는 것이 유리하지만 사설 교육기관에서 운영하는 웹프로그래밍, JAVA, 웹개발자 양성과 같은 과정을 통해 관련 자격증을 취득하는 것도 좋습니다.
2. 중·고등학생이라면 각종 컴퓨터 프로그램 코딩 학습사이트나 코딩 연습을 통해 모바일 웹, 모바일 애플리케이션 개발에 필요한 기초 지식과 원리를 이해해야 합니다.
3. IT 컴퓨터, 클라우드컴퓨팅 빅데이터, 인공지능, 5G, 사물인터넷 등 관련 영상 시청을 통해 지식을 얻을 수 있습니다.

2025 고교학점제 준비, 이렇게 하세요

소프트웨어과/소프트웨어공학과/컴퓨터공학과/컴퓨터과학과

일반선택	수학(미적분 I++, 확률과 통계++), 기술·가정/정보(정보)
진로선택	수학(미적분 II++, 인공지능 수학), 기술·가정/정보(인공지능 기초, 데이터 과학)
융합선택	기술·가정/정보(소프트웨어와 생활)

통계학과

일반선택	수학(미적분 I++, 확률과 통계++), 기술·가정/정보(정보)
진로선택	수학(미적분 II++, 인공지능 수학, 기하++), 기술·가정/정보(데이터 과학)
융합선택	수학(실용 통계)

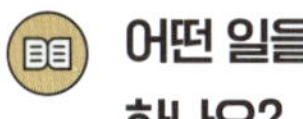 **어떤 일을 하나요?**

① 고객과 관련된 기업의 내외부 자료를 분석·통합하여 사용자의 특성에 기초한 기업의 영업 활동을 지원하기 위한 정보시스템을 연구하고 설계하는 일을 합니다.
② 기업의 전략, 목표 등을 분석하고 기업의 비즈니스와 연결해 효과적으로 고객을 관리하도록 합니다.
③ 고객관리시스템(CRM)과 관련된 국내외의 최신 정보기술을 파악·분석하여 정보시스템을 개선하고 보완합니다.
④ 고객관리시스템의 운영·관리에 대한 교육과 기술적 조언을 합니다.

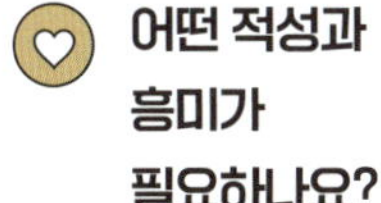 **어떤 적성과 흥미가 필요하나요?**

① 외부 고객을 관리하고 내부 관리자가 편리하게 이용할 수 있는 정보시스템을 개발하기 위해 개발 요구 사항을 파악한 후 프로그래밍하여 소프트웨어로 만들 수 있는 수리논리력이 필요합니다.
② 소프트웨어 개발과 관련된 최신 기술과 정보시스템 개발에 필요한 최신 소스 코드에 대한 정보를 찾고 관련 내용을 탐구하기 좋아하는 사람에게 적합합니다.
③ 소프트웨어를 만드는 컴퓨터 프로그래밍은 정해진 코딩 규칙에 따라 논리적으로 작성되어야 하므로 반복적이고 체계화된 작업을 즐길 수 있는 사람에게 적합합니다.

직업 전망은 어떤가요?

스마트폰 보급이 대중화되면서 이동 중에 업무를 보는 모바일오피스, 휴대폰으로 콘텐츠를 실시간으로 주고받는 사회관계망서비스(SNS) 등이 확산되고 있어 향후 모바일 부문을 중심으로 일자리가 증가할 것으로 보입니다.

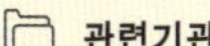 **관련기관**　　한국정보통신진흥협회 http://www.kait.or.kr　　한국CRM디지털마케팅협회 https://www.kcdma.or.kr

004

네트워크엔지니어

네트워크 환경 구축, 유지와 보수하는 작업을 수행한다

#소프트웨어 #하드웨어 #IT
#클라우드 #5G #서버 #전산망

수리논리력 공간지각력

📖 한눈에 보는 진학 로드맵

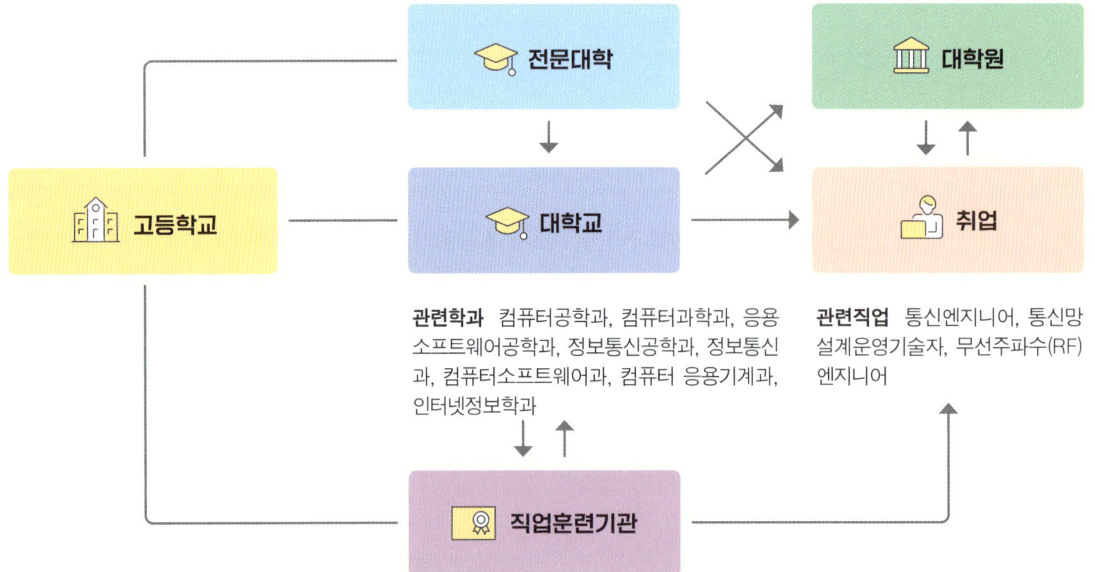

관련학과 컴퓨터공학과, 컴퓨터과학과, 응용소프트웨어공학과, 정보통신공학과, 정보통신과, 컴퓨터소프트웨어과, 컴퓨터 응용기계과, 인터넷정보학과

관련직업 통신엔지니어, 통신망설계운영기술자, 무선주파수(RF)엔지니어

관련자격 전자계산기기사, 정보관리기술사, 정보처리기사, 정보통신산업기사, 컴퓨터시스템응용기술사, CCNA, 네트워크관리사, 리눅스마스터, 정보보안기사

진로 탐색과 준비, 이렇게 하세요

1. 전문대학이나 대학에서 관련학과를 졸업하면 유리하지만 사설학원의 네트워크, 보안, 관련 과정에서 교육을 받을 수도 있습니다. 연구 개발 분야에서는 대학 또는 대학원 석사 이상, 유지보수·관리 분야는 고등학교 또는 전문대학 졸업 이상의 학력이 필요합니다.
2. 진로 멘토링 사이트에서 전문가 멘토의 자료, 소개 자료, 영상을 보면 좋습니다.
3. 컴퓨터나 IT 분야 웹진이나 잡지를 구독하고 관심 내용을 읽어보는 활동을 통해 컴퓨터 공학과 관련 기술에 대한 지식을 쌓을 수 있습니다.

2025 고교학점제 준비, 이렇게 하세요

컴퓨터공학과/컴퓨터과학과/응용소프트웨어공학과

일반선택 수학(미적분 I++, 확률과 통계++), 기술·가정/정보(정보)

진로선택 수학(미적분 II++, 인공지능 수학), 기술·가정/정보(인공지능 기초, 데이터 과학)

융합선택 기술·가정/정보(소프트웨어와 생활)

정보통신공학과/정보통신과

일반선택 수학(미적분 I++, 확률과 통계+), 과학(물리학++), 기술·가정/정보(기술·가정, 정보)

진로선택 수학(미적분 II++, 기하+), 과학(역학과 에너지++, 전자기와 양자++), 기술·가정/정보(로봇과 공학세계, 인공지능 기초, 데이터 과학)

융합선택 기술·가정/정보(창의 공학설계, 소프트웨어와 생활)

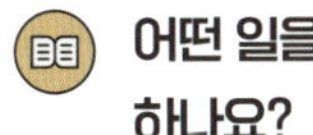

어떤 일을 하나요?

① 전산망을 만들기 위해 각종 하드웨어와 소프트웨어를 이해하고 사용 목적에 맞는 네트워크시스템의 기획·분석·설계·구축에 관한 일을 합니다.
② 네트워크시스템의 전체 구조를 분석, 평가하여 문제점과 개선책을 마련하거나 사용자의 요구와 기대를 만족시키는 네트워크시스템에 대한 기능성·안정성·확장성·변경 가능성·관리 용이성을 고려하여 구조를 설계합니다.
③ 네트워크와 관련된 하드웨어와 소프트웨어가 들어오면 각 시스템을 설치하고, 기능과 성능을 시험하며, 실제 운영에 필요한 네트워크시스템의 관리체계를 마련합니다.

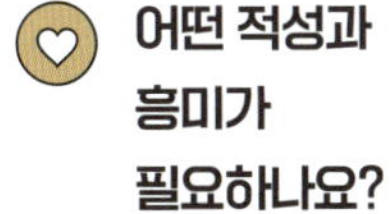

어떤 적성과 흥미가 필요하나요?

① 전기, 전자, 통신 등과 관련된 전문지식·기술과 컴퓨터네트워크, 하드웨어, 소프트웨어 최신 기술 등 자신이 가진 정보를 논리적이고 체계적으로 정리하는 수리논리력이 필요합니다.
② 네트워크 장비와 전송 장치의 구성을 입체적으로 배치해야 하므로 네트워크망에 필요한 각각의 장비를 입체적으로 상상하고 그릴 수 있는 공간지각력이 필요합니다.
③ 데이터를 효율적으로 처리하고 전달하는 방법을 연구·개발하므로 한 가지를 깊이 있게 탐구하고 데이터를 손실 없이 다른 곳으로 보내는 각종 장비를 다루므로 여러 장비나 기계 다루는 것을 좋아하는 사람에게 적합합니다.

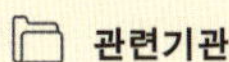

직업 전망은 어떤가요?

초실감형 미디어(UHD TV, 홀로그램 등), 빅데이터, 클라우드 환경 등은 현재보다 10배 이상의 유·무선망 트래픽 수요를 만들어낼 것으로 예측되어 향후 일자리 규모가 다소 증가할 것으로 전망됩니다.

📁 **관련기관**

한국정보통신자격협회 http://www.icqa.or.kr	(사)한국능률협회(KMA) http://www.kma.or.kr
한국정보기술연구원 http://www.kitri.re.kr	한국정보통신진흥협회 http://www.kait.or.kr

005

데이터베이스관리자

데이터를 체계적으로 정리하여 효율적으로 활용하고 안전하게 보관한다

#IT #DB관리자 #DB #개발자 #빅데이터 #기술자 #컴퓨터

수리논리력 언어능력

한눈에 보는 진학 로드맵

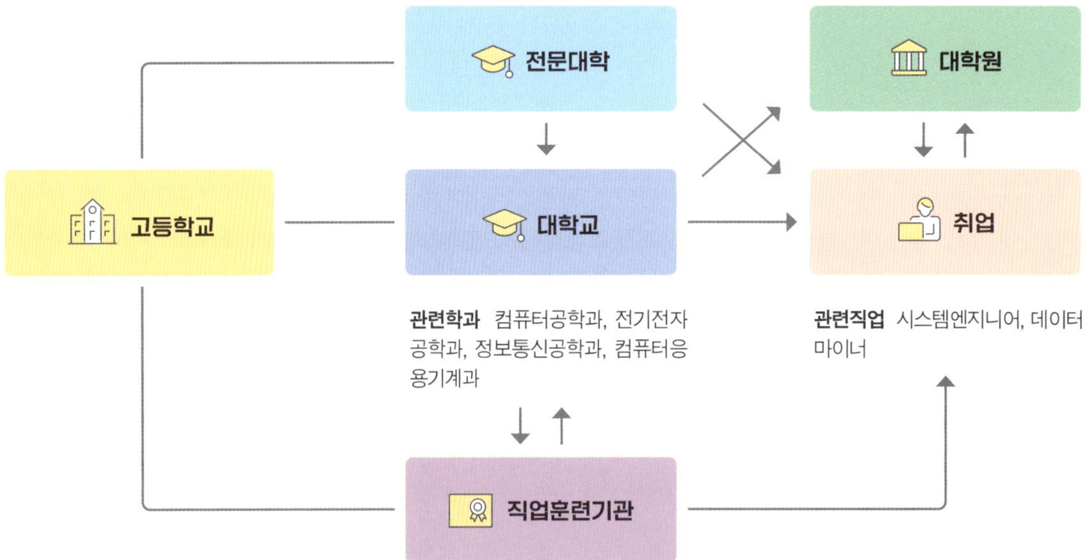

관련자격 전자계산기기사, 전자계산기제어산업기사, 전자계산기조직응용기사, 정보관리기술사, 정보처리기사, 컴퓨터시스템응용기술사, SQL전문가, 데이터아키텍처, 리눅스마스터, SQRD, OCP, SQLD

진로 탐색과 준비, 이렇게 하세요

1. 전문대학이나 대학에서 정보통신공학을 전공하는 것이 필요하고 특히 데이터 분석 분야는 석사 또는 박사 졸업의 학력이 요구되기도 합니다. 사설학원에서 운영하는 데이터 관리, 오라클, MySQL, 빅데이터 등과 관련된 직업훈련을 받을 수 있습니다.

2. 지역의 진로직업체험지원센터, 과학협회, 한국과학창의재단 등에서 운영하는 프로그램에 참여하여 데이터 활용, 빅데이터 등을 배울 수 있습니다.

3. IT 인프라 구조와 데이터베이스 작동 원리 등과 관련된 책을 충분히 읽고 학생들의 학습을 위해 제공되는 설치프로그램을 통해 직접 데이터베이스를 접하여 연습할 수 있습니다.

2025 고교학점제 준비, 이렇게 하세요

컴퓨터공학과

일반선택	수학(미적분 I ++, 확률과 통계++), 기술·가정/정보(정보)
진로선택	수학(미적분 II ++, 인공지능 수학), 기술·가정/정보(인공지능 기초, 데이터 과학)
융합선택	기술·가정/정보(소프트웨어와 생활)

전기전자공학과/정보통신공학과

일반선택	수학(미적분 I ++, 확률과 통계+), 과학(물리학++), 기술·가정/정보(기술·가정, 정보)
진로선택	수학(미적분 II ++, 기하+), 과학(역학과 에너지++, 전자기와 양자++), 기술·가정/정보(로봇과 공학세계, 인공지능 기초, 데이터 과학)
융합선택	기술·가정/정보(창의 공학설계, 소프트웨어와 생활)

어떤 일을 하나요?

① 컴퓨터를 사용하여 각종 데이터를 체계적으로 수집·정리·가공하거나 입력하여 데이터베이스를 구축·관리·분석하는 일을 합니다.

② 데이터베이스를 분석하고 전산시스템 사용자에 대한 등록, 데이터 접근 범위, 읽고 쓰기 권한, 사용자 로그인, 암호를 관리합니다.

③ 데이터베이스 시스템에 장애가 발생하거나 서버 부품의 고장으로 문제가 발생하면 신속히 원인을 파악하고 빠르게 시스템을 복구합니다.

④ 데이터베이스를 매일 또는 정기적으로 백업하거나 보관하여 데이터 손실을 예방합니다.

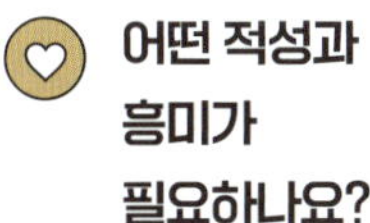

어떤 적성과 흥미가 필요하나요?

① 데이터베이스의 설계, 관리의 목적을 이해하여 데이터 손실 없이 안정성 있으면서도 빠른 속도의 시스템을 만들 수 있는 수리논리력이 필요합니다.

② 정보시스템의 데이터베이스 서버에 저장된 데이터를 다루기 때문에 최신 기술 정보나 데이터와 관련된 관리 방법을 탐구하기 좋아하는 사람에게 적합합니다.

③ 팀에 소속되어 일하거나 데이터베이스와 관련된 정보를 공유하고 소통하는 경우도 있기에 사람들과 같이 일하는 것을 어려워하지 않는 사람에게 적합합니다.

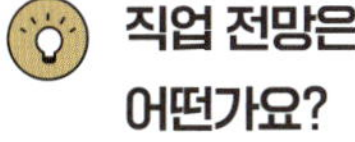

직업 전망은 어떤가요?

모바일기기의 폭발적인 증가는 데이터 사용의 폭증으로 이어지고, 이는 실시간 대용량 데이터 분석에 대한 수요로 이어졌기에 향후 일자리 규모는 현 상태를 유지하거나 다소 증가할 전망입니다.

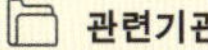

관련기관　한국데이터산업진흥원 https://www.kdata.or.kr

006

디지털큐레이터

인터넷에서 원하는 정보를 찾아준다

#크리에이터 #IT #SNS
#소셜큐레이터 #블로그

예술시각능력   창의력

📖 한눈에 보는 진학 로드맵

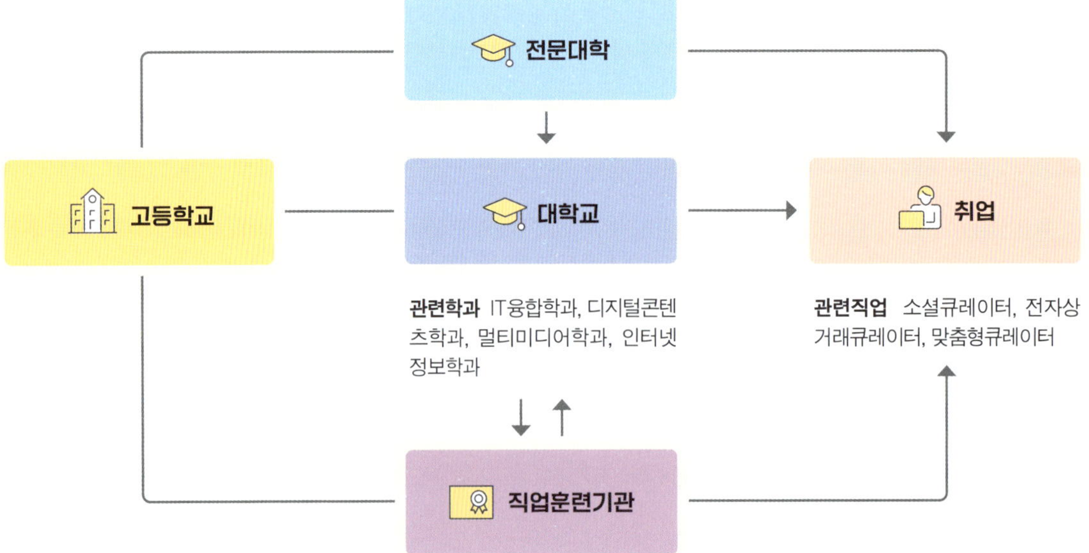

관련학과 IT융합학과, 디지털콘텐츠학과, 멀티미디어학과, 인터넷정보학과

관련직업 소셜큐레이터, 전자상거래큐레이터, 맞춤형큐레이터

진로 탐색과 준비, 이렇게 하세요

1. 특별히 요구되는 학력 조건은 없지만 고등학교에서 관련과목을 수강하고 대학에서 관련 학과를 전공해 졸업하면 유리합니다. 대학의 디지털콘텐츠학과에서는 디지털콘텐츠 제작에 필요한 관련 지식과 기술을 배우며, 각종 콘텐츠의 기획·연출·운영·인재 양성을 목표로 합니다.
2. 민간 훈련기관의 소셜큐레이터, 소셜미디어전문가 과정을 통해 교육받을 수 있습니다.
3. 웹 기획, 홍보, 마케팅, 빅데이터 분석 등을 배우면 도움이 될 수 있고, 실무 경력을 쌓아 프리랜서로 독립하여 일하거나 소셜 큐레이션 기업을 창업할 수도 있습니다.

2025 고교학점제 준비, 이렇게 하세요

IT융합학과

일반선택	수학(확률과 통계), 기술·가정/정보(정보)
진로선택	기술·가정/정보(인공지능 기초, 데이터 과학)
융합선택	기술·가정/정보(소프트웨어와 생활)

디지털콘텐츠학과/멀티미디어학과

일반선택	예술(미술), 기술·가정/정보(정보)
진로선택	예술(미술 창작, 미술 감상과 비평), 기술·가정/정보(인공지능 기초)
융합선택	예술(미술과 매체), 기술·가정/정보(소프트웨어와 생활)

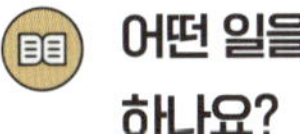

어떤 일을 하나요?

① 인터넷상에서 쏟아지는 다양한 정보 중 가치 있는 정보를 선별하고 콘텐츠화하여 유용한 정보로 만들어서 사용자에게 제공합니다.
② 사용자가 정보를 쉽게 활용할 수 있도록 인터넷에 등록된 다양한 정보를 비교·분석하고 정리하는 일을 합니다.
③ 블로그, SNS 등에 수많은 정보가 실시간으로 등록되면서 기존 정보를 찾기 어렵기에 관련성 있는 정보를 하나의 화면에 보기 좋게 배치합니다.

* 큐레이터: 박물관·미술관에서 자료 수집, 보존, 관리, 전시 등을 담당하는 사람을 말한다. 여기서 의미가 확장되어 인터넷에서 정보를 선택해 제공하는 사람을 '디지털큐레이터'라 한다.

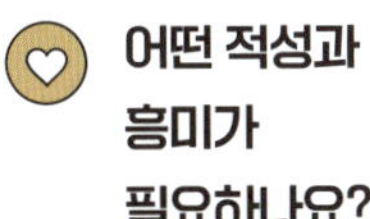

어떤 적성과 흥미가 필요하나요?

① 수많은 정보 중 가치 있는 정보를 선별하여 보기 좋게 배치하고 사용자들이 직관적으로 이해할 수 있게 해야 하므로 화면을 조화롭게 재구성할 수 있는 예술시각능력이 필요합니다.
② 사용자가 원하는 정보를 쉽게 보여주기 위한 다양한 방법을 생각해내는 창의력이 필요합니다.
③ 디지털 정보를 추천하기 위해서는 인터넷 사용자들의 최신 유행을 알아야 하고 문화·예술·언어 등 생활 전반에 대한 흥미가 있는 사람에게 유리합니다.

직업 전망은 어떤가요?

소셜네트워크서비스 사용자가 늘어나고 수많은 콘텐츠가 제공됨에 따라 원하는 정보를 쉽게 찾기를 바라는 사람이 늘고 있습니다. 공공기관이나 일반기업에서도 홍보와 마케팅을 소셜네트워크서비스를 통해 제공함에 따라 디지털큐레이터가 더 많이 필요해졌습니다.

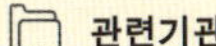 **관련기관**

한국인터넷진흥원 https://www.kisa.or.kr　　영국디지털큐레이션센터 http://www.dcc.ac.uk
핀터레스트 https://www.pinterest.co.kr

007

디지털포렌식수사관

휴대폰·PC·서버 등에서 데이터를 수집·분석하여 범죄 수사에 활용한다

#디지털포렌식 #사이버포렌식

#디지털자료

 자기성찰능력  수리논리력  언어능력

 한눈에 보는 진학 로드맵

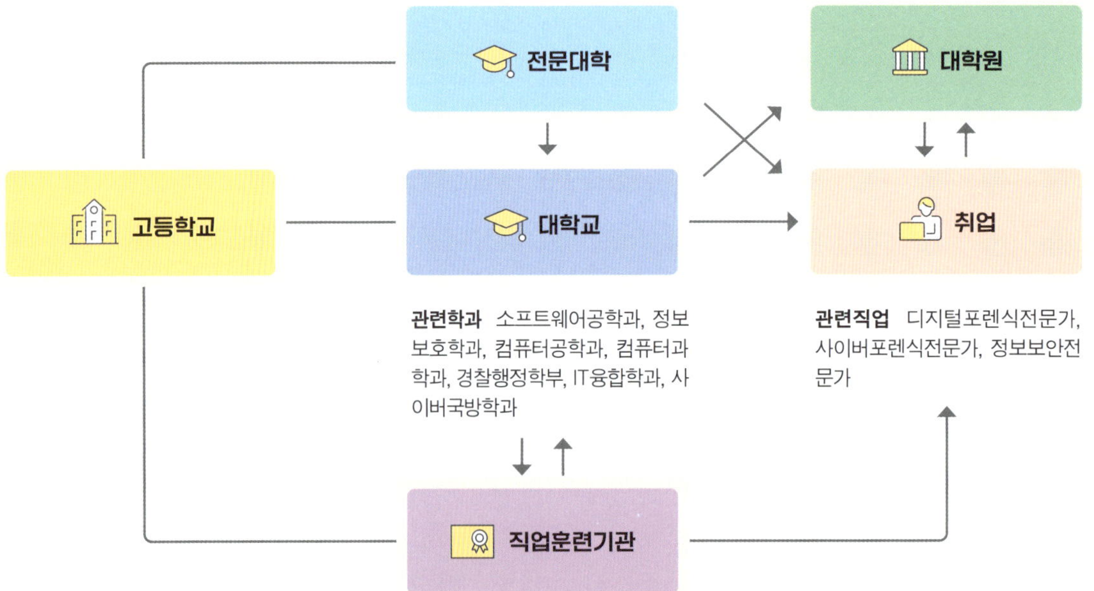

관련학과 소프트웨어공학과, 정보보호학과, 컴퓨터공학과, 컴퓨터과학과, 경찰행정학부, IT융합학과, 사이버국방학과

관련직업 디지털포렌식전문가, 사이버포렌식전문가, 정보보안전문가

관련자격 디지털포렌식전문가, CCFP

진로 탐색과 준비, 이렇게 하세요

1. 고등학교 졸업 이상의 학력이 필요하고, 대학에서 관련학과를 전공하면 유리합니다. 직업전문학교에서도 디지털포렌식 관련 교육을 제공합니다. 디지털포렌식 기술을 연구하는 국가연구소에 취업하기 위해서는 석박사 이상의 학력이 필요하기도 합니다.
2. 지역의 청소년수련관에서 운영하는 디지털포렌식수사관 진로체험 활동 참여를 통해 업무를 알아볼 수 있습니다.
3. IT, 정보보안, 해킹, 크래킹, 컴퓨터바이러스, 프로그래밍 등 관련 영상을 시청해 지식을 얻을 수 있습니다.

2025 고교학점제 준비, 이렇게 하세요

소프트웨어공학과/정보보호학과/컴퓨터공학과/컴퓨터과학과

- **일반선택** 수학(미적분 I++, 확률과 통계++), 기술·가정/정보(정보)
- **진로선택** 수학(미적분 II++, 인공지능 수학), 기술·가정/정보(인공지능 기초, 데이터 과학)
- **융합선택** 기술·가정/정보(소프트웨어와 생활)

경찰행정학부(산업보안전공)

- **일반선택** 수학(확률과 통계), 기술·가정/정보(정보)
- **진로선택** 사회(법과 사회), 기술·가정/정보(인공지능 기초, 데이터 과학)
- **융합선택** 기술·가정/정보(소프트웨어와 생활)

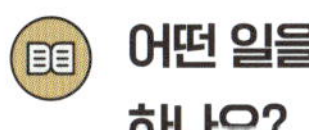

어떤 일을 하나요?

① PC나 노트북, 휴대폰 등 각종 저장매체 또는 인터넷상에 남아 있는 디지털 정보를 수집하고 분석해 범죄 단서를 찾는 업무를 수행합니다.
② 범죄자가 숨기거나 쓰지 못하게 변형시킨 데이터를 복구하여 법적인 증거자료로 만듭니다.
③ 확보한 디지털 자료가 법정에서 증거로서 받아들여지도록 신뢰성을 확보하고, 증거로서 생명력을 잃지 않도록 유지·보관하여 법정에 제출합니다.

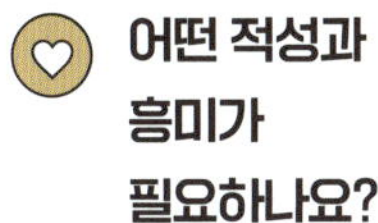

어떤 적성과 흥미가 필요하나요?

① 범죄 관련 데이터가 범죄를 저지른 것으로 의심받는 사람의 것임을 증명해야 하므로 자신에게 주어진 여러 자원을 관리하는 자기성찰능력이 필요합니다.
② 숨겨져 있거나 원래 모습과 다른 데이터에서 증거를 찾아야 하기에 논리적으로 사고하여 문제를 해결할 수 있는 수리논리력이 필요합니다.
③ 디지털 정보를 수집하고 분석해서 증거로 받아들여지도록 해야 하므로 자기 생각을 논리적으로 표현할 수 있는 언어능력이 필요합니다.

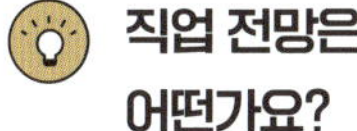

직업 전망은 어떤가요?

사회가 지식정보화되면서 생활 전반이 IT로 움직여 사이버범죄의 발생건수도 늘어나며 수법 역시 다양해지고 있습니다. 최근에는 대기업 법무팀이나 감사실에서도 기술 유출 등에 대처하기 위해 디지털포렌식수사관을 채용하려는 움직임이 활발해지고 있어 수요가 커질 것으로 기대됩니다.

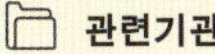

📁 관련기관

한국디지털포렌식학회 http://kdfs.jams.or.kr 　　한국포렌식학회 http://www.forensickorea.org
사이버포렌식전문가협회 http://www.cfpa.or.kr

008

모바일앱개발자

스마트폰, 태블릿 등에서 손끝 하나로 모든 것을 가능하게 한다

#프로그래머 #소프트웨어 #애플개발자
#안드로이드개발자 #앱개발

수리논리력

📖 한눈에 보는 진학 로드맵

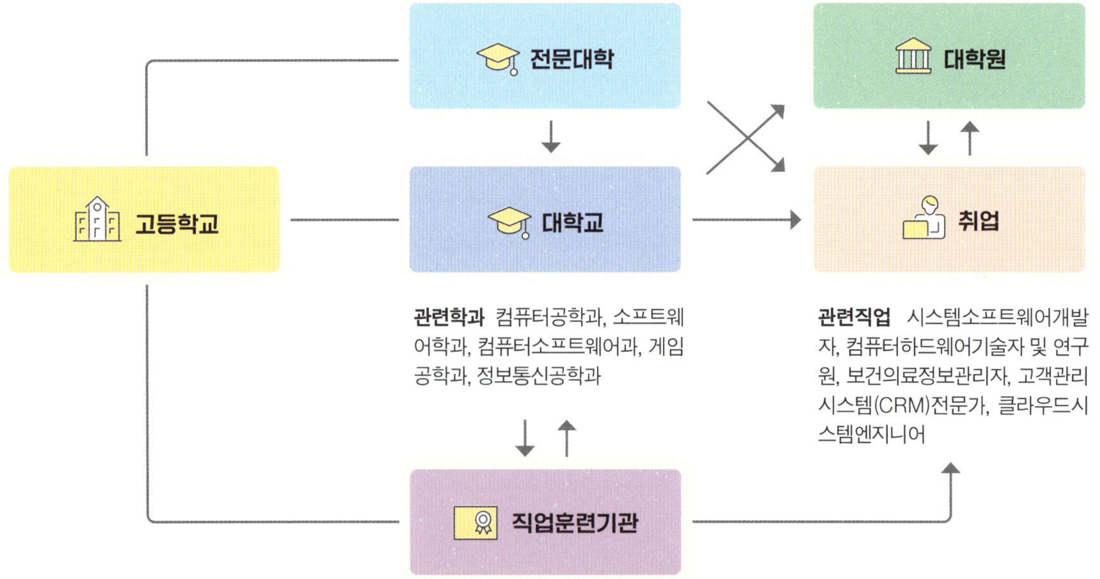

관련학과 컴퓨터공학과, 소프트웨어학과, 컴퓨터소프트웨어과, 게임공학과, 정보통신공학과

관련직업 시스템소프트웨어개발자, 컴퓨터하드웨어기술자 및 연구원, 보건의료정보관리자, 고객관리시스템(CRM)전문가, 클라우드시스템엔지니어

관련자격 전자계산기기능사, 정보처리기사, 컴퓨터시스템응용기술사, 마이크로소프트인증전문가자격증(MCP), 오라클자격인증제도

진로 탐색과 준비, 이렇게 하세요

1. 대학의 컴퓨터소프트웨어 또는 정보통신공학 관련학과를 졸업하는 것이 유리합니다. 사설 교육기관에서 운영하는 소프트웨어 프로그래밍, JAVA, 애플, 안드로이드 앱개발자 양성과 같은 과정을 통해 훈련을 받을 수 있습니다.
2. 지역의 민간기업에서 운영하는 모바일앱개발자 진로체험 프로그램에 참여하여 업무를 알아볼 수 있습니다.
3. 스마트폰, 소프트웨어의 구조, 컴퓨터 프로그래밍언어 등 관련 동영상을 시청해 지식을 얻을 수 있습니다.

2025 고교학점제 준비, 이렇게 하세요

컴퓨터공학과/소프트웨어학과/컴퓨터소프트웨어과/게임공학과

`일반선택` 수학(미적분 I ++, 확률과 통계++), 기술·가정/정보(정보)

`진로선택` 수학(미적분 II ++, 인공지능 수학), 기술·가정/정보(인공지능 기초, 데이터 과학)

`융합선택` 기술·가정/정보(소프트웨어와 생활)

정보통신공학과

`일반선택` 수학(미적분 I ++, 확률과 통계+), 과학(물리학++), 기술·가정/정보(기술·가정, 정보)

`진로선택` 수학(미적분 II ++, 기하+), 과학(역학과 에너지++, 전자기와 양자++), 기술·가정/정보(로봇과 공학세계, 인공지능 기초, 데이터 과학)

`융합선택` 기술·가정/정보(창의 공학설계, 소프트웨어와 생활)

어떤 일을 하나요?

① 국내외 모바일앱 개발 흐름, 우리나라 사람들의 모바일기기 이용 특성에 적합한 애플리케이션을 기획하고 개발합니다.
② 애플리케이션 작동에 필요한 구글 안드로이드, 애플 iOS, 윈도 등 모바일 운영체제(OS: Operating System)별로 기술 변경 사항을 확인하고 고객의 요구 사항대로 앱을 개발하기 위한 기술 검토와 업무 분석을 합니다.
③ 새로 개발하거나 이미 개발된 애플리케이션과 관리시스템 이용에 필요한 사용자 교육을 하고 실제 모바일앱 운영에 필요한 시스템 구성과 관련 내용을 고객과 회의를 통해 결정합니다.

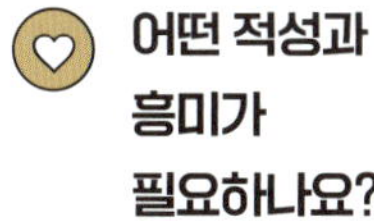

어떤 적성과 흥미가 필요하나요?

① 고객이 원하는 기능으로 작동되는 애플리케이션을 개발해야 하므로 고객의 요구 사항을 논리적으로 정리하여 프로그래밍언어로 만들 수 있는 컴퓨팅 사고력과 수리논리력이 필요합니다.
② 모바일앱과 관련된 최신 기술과 앱 개발에 필요한 소스 코드 정보를 찾고 관련된 내용을 탐구하는 것을 좋아하는 사람에게 적합합니다.
③ 소프트웨어를 만드는 프로그래밍은 정해진 규칙에 따라 논리적으로 작성되어야 하므로 반복적이고 체계화된 작업을 지루해하지 않고 즐길 수 있는 사람에게 적합합니다.

직업 전망은 어떤가요?

스마트폰의 확산으로 앱 생태계는 지금도 급속하게 진화 중입니다. 사회관계망서비스가 기업의 혁신적인 마케팅 등에 활용되면서 모바일 기반의 비즈니스가 확산되고 있어 일자리 규모가 증가할 것으로 보입니다.

📁 **관련기관**

안드로이드개발자 웹사이트 https://developer.android.com
애플개발자 웹사이트 https://developer.apple.com/kr

009

블록체인전문가

#4차산업혁명 #핀테크 #블록체인
#가상화폐 #비트코인

수리논리력 창의력

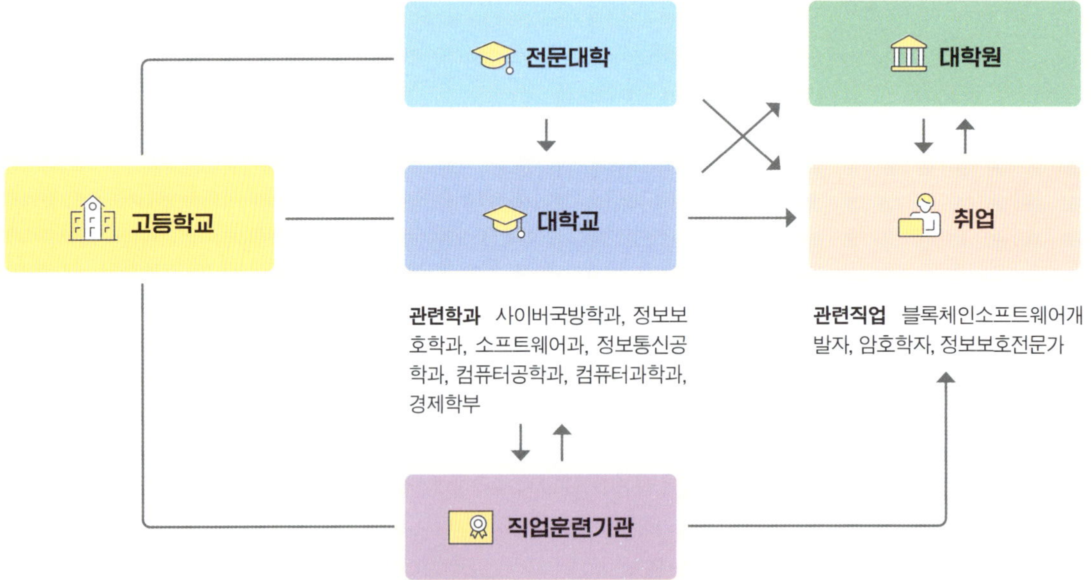 한눈에 보는 진학 로드맵

진로 탐색과 준비, 이렇게 하세요

1. 대학에서 관련학과를 졸업하면 유리합니다. 융합적인 지식이 필요하므로 경영학, 금융학, 산업공학, 경제학 지식도 함께 쌓으면 도움이 됩니다. 직업훈련기관과 민간기업에서 블록체인전문가 관련 훈련을 제공합니다.
2. 지역의 미래교육센터, 민간기업에서 운영하는 블록체인전문가 진로체험 프로그램 참여를 통해 블록체인전문가의 업무를 알아볼 수 있습니다.
3. 전자신문 웹사이트 방문, IT 관련 기사 검색을 통해 컴퓨터와 IT 분야 기술, 최신 동향 정보를 얻을 수 있습니다.

2025 고교학점제 준비, 이렇게 하세요

사이버국방학과/정보보호학과/소프트웨어과/정보통신공학과/컴퓨터공학과/컴퓨터과학과

일반선택	수학(미적분 I++, 확률과 통계++), 기술·가정/정보(정보)
진로선택	수학(미적분 II++, 인공지능 수학), 기술·가정/정보(인공지능 기초, 데이터 과학)
융합선택	기술·가정/정보(소프트웨어와 생활)

경제학부

일반선택	수학(미적분 I++, 확률과 통계+), 기술·가정/정보(정보)
진로선택	수학(미적분 II++), 사회(경제), 기술·가정/정보(인공지능 기초, 데이터 과학)
융합선택	수학(실용 통계), 사회(금융과 경제생활), 기술·가정/정보(소프트웨어와 생활)

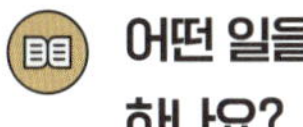

어떤 일을 하나요?

① 블록체인은 누구나 열람할 수 있는 장부에 거래내역을 공개적으로 기록하고 여러 대의 컴퓨터에 이를 복제하여 저장하는 기술로 해킹이 힘들어 조작이나 변경이 불가능합니다. 블록체인전문가는 이 기술을 활용할 분야나 산업을 찾고 관련 소프트웨어를 설계하고 개발합니다.
② 실물 없이 사이버상에 전자정보의 형태로 거래되는 전자화폐인 암호화폐를 블록체인 기술에 기반하여 개발합니다.
③ 블록체인 기술이나 암호화폐가 실생활에서 사용될 수 있도록 지속적으로 소프트웨어를 개선하고 보완합니다.

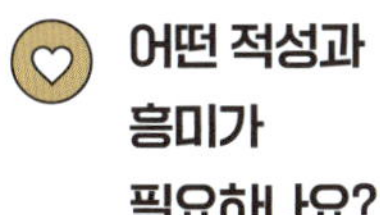

어떤 적성과 흥미가 필요하나요?

① 프로그래밍에 대한 이해를 바탕으로 블록체인 소프트웨어를 설계하고 개발하는 일을 하므로 체계적이고 논리적으로 사고하는 수리논리력과 컴퓨팅 사고력이 필요합니다.
② 우리 일상생활을 더욱 편리하게 만들기 위하여 블록체인 기술을 어떻게 활용할지 분석해야 하므로 독특하고 새롭게 생각하는 창의력이 중요합니다.
③ 새로운 것을 탐구하고 분석하는 것을 즐기는 사람에게 적합합니다.

직업 전망은 어떤가요?

블록체인 기술은 앞으로 정보산업, 제조, 유통, 사회, 문화 등 다양한 분야에 활용될 수 있습니다. 2009년 비트코인의 등장과 함께 나타난 블록체인 기술은 아직 발전 초기 단계이기 때문에 기술 완성도가 높지 않고 해결해야 할 문제들이 많습니다. 앞으로 이를 해결하기 위한 투자가 더욱 커질 것으로 예상되며 관련 일자리 수요도 크게 늘어날 것입니다.

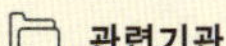 **관련기관**

한국블록체인협회 http://www.kblockchain.org　　한국블록체인산업진흥협회 http://www.kbipa.org
한국블록체인산업협회 http://www.kbcia.or.kr

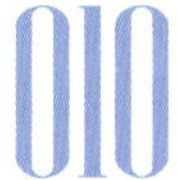

010

사물인터넷전문가

한눈에 보는 진학 로드맵

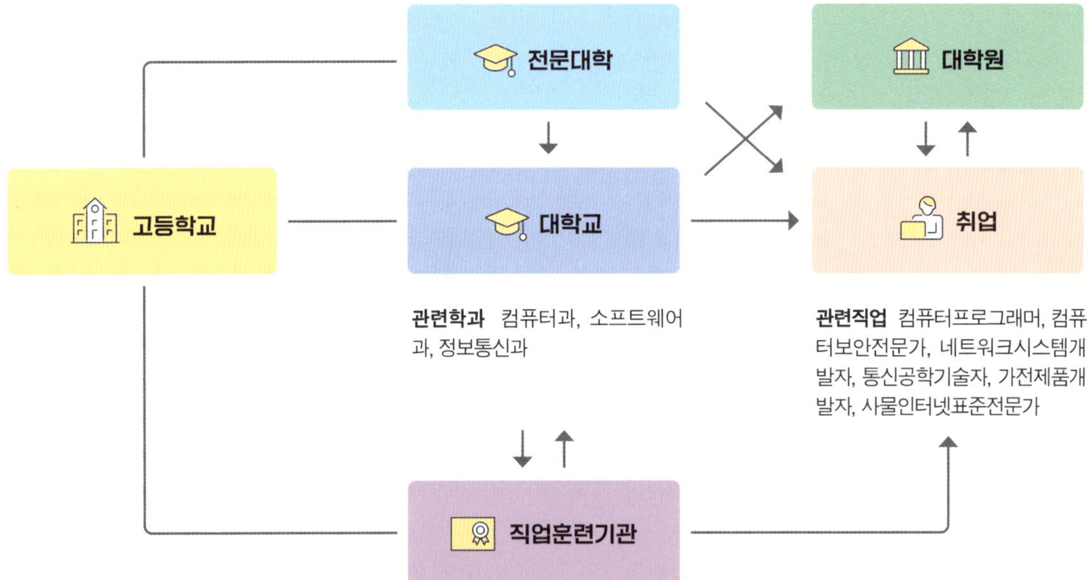

진로 탐색과 준비, 이렇게 하세요

1. 고졸 이상의 학력이 요구되며 컴퓨터와 IT 지식이 필요하므로 대학에서 관련학과를 전공하여 이해 수준을 높이는 것이 유리합니다. 전문지식을 습득하기 위해 한국사물인터넷협회에서 제공하는 사물인터넷 관련 교육 과정을 이수할 수 있습니다.
2. 지역의 청소년진로직업체험센터, 청소년센터, 민간기업에서 운영하는 사물인터넷전문가 진로체험 프로그램에 참여하여 업무를 알아볼 수 있습니다.
3. 전문가 멘토의 자료, 클라우딩컴퓨터, 빅데이터, 인공지능, 5G, 사물인터넷 등과 관련된 영상 시청으로 정보를 알아볼 수 있습니다.

2025 고교학점제 준비, 이렇게 하세요

컴퓨터과/소프트웨어과

일반선택 수학(미적분 I++, 확률과 통계++), 기술·가정/정보(정보)

진로선택 수학(미적분 II++, 인공지능 수학), 기술·가정/정보(인공지능 기초, 데이터 과학)

융합선택 기술·가정/정보(소프트웨어와 생활)

정보통신과

일반선택 수학(미적분 I++, 확률과 통계+), 과학(물리학++), 기술·가정/정보(기술·가정, 정보)

진로선택 수학(미적분 II++, 기하+), 과학(역학과 에너지++, 전자기와 양자++), 기술·가정/정보(로봇과 공학세계, 인공지능 기초, 데이터 과학)

융합선택 기술·가정/정보(창의 공학설계, 소프트웨어와 생활)

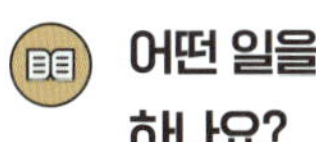

어떤 일을 하나요?

① 우리 주변에 있는 사람, 사물, 공간과 관련된 데이터를 인터넷으로 연결하여 새로운 정보가 생성·수집·공유·활용되도록 하고, 이를 통해 새롭게 가치 있는 것을 만들어 이전에 없던 편리함을 사람들에게 제공합니다.

② 우리 사회의 안전, 복지, 교통, 환경 등에서 문제점이 없는지 점검하고 더 편리하고 안전한 삶을 만들기 위하여 사물인터넷 기술을 활용한 해결방안을 찾습니다.

③ 사물인터넷 기술과 서비스를 판매하거나 구입할 수 있는 제품으로 만드는 역할을 합니다.

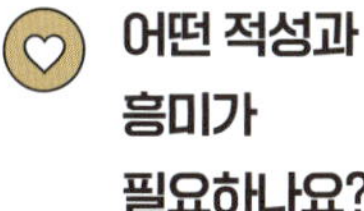

어떤 적성과 흥미가 필요하나요?

① 다양한 정보통신 기술을 접목하고 활용하므로 수리논리력이 필요합니다.

② 생활을 보다 편리하고 안전하게 변화시키기 위하여 공간을 구성하고 물체의 위치나 모습을 상상하여 떠올리는 공간지각력이 필요합니다.

③ 새로운 가치나 서비스를 만들어내는 직업이라 새로운 것에 호기심이 많으며 사회 현상을 탐구하는 것을 즐기는 사람에게 적합합니다.

④ 모험정신이 강하고 도전하는 작업을 좋아하는 사람에게 적합합니다.

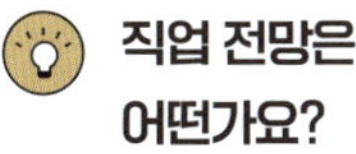

직업 전망은 어떤가요?

사물인터넷은 미국, 일본, 중국, 유럽 등 해외 주요 국가에서 핵심산업으로 육성하고 있고 앞으로도 다양한 분야에서 4차산업혁명의 선두 역할을 할 것으로 보입니다. 사물인터넷전문가와 같은 전문성이 있는 인력은 앞으로도 계속해서 더 많이 필요할 것입니다.

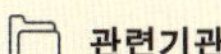 **관련기관**

한국전자통신연구원 http://www.etri.re.kr
정보통신산업진흥원 http://www.nipa.kr
IoT지식능력검정 홈페이지 http://cp.kiot.or.kr

한국지능형사물인터넷협회 http://www.kiot.or.kr
한국정보통신진흥협회 http://www.kait.or.kr

011

사이버교육운영자

디지털 시대의 학습을 주도한다

#이러닝 #인강 #인터넷강의
#인터넷교육 #사이처

대인관계능력　언어능력

📖 한눈에 보는 진학 로드맵

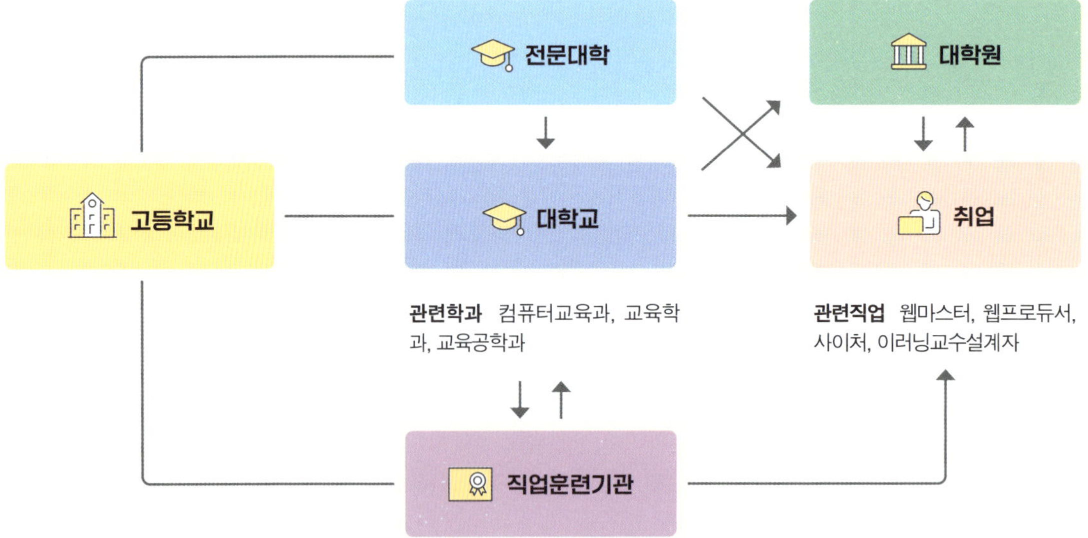

진로 탐색과 준비, 이렇게 하세요

1. 사이버교육 운영, 이러닝교육 관리 등은 기업에 따라 요구하는 학력 조건이 학력 무관에서부터 대학 졸업까지 다양하므로 원하는 기업의 채용 조건을 확인할 필요가 있습니다. 그래도 대학의 교육공학 관련학과를 졸업하는 것이 유리합니다.
2. 사설기관에서도 인터넷 사이트 구축, 운영 등의 교육을 받을 수 있습니다.
3. 학교, 교육청에서 교육 관련 봉사활동에 참여하여 교육 운영자가 되기 위해 갖추어야 할 역량을 알아볼 수 있습니다.

2025 고교학점제 준비, 이렇게 하세요

컴퓨터교육과

일반선택	기술·가정/정보(정보)
진로선택	기술·가정/정보(인공지능 기초, 데이터 과학)
융합선택	기술·가정/정보(소프트웨어와 생활)

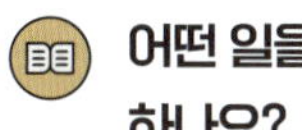 **어떤 일을 하나요?**

① 컴퓨터를 이용해 시간과 장소에 상관없이 교사와 학생, 학생과 학생이 양방향으로 의사소통할 수 있는 온라인 교육환경을 설계·기획하는 일을 합니다.
② 온라인상에서 다양한 교육 과정과 프로그램을 기획·운영하고 평가합니다.
③ 사이버 교육 관련 인터넷 웹사이트를 만들고 운영하며 교사와 학생, 학생과 학생 간의 의사소통이 잘 이루어질 수 있도록 수시로 관리를 합니다.
④ 교육 내용을 그림이나 동영상 등 학습자가 잘 받아들일 수 있는 형태로 만들고, 이를 포함한 콘텐츠를 개발하는 업무를 수행합니다.

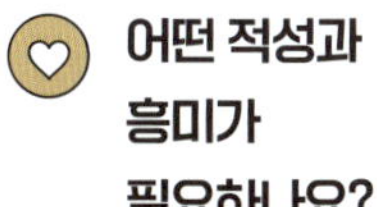 **어떤 적성과 흥미가 필요하나요?**

① 교육을 수강하는 사람과 교육을 하는 교수자, 교육 기획자, 사이처, 프로그래머 등 다양한 사람의 의견을 조정하고 운영할 수 있는 대인관계능력이 필요합니다.
② 맡은 일에 책임감을 가지고 사이트 기능을 꼼꼼하게 확인할 수 있는 사람에게 적합합니다.
③ 소프트웨어개발자, 사이버교육 기획자, 디자이너, 고객센터 담당자 등 여러 사람과 함께 일해야 하므로 문제 해결을 위해 팀을 주도적으로 이끌고 논리적으로 생각을 표현하는 언어능력이 필요합니다.

* 사이처: 사이버와 티처의 합성어로 인터넷 학습 사이트에서 학습을 도와주는 교사를 말합니다.

📁 **관련기관** 한국교육개발원 http://www.kedi.re.kr

사이버평판관리자

온라인 세계에서 좋은 이미지를 구축하고 문제를 해결한다

한눈에 보는 진학 로드맵

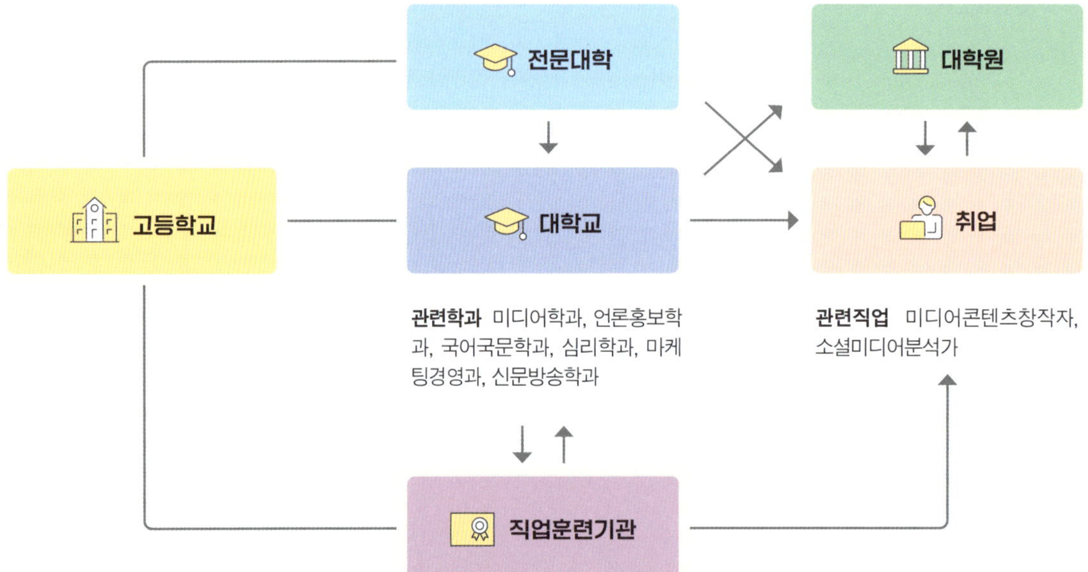

관련학과 미디어학과, 언론홍보학과, 국어국문학과, 심리학과, 마케팅경영과, 신문방송학과

관련직업 미디어콘텐츠창작자, 소셜미디어분석가

관련자격 IEQ(인터넷윤리자격)

진로 탐색과 준비, 이렇게 하세요

1. 고등학교에서 관련과목을 수강하고 대학에서 언론홍보, 마케팅, 신문방송, 미디어 관련 학과를 전공해 졸업하면 업무를 수행하는 데 도움이 됩니다.
2. 소상공인, 프랜차이즈 기업, 개인과 공인, 대기업이나 브랜드가 주 고객층이기 때문에 사이버평판 전문업체와 기업 내 홍보 마케팅팀에서 근무할 수 있습니다.
3. 전문가 멘토의 자료, 소개 자료, 영상물을 통해 업무를 알아볼 수 있습니다.

2025 고교학점제 준비, 이렇게 하세요

미디어학과

일반선택	예술(미술), 기술·가정/정보(정보)
진로선택	예술(미술 창작, 미술 감상과 비평), 기술·가정/정보(인공지능 기초)
융합선택	예술(미술과 매체), 기술·가정/정보(소프트웨어와 생활)

언론홍보학과

일반선택	국어(문학), 기술·가정/정보(정보)
진로선택	국어(문학과 영상), 기술·가정/정보(인공지능 기초)
융합선택	국어(매체 의사소통), 기술·가정/정보(소프트웨어와 생활)

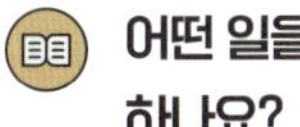

어떤 일을 하나요?

① 주로 온라인에서 개인이나 기업과 관련된 사람들의 평가나 만족/불만족 내용과 같은 평판을 모니터링합니다.
② 누군가가 의도적으로 만들어낸 좋지 않은 내용(악성 평판)을 해결합니다.
③ 평판과 관련된 의견을 모으거나, 미리 좋지 않은 내용이 인터넷에 퍼지기 전에 대응할 수 있도록 자료를 수집하는 일을 합니다.
④ 기업에 대한 나쁜 평판에 체계적이고 조직적으로 대응하고 좋은 평판을 얻기 위한 방안을 찾습니다.

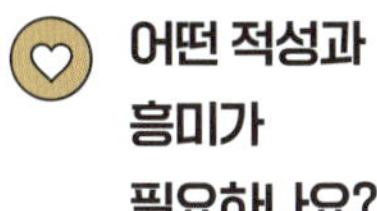

어떤 적성과 흥미가 필요하나요?

① 수많은 사람의 생각에 영향을 줄 수 있어야 하므로 다양한 사람들과 의사소통할 수 있는 협력적 소통능력이 필요합니다.
② 평소 글쓰기를 좋아하고 SNS로 소통하는 것을 즐기는 사람에게 적합합니다.
③ 사회 현상을 탐구하고 누군가의 위기에 대처하기 위해 남들과 다른 시각으로 세상을 바라보는 등 창의적인 작업을 좋아하는 사람에게 적합합니다.

직업 전망은 어떤가요?

향후 사이버평판관리자의 일자리 규모는 증가할 전망입니다. 과거에는 법률회사나 자문회사, 회계법인, 광고·홍보회사 등이 자신들의 업무 영역을 중심으로 고객의 위기관리를 도왔지만, 이제는 위기관리 자문이 독립적이며 융합적인 영역으로 바뀌고 있습니다. 따라서 대기업 위주로 이 분야의 인력이 많이 필요할 것으로 보입니다.

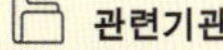 관련기관   사단법인 미래직업협회 http://www.kfva.org

013

생물정보분석가

인간은 물론 동·식물의 유전자 정보를 수집하고 분석한다

#바이오 #유전자 #세포 #단백질

수리논리력 공간지각력

한눈에 보는 진학 로드맵

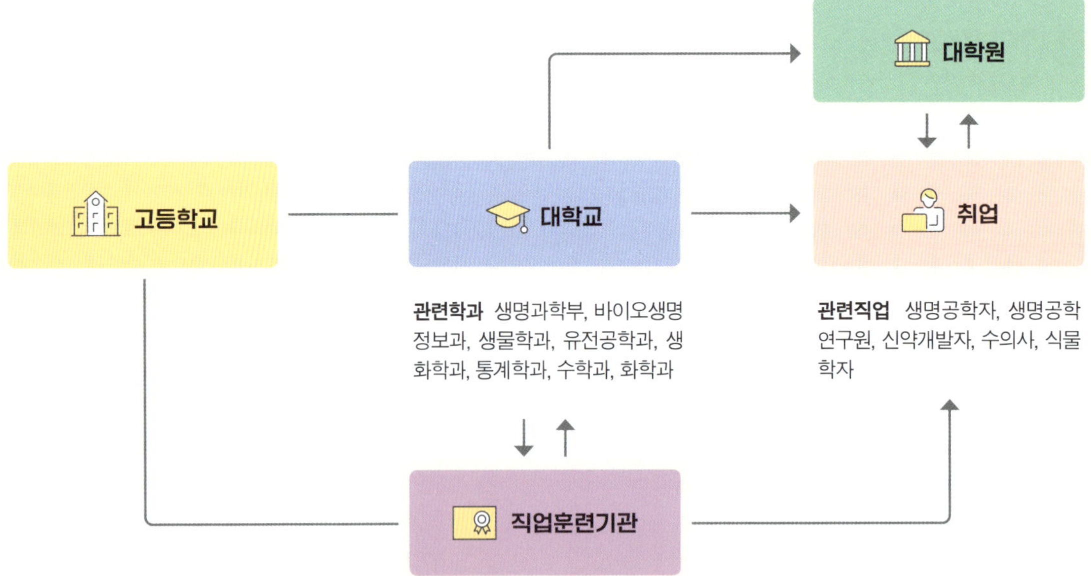

진로 탐색과 준비, 이렇게 하세요

1. 대학 이상의 학력이 필수이며, 대학원에 진학하여 석사나 박사학위 과정까지 공부하는 경우가 대부분입니다.
2. 지역의 진로직업체험지원센터, 진로교육지원센터에서 운영하는 생물학, 생화학 등 생물과 화학 관련전공의 프로그램에 참여하여 업무를 알아볼 수 있습니다.
3. 진로 멘토링 사이트에서 전문가 멘토의 자료, 소개 자료, 영상물을 통해 정보를 알아볼 수 있습니다.

2025 고교학점제 준비, 이렇게 하세요

생명과학부/바이오생명정보과

일반선택 수학(미적분Ⅰ++, 확률과 통계++), 과학(생명과학++, 화학+), 기술·가정/정보(정보)

진로선택 수학(미적분Ⅱ++, 기하+), 과학(세포와 물질대사++, 생물의 유전++, 물질과 에너지+, 화학 반응의 세계+), 기술·가정/정보(인공지능 기초, 데이터 과학)

융합선택 과학(융합과학 탐구), 기술·가정/정보(소프트웨어와 생활)

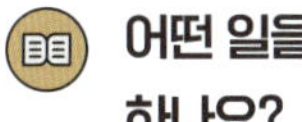
어떤 일을 하나요?

① 생물의 유전자에서 출발해 단백질, 세포, 기관, 인간 전체에서 나오는 생물학적인 정보를 수집하여 데이터로 만들고, 이를 발전시키는 작업을 합니다.
② 이렇게 나온 정보를 비교·분석이 가능하도록 조직화하고, 조직화한 데이터를 다시 새롭게 만들거나 분석해서 연구자에게 제공하기도 합니다.
③ 데이터를 분석해 새로운 현상을 발견하는 일도 하는데, 이때 그 도구로 컴퓨터 프로그램이나 언어를 활용하며, 이를 개발하는 과정에도 참여합니다.

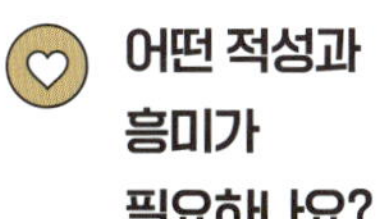
어떤 적성과 흥미가 필요하나요?

① 방대한 자료에 대한 통계적 분석 능력이 필요하며, 컴퓨터 프로그래밍언어를 이해하고 정보 분석 프로그램을 다루는 수리논리력이 필요합니다.
② 생물학 분야의 과학적인 실험 계획 수립과 실행, 유전자 정보를 이해하고 입체적인 전개도를 그릴 수 있는 공간지각력이 필요합니다.
③ 생물이나 화학 등의 과학 과목을 기본적으로 좋아하는 사람에게 적합합니다.
④ 실험이나 실습으로 연구와 개발이 이루어지므로 꼼꼼히 기록하고, 기계장치나 컴퓨터와 같은 도구를 다루는 것에 흥미가 있는 사람에게 적합합니다.

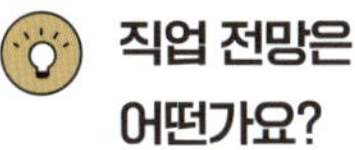
직업 전망은 어떤가요?

사회적으로 노인인구의 비율이 빠르게 늘어남에 따라 병을 고치고 건강하게 살고자 하는 요구가 높아지기에, 생명공학을 활용한 여러 산업과 학문 분야에서 새로운 융·복합이 더욱 빠르게 진행되면 관련 산업도 함께 성장할 것으로 예측됩니다.

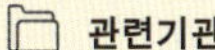
관련기관

한국생명공학연구원 http://www.kribb.re.kr
생물학연구정보센터 http://www.ibric.org
국가생명연구자원정보센터 http://www.kobic.re.kr
사단법인 한국생명정보학회 http://www.ksbi.or.kr

014

생체인식전문가

사람 몸의 특정 부분을 이용해 비밀번호 장치를 만든다

#정맥　#지문　#홍채
#유전자정보　#얼굴인식

수리논리력　공간지각력

한눈에 보는 진학 로드맵

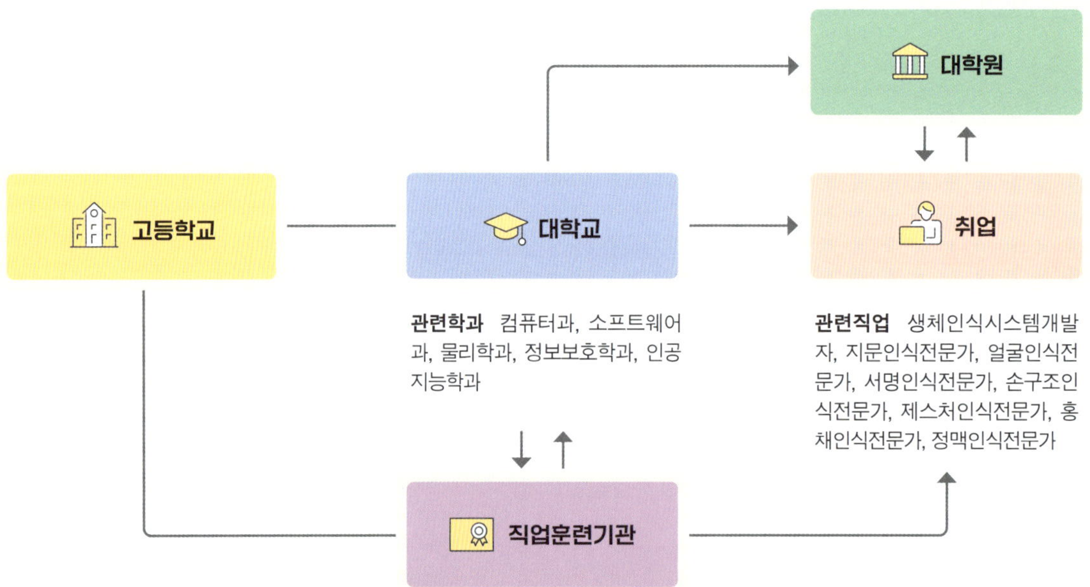

진로 탐색과 준비, 이렇게 하세요

1. 인공지능 기술(패턴 인식) 관련 석박사 학위 취득 시 취업에 유리합니다. 생체인식을 융합하는 기술이 발전하여 융합 보안학 등에 대한 학습이 필요합니다.
2. 생체인식 개발 관련 기업이나 연구소에서 일할 수 있습니다. 또한 생체인식이 필요한 의료, 통신, 금융, 치안 관련 분야에서 개발, 시스템 유지 관리자로 일할 수 있습니다.
3. 지역의 청소년진로직업체험지원센터, 민간기업에서 운영하는 전문가 진로체험 프로그램에 참여하여 업무를 알아볼 수 있습니다.

2025 고교학점제 준비, 이렇게 하세요

컴퓨터과/소프트웨어과

일반선택	수학(미적분 I ++, 확률과 통계++), 기술·가정/정보(정보)
진로선택	수학(미적분 II ++, 인공지능 수학), 기술·가정/정보(인공지능 기초, 데이터 과학)
융합선택	기술·가정/정보(소프트웨어와 생활)

물리학과

일반선택	수학(미적분 I ++, 확률과 통계), 과학(물리학++), 기술·가정/정보(정보)
진로선택	수학(미적분 II ++, 기하++), 과학(역학과 에너지++), 기술·가정/정보(인공지능 기초, 데이터 과학)
융합선택	과학/정보(전자기와 양자++)

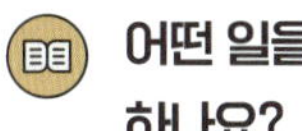

어떤 일을 하나요?

① 카메라, 스캐너 등의 장치로 생체정보(지문, 얼굴, 눈동자의 홍채, 정맥 등)를 파악하여, 이를 통해 본인임을 확인해주는 장치를 만드는 일을 합니다.
② 본인 확인을 위해 사용될 영상정보를 컴퓨터가 처리할 수 있는 상태로 저장하는 프로그램을 만듭니다.
③ 지문이나 얼굴 등을 인식할 수 있는 인식기와 같은 하드웨어를 개발합니다.

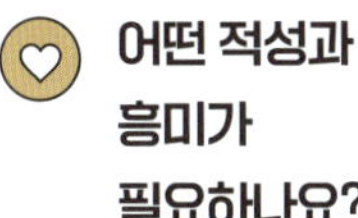

어떤 적성과 흥미가 필요하나요?

① 개발 과정에서 복잡한 계산 규칙을 이해해야 하므로 수학을 잘 알아야 하고 논리적으로 생각할 수 있는 수리논리력이 필요합니다.
② 기본적인 생체 구조에 대한 이해와 기술적으로 구현하기 위해 시스템에 대한 공간지각력이 필요합니다.
③ 기본적으로 컴퓨터언어와 프로그래밍에 흥미가 있는 사람에게 적합합니다.
④ 기계장치나 장비를 다루는 일을 즐기고, 반복적인 실험과 실수를 통해 문제를 해결해 나가는 방식에 흥미를 느끼는 사람에게 적합합니다.

직업 전망은 어떤가요?

보안성과 편리함을 기반으로 생체인식 관련 다양한 기술, 기기의 보급이 확대되면서 공공, 금융, 통신, 보안, 자동차, 의료 등의 분야에서 폭넓게 이용되고 있습니다. 앞으로의 발전 가능성도 매우 높아 생체인식 기술 분야의 전문가가 꾸준히 늘어날 것입니다.

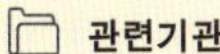 **관련기관**

한국전자통신연구원 http://www.etri.re.kr
한국인터넷진흥원 http://www.kisa.or.kr
한국미래기술교육연구원 http://www.kecft.or.kr

015

스마트의류개발자

온도 조절 척척! 의류와 IT가 만나서 새로운 세상을 연다

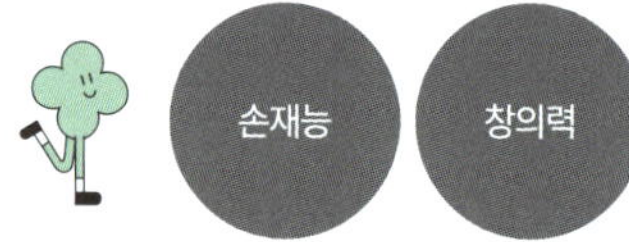

한눈에 보는 진학 로드맵

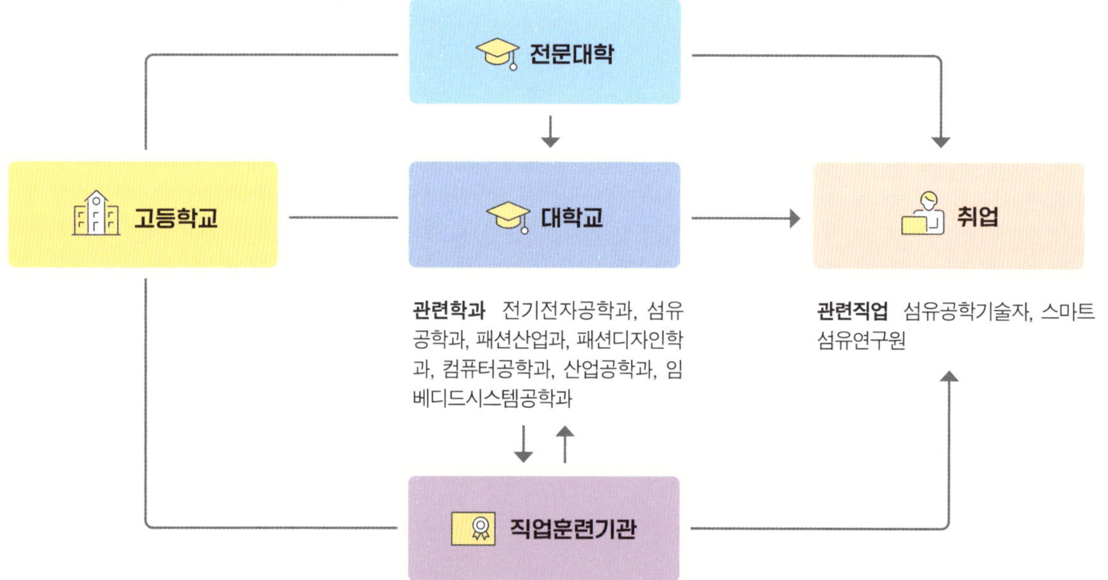

관련학과 전기전자공학과, 섬유공학과, 패션산업과, 패션디자인학과, 컴퓨터공학과, 산업공학과, 임베디드시스템공학과

관련직업 섬유공학기술자, 스마트섬유연구원

관련자격 섬유기사, 섬유산업기사, 의류기사

진로 탐색과 준비, 이렇게 하세요

1. 고등학교에서 관련과목을 수강하고 대학의 관련학과로 진학하면 스마트의류개발자가 필요로 하는 지식을 얻는 데 도움이 됩니다. 특성화고나 마이스터고에서 의상디자인, 패션 등을 전공할 경우 스마트의류에 관한 기초 지식과 실무를 익힐 수 있습니다.
2. 직업전문학교에서는 스마트의류를 기획하고 제작하는 과정을 공부할 수 있는 스마트의류 디자인 과정을 개설하고 있습니다. 패션 관련 학원에서도 스마트 융합 의류를 비롯한 훈련 과정을 열어서 교육 기회를 제공하고 있습니다.
3. 의류와 패션 박람회에 참여하여 최근의 의류 동향을 알아봅니다. 또한 특허정보 검색 서비스 키프리스에서 스마트의류로 출원된 다양한 특허를 찾아보면 좋습니다.

2025 고교학점제 준비, 이렇게 하세요

전기전자공학과

[일반선택] 수학(미적분 I++, 확률과 통계+), 과학(물리학++), 기술·가정/정보(기술·가정, 정보)

[진로선택] 수학(미적분 II++, 기하+), 과학(역학과 에너지++, 전자기와 양자++), 기술·가정/정보(로봇과 공학세계, 인공지능 기초, 데이터 과학)

[융합선택] 기술·가정/정보(창의 공학설계, 소프트웨어와 생활)

섬유공학과

[일반선택] 수학(미적분 I++, 확률과 통계), 과학(물리학, 화학), 기술·가정/정보(기술·가정, 정보)

[진로선택] 수학(미적분 II++, 기하), 과학(역학과 에너지, 전자기와 양자, 물질과 에너지, 화학 반응의 세계), 기술·가정/정보(로봇과 공학세계, 인공지능 기초, 데이터 과학)

[융합선택] 기술·가정/정보(창의 공학설계)

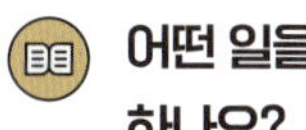 **어떤 일을 하나요?**

① 정보통신 기술을 이용하여 옷을 입은 사람의 심박수, 체온 등을 감지할 수 있는 의류를 개발합니다.
② 쾌적하고 안전하며 편리한 스마트의류를 만들기 위하여 연구하고 개발합니다.
③ 음악을 들을 수 있는 멀티미디어, 현재 위치를 확인할 수 있는 위치기반서비스를 활용하여 사람들의 생활을 풍요롭게 만드는 스마트의류를 개발합니다.

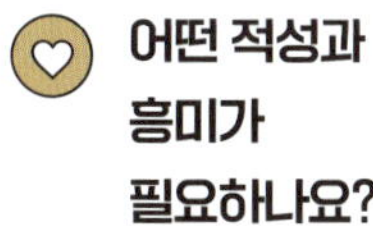 **어떤 적성과 흥미가 필요하나요?**

① 손으로 정교한 작업을 하고 필요한 물건을 직접 만들어 쓸 수 있는 손재능이 필요합니다.
② 정보를 이해하기 위하여 자료를 수집하고 분석하는 일에 흥미가 있는 사람에게 적합합니다.
③ 모험을 시도하고 경쟁적인 활동에 참여하는 일을 좋아하는 사람에게 적합합니다.
④ 의류에 들어가는 센서가 동작할 수 있도록 구현하는 창의력과 컴퓨팅 사고력이 필요합니다.

직업 전망은 어떤가요?

인공지능, 빅데이터, 사물인터넷 등의 첨단기술이 비약적으로 발전하면서 스마트의류도 앞으로 크게 성장할 것으로 예상됩니다. 관련 특허 출원이 크게 늘어났고 세계적으로 스마트의류의 시장 규모가 확대될 것으로 보이기에 향후 일자리 규모는 증대될 전망입니다.

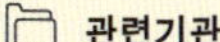 **관련기관** (사)한국의류산업학회 http://www.clothing.or.kr   한국섬유공학회 http://www.fiber.or.kr

016

스마트재난관리전문가

스마트기기를 활용해서 재난에 효과적으로 대응한다

#4차산업혁명 #사물인터넷
#재난관리시스템 #스마트기기

수리논리력   공간지각력

📖 **한눈에 보는 진학 로드맵**

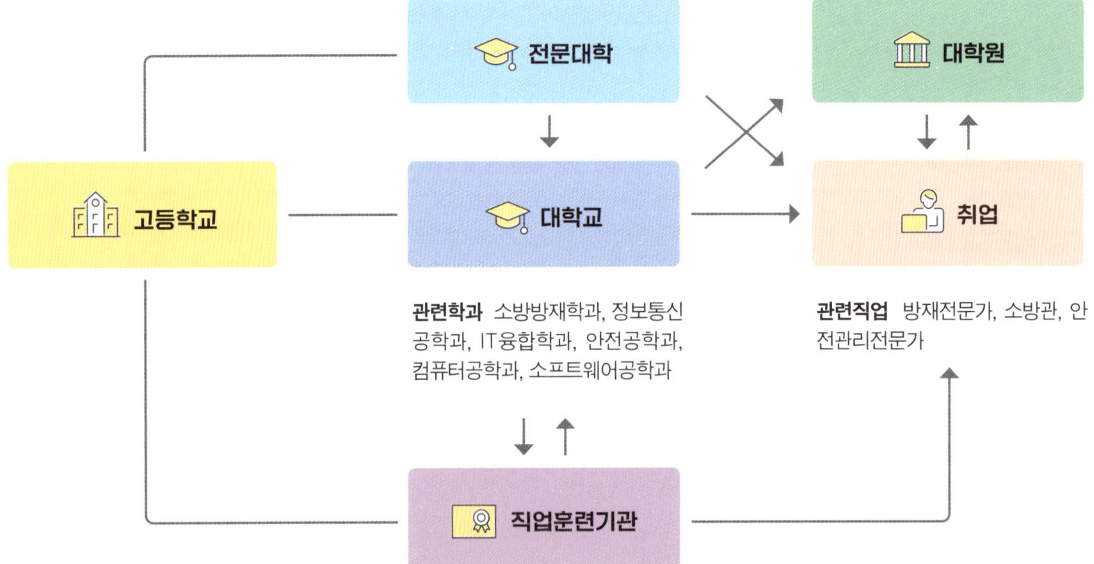

관련학과 소방방재학과, 정보통신공학과, IT융합학과, 안전공학과, 컴퓨터공학과, 소프트웨어공학과

관련직업 방재전문가, 소방관, 안전관리전문가

관련자격 방재기사, 안전관리자

진로 탐색과
준비,
이렇게 하세요

1. 고등학교에서 관련과목을 수강하고 대학의 IT융합학과, 소방방재학과, 안전공학과 등을 졸업하면 유리합니다.
2. 국민재난안전포털, 국민안전교육포털에서 재난과 관련된 교육과 훈련을 제공하고 있습니다.
3. 지역의 대학에서 운영하는 재난 관련 직종 진로체험 프로그램 참여를 통해 업무를 알아보고 소방 방재, 재난관리 등 관련 영상 시청을 통해 지식을 쌓을 수 있습니다.

2025 고교학점제
준비,
이렇게 하세요

소방방재학과

[일반선택] 수학(미적분 I++, 확률과 통계), 과학(물리학, 화학), 기술·가정/정보(기술·가정, 정보)

[진로선택] 수학(미적분 II, 기하), 과학(역학과 에너지, 전자기와 양자, 물질과 에너지, 화학 반응의 세계), 기술·가정/정보(로봇과 공학세계, 인공지능 기초, 데이터 과학)

정보통신공학과

[일반선택] 수학(미적분 I++, 확률과 통계+), 과학(물리학++), 기술·가정/정보(기술·가정, 정보)

[진로선택] 수학(미적분 II++, 기하+), 과학(역학과 에너지++, 전자기와 양자++), 기술·가정/정보(로봇과 공학세계, 인공지능 기초, 데이터 과학)

[융합선택] 기술·가정/정보(창의 공학설계, 소프트웨어와 생활)

어떤 일을
하나요?

① 각종 스마트기기를 활용해서 신속하고 정확하게 재난에 대응할 수 있도록 도와줍니다.
② 재난 상황의 공통점이나 발생 원인을 분석하여 필요한 대응방법을 찾고, IT 기술과 최첨단 장비를 융합하여 재난관리시스템을 기획·개발합니다.
③ 재난 피해를 최소화할 수 있도록 예방, 대비, 대응, 복구 등으로 단계를 나누어 재난관리 업무를 수행합니다.
④ 재난 상황에 대응하는 방법·절차·전략을 개발합니다.

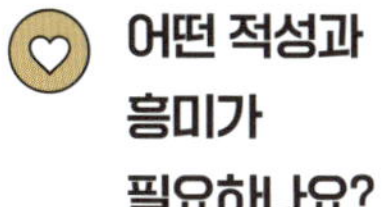
어떤 적성과
흥미가
필요하나요?

① 재난 상황 대응방안을 수립하기 위해 논리적으로 사고하여 문제를 해결할 수 있는 수리논리력이 필요합니다.
② 재난이 발생할 수 있는 공간을 이해해야 하므로 입체적인 물체의 위치나 모습을 상상하여 떠올릴 수 있는 공간지각력이 필요합니다.
③ 재난관리 업무에 관심이 있고, 어떤 일에 미리 대비하는 성격의 사람에게 적합합니다.
④ 타인의 감정을 잘 이해할 수 있고, 다른 사람들을 위해 봉사활동을 하는 것을 좋아하는 사람에게 적합합니다.

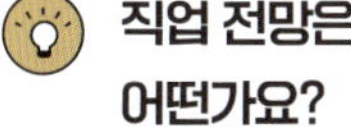
직업 전망은
어떤가요?

정부에서는 사물인터넷, 클라우드, 빅데이터, 모바일 등의 기술을 활용하여 재난 안전을 예측하고, 위험을 평가하는 등의 기술개발을 지원할 예정입니다. 재난관리에 대한 국민적 관심과 정부의 정책에 따라 앞으로 재난 안전 분야는 더욱 성장할 것으로 예측됩니다.

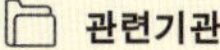
관련기관

국민재난안전포털 http://www.safekorea.go.kr   국립재난안전연구원 http://www.ndmi.go.kr
국민안전교육플랫폼 https://kasem.safekorea.go.kr

IT 유망직업 100

017

스마트팜구축가

농작물을 언제 어디서든지 관리할 수 있는 지능화된 농장을 만든다

#정보통신기술 #4차산업혁명 #농수산

자연친화력

한눈에 보는 진학 로드맵

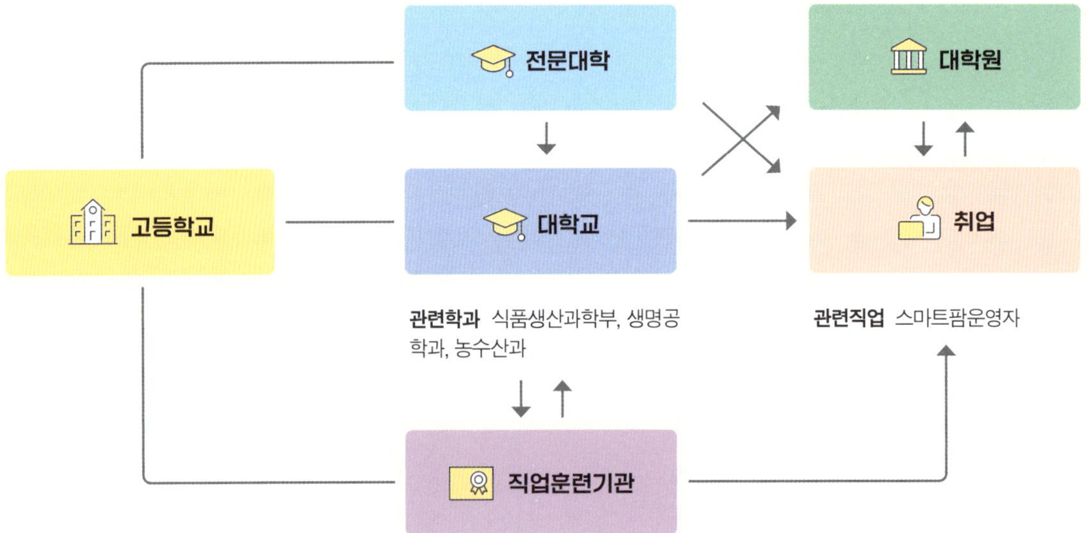

진로 탐색과 준비, 이렇게 하세요

1. 스마트팜 관련 기술을 직접 교육하는 과정은 없지만 정보통신 기술이나 농업을 전공할 경우 스마트팜구축가가 되는 데 유리합니다.
2. 농림수산식품교육문화정보원에서는 청년 농업인을 육성하기 위하여 스마트팜 청년창업 보육 사업을 하고 있습니다. 이 과정을 통하여 작물 재배 기술, 스마트기기 운용, 온실 관리, 경영·마케팅 등 기초부터 경영 실습까지 전 과정(최대 1년 8개월)을 배울 수 있습니다.
3. 스마트팜을 설치한 체험관을 방문하여 최근의 기술 동향을 알아보고 대한민국 농업박람회 등 농업 관련 다양한 행사에 참여해봅니다.

2025 고교학점제 준비, 이렇게 하세요

식물생산과학부

일반선택   수학(미적분 I+, 확률과 통계+), 과학(생명과학++, 화학+), 기술·가정/정보(정보)

진로선택   수학(미적분 II+, 기하+), 과학(세포와 물질대사++, 생물의 유전++, 물질과 에너지+, 화학 반응의 세계+), 기술·가정/정보(인공지능 기초, 데이터 과학)

융합선택   과학(기후변화와 환경생태), 기술·가정/정보(소프트웨어와 생활)

생명공학과

일반선택   수학(미적분 I++, 확률과 통계+), 과학(생명과학++, 화학+), 기술·가정/정보(정보)

진로선택   수학(미적분 II++, 기하+), 과학(세포와 물질대사++, 생물의 유전++, 물질과 에너지+, 화학 반응의 세계+), 기술·가정/정보(인공지능 기초, 데이터 과학)

융합선택   과학(융합과학 탐구), 기술·가정/정보(소프트웨어와 생활)

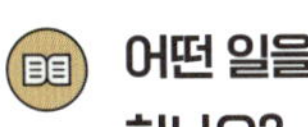

어떤 일을 하나요?

① 농업에 정보통신기술을 접목하여 효율적으로 작물을 재배하거나 가축을 기르는 방법을 개발하고 수집된 정보를 분석합니다.
② 딸기, 토마토, 사과 등의 작물과 소, 돼지 등 가축의 특성을 이해하고 적합한 정보통신기술을 개발하고 분석합니다.
③ 온도, 습도, 이산화탄소 등을 측정할 수 있는 감지기나 농작물 및 가축의 상태를 점검할 수 있는 기술을 개발하고, 이를 컴퓨터나 모바일에서 확인할 수 있도록 합니다.
④ 스마트팜 운영을 원하는 농민을 위하여 관련 내용을 교육하고 전문적인 도움을 줍니다.

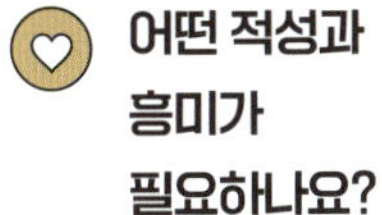

어떤 적성과 흥미가 필요하나요?

① 작물과 가축 키우는 일을 잘 알아야 하고, 자연에 관심을 가지고 탐구·보호할 수 있는 자연친화력이 필요합니다.
② 내용을 잘 이해하기 위해 자료 수집 등의 노력을 기울이는 사람에게 적합합니다.
③ 손이나 도구를 사용하거나 기계를 조작하는 활동에 관심이 많은 사람에게 적합합니다.

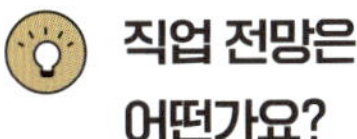

직업 전망은 어떤가요?

정부에서는 스마트팜 기술개발에 투자하고 있으며, 앞으로 스마트팜 기술이 적용된 가축을 기르는 건물을 확대할 계획을 가지고 있기에 스마트팜구축가의 미래는 밝다고 할 수 있습니다.

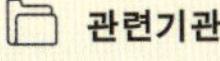

관련기관

국립한국농수산대학 http://www.af.ac.kr
농촌진흥청 http://www.rda.go.kr
스마트팜코리아 http://www.smartfarmkorea.net
농림수산식품교육문화정보원 http://www.epis.or.kr
스마트 팜 솔루션(SFS) 융합연구단 https://www.kefarm.re.kr/sfs

018

스마트팜운영자

정보통신기술을 결합한 스마트팜에서 농사를 짓는다

#스마트팜 #인공지능 #농업
#무인자동화 #원격제어

자연친화력

한눈에 보는 진학 로드맵

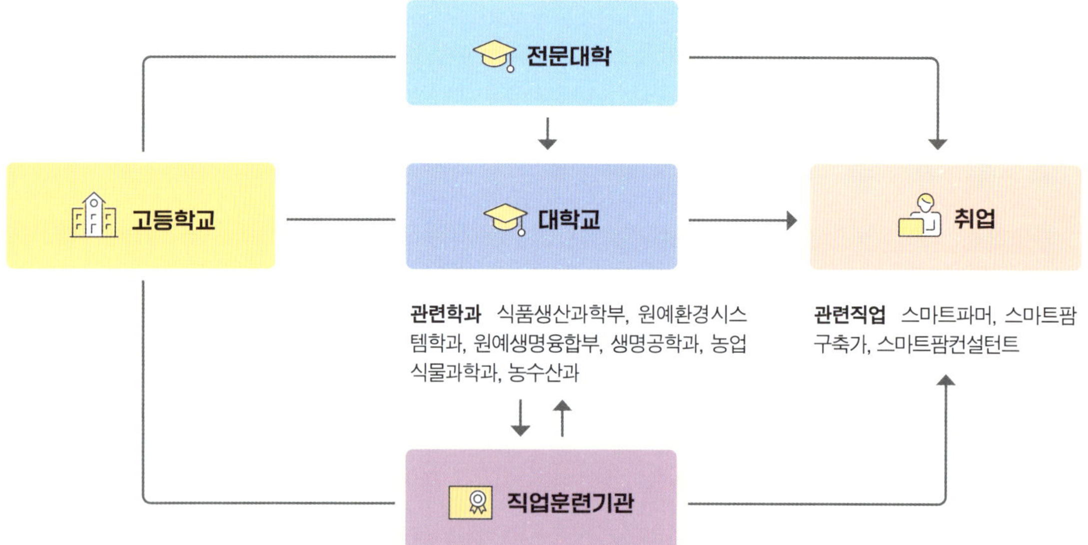

진로 탐색과 준비, 이렇게 하세요

1. 스마트팜 운영, 농업 등을 공부할 수 있는 농업고등학교, 전문대학 등에서 관련 분야를 전공하면 유리합니다. 그러나 특정 교육이 반드시 필요한 것은 아닙니다.
2. 지역의 농업기술원, 농업자원관리원, 농식품인력개발원 등에서 스마트팜 영농기술을 배울 수 있습니다.
3. 스마트팜 교육을 받고 자신이 직접 스마트팜을 운영할 수 있습니다.
4. 스마트팜 체험 프로그램에 참여하여 스마트팜이 운영되는 현장을 경험할 수 있습니다. 또한 스마트팜코리아와 같은 스마트팜이나 미래 농업을 주제로 한 전시회에 참여하여 최근의 스마트팜 기술을 공부할 수 있습니다.

2025 고교학점제 준비, 이렇게 하세요

식물생산과학부/원예환경시스템학과/원예생명융합부

일반선택 수학(미적분 I+, 확률과 통계+), 과학(생명과학++, 화학+), 기술·가정/정보(정보)

진로선택 수학(미적분 II+, 기하+), 과학(세포와 물질대사++, 생물의 유전++, 물질과 에너지+, 화학 반응의 세계+), 기술·가정/정보(인공지능 기초, 데이터 과학)

융합선택 과학(기후변화와 환경생태), 기술·가정/정보(소프트웨어와 생활)

생명공학과

일반선택 수학(미적분 I++, 확률과 통계+), 과학(생명과학++, 화학+), 기술·가정/정보(정보)

진로선택 수학(미적분 II++, 기하+), 과학(세포와 물질대사++, 생물의 유전++, 물질과 에너지+, 화학 반응의 세계+), 기술·가정/정보(인공지능 기초, 데이터 과학)

융합선택 과학(융합과학 탐구), 기술·가정/정보(소프트웨어와 생활)

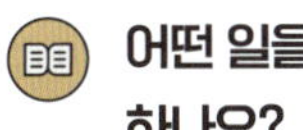 **어떤 일을 하나요?**

① 비닐하우스·유리온실·축사 등에 IoT, 빅데이터·인공지능, 로봇 등 4차산업혁명기술을 접목하여 작물과 가축의 생육환경을 원격·자동으로 적정하게 유지·관리해 농사를 짓습니다.
② 원격제어 단계의 1세대, 데이터 기반 정밀 생육관리 단계의 2세대, 인공지능·무인자동화 단계인 3세대로 구분되는데 각 단계별로 스마트폰과 같은 적절한 모바일기기를 통해서 농장의 상태를 관리합니다.
③ 유통, 판매에서도 다양한 최신 기술을 이용합니다.

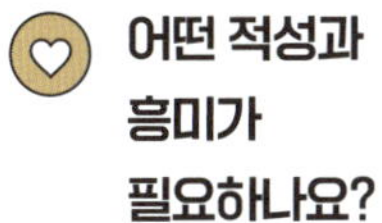 **어떤 적성과 흥미가 필요하나요?**

① 농작물을 재배하므로 식물의 특성을 알고 식물을 잘 가꿀 수 있는 자연친화력이 필요합니다.
② 농축산물에 대해 배우기에, 식물과 동물에 관심과 애정이 많은 사람에게 적합합니다.
③ 농업에 필요한 각종 정보기술과 기계 활용법을 알아야 하므로 정보기술, 기계에 흥미가 있는 사람에게 적합합니다.

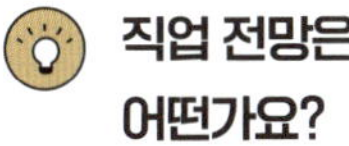 **직업 전망은 어떤가요?**

스마트팜은 고령자의 영농을 용이하게 하고 청년층의 농촌 유입을 촉진하고 있습니다. 많은 근력을 사용하고 일이 힘들다는 기존 농업 이미지를 크게 바꾸고 있어서 스마트팜의 미래는 밝다고 할 수 있습니다.

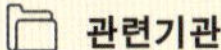 **관련기관**

농촌진흥청 http://www.rda.go.kr
한국스마트팜산업협회 https://www.kasfi.or.kr
세종시 농업기술센터 http://adtc.sejong.go.kr

019

시스템엔지니어

실물 서버를 구축하고 관리하며 유지 · 보수한다

#기술자 #개발자 #클라우드
#IT #ICT #컴퓨터 #코딩

수리논리력 언어능력 대인관계능력

한눈에 보는 진학 로드맵

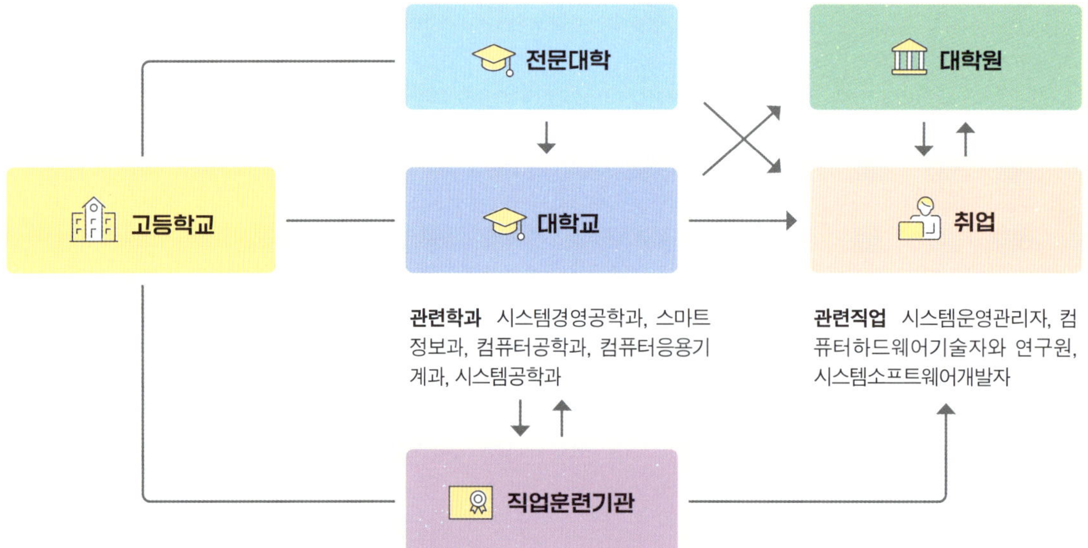

관련학과 시스템경영공학과, 스마트정보과, 컴퓨터공학과, 컴퓨터응용기계과, 시스템공학과

관련직업 시스템운영관리자, 컴퓨터하드웨어기술자와 연구원, 시스템소프트웨어개발자

관련자격 전자계산기기사, 전자계산기조직응용기사, 정보관리기술사, 정보처리산업기사, 컴퓨터시스템응용기술사, SQL전문가, 리눅스마스터, 데이터아키텍처

진로 탐색과 준비, 이렇게 하세요

1. 시스템 운영과 관리의 경우 전문대 또는 대학 졸업 이상의 학력이 필요하며, 시스템 개발은 정보통신학, 컴퓨터공학 등을 전공하고 대학 이상의 학력이 요구됩니다. 직업훈련포털을 통해 사설학원에서 운영하는 시스템 개발 관련 과정을 통해 훈련받을 수 있습니다.
2. 진로 멘토링 사이트에서 전문가 멘토의 자료, 소개 자료, 영상물을 통하여 업무를 알아볼 수 있습니다.
3. 각종 컴퓨터 프로그램 코딩 학습사이트나 코딩 프로그램을 통해 모바일웹, 모바일 애플리케이션 개발에 필요한 기초 지식을 얻을 수 있습니다.

2025 고교학점제 준비, 이렇게 하세요

시스템경영공학과

일반선택 수학(미적분Ⅰ, 확률과 통계), 기술·가정/정보(기술·가정, 정보)

진로선택 수학(미적분Ⅱ, 인공지능 수학), 기술·가정/정보(로봇과 공학세계, 데이터 과학)

융합선택 사회(금융과 경제생활), 기술·가정/정보(창의 공학설계, 소프트웨어와 생활)

스마트정보과/컴퓨터공학과

일반선택 수학(미적분Ⅰ++, 확률과 통계++), 기술·가정/정보(정보)

진로선택 수학(미적분Ⅱ++, 인공지능 수학), 기술·가정/정보(인공지능 기초, 데이터 과학)

융합선택 기술·가정/정보(소프트웨어와 생활)

어떤 일을 하나요?

① 정보기술의 기술적 사항과 해당 업무에 필요한 사항을 종합적으로 분석하고 설계하여 사용 용도에 따라 가장 빠르면서 안정된 정보시스템을 만드는 일을 합니다.
② 정보시스템을 도입해 처리할 일을 확인하고 사용자가 일을 처리하는 절차와 관련된 자료를 가지고 정보시스템으로 만들기 위한 모든 요소를 확인합니다.
③ 기존 시스템의 문제점과 고객이 원하는 사항을 자세히 파악하고 분석하여, 만들어야 할 정보시스템의 성능, 기능, 사양 등에 관한 주요 사항을 결정합니다.

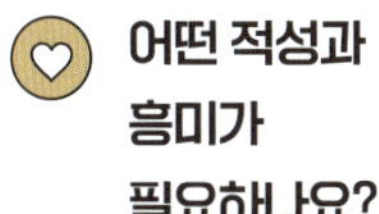
어떤 적성과 흥미가 필요하나요?

① 시스템 장애나 문제가 발생하는 경우 근본적인 원인을 찾고 문제를 해결할 수 있는 수리논리력이 필요합니다.
② 시스템 하드웨어, 소프트웨어 관련 최신 기술을 습득하기 위해 끊임없이 탐구하는 사람에게 적합합니다.
③ 시스템 개발업체, 하드웨어업체, 다양한 시스템 관계자와 원만한 관계를 유지할 수 있으며, 의사결정이 필요한 경우가 많아 토론을 즐기는 사람에게 적합합니다.

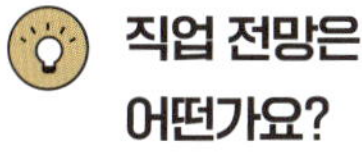
직업 전망은 어떤가요?

최근 모바일기기의 다양화, 오픈 소프트웨어의 보급 확대 등으로 운영 프로그램을 개발하는 인력 수요가 증가하고 있어 일자리 규모가 다소 증가할 것으로 전망됩니다.

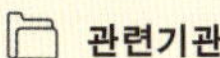
관련기관

한국표준협회 http://www.ksa.or.kr
한국정보통신자격협회 http://www.icqa.or.kr
한국IT서비스산업협회 http://www.itsa.or.kr
한국정보통신진흥협회 http://www.kait.or.kr

020

원격진료코디네이터

정보통신기술을 이용해서 멀리 떨어진 환자와 의사를 연결한다

#원격　#의료　#병원

언어능력　대인관계능력

한눈에 보는 진학 로드맵

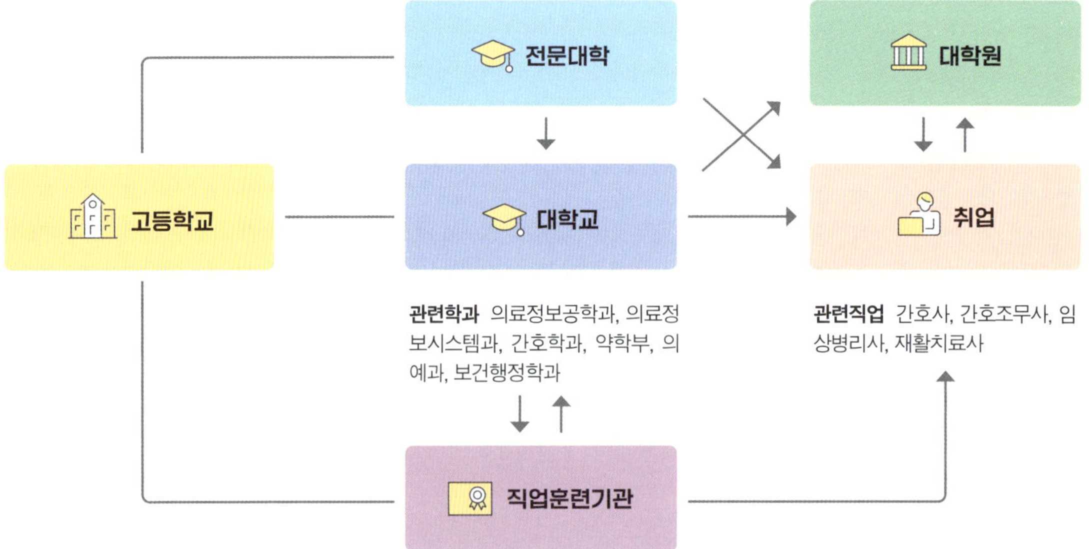

**진로 탐색과
준비,
이렇게 하세요**

1. 고등학교에서 관련과목을 수강하고 대학에서 관련학과를 졸업해 일정 수준의 의학 지식을 쌓아야 합니다. 또한 정보통신기술에 대한 이해와 미디어커뮤니케이션 지식을 쌓는 것이 도움이 됩니다. 일반적으로 고등학교 졸업 이상의 학력을 요구하며, 병원 실무 경험이 있으면 유리합니다.
2. 일반 교육훈련기관에서 의료기관의 서비스 질 향상을 위한 방법과 병원코디네이터 업무에 필요한 지침, 구체적인 환자 서비스 방법 등을 교육합니다.
3. 한국폴리텍 대학에서는 의료코디네이터 양성 과정을 운영하고 있으며, 의료기관 행정관리, 의료정보 데이터베이스 관리, 고객관리 등을 교육합니다.
4. 병원, 의료기기 산업박람회에 참석하여 관련 동향을 이해하고 정보를 얻을 수 있습니다.

**2025 고교학점제
준비,
이렇게 하세요**

의료정보공학과/의료정보시스템과

`일반선택` 수학(확률과 통계), 과학(생명과학), 기술·가정/정보(정보)

`진로선택` 수학(인공지능 수학), 과학(세포와 물질대사, 생물의 유전), 기술·가정/정보(인공지능 기초, 데이터 과학)

`융합선택` 기술·가정/정보(소프트웨어와 생활)

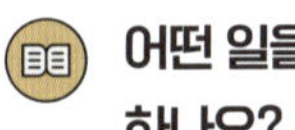

**어떤 일을
하나요?**

① 의학적 지식을 바탕으로 직접 병원에 가기 어려운 환자들을 정보통신기술(ICT: Information and Communication Technologies)을 이용하여 의사와 연결해주어 원격진료가 가능하도록 도와주는 업무를 수행합니다.
② 환자의 원격진료 요청에 대응하여 진료를 위해 상담하고 관련 내용을 문서로 정리합니다.
③ 환자가 보내온 혈당, 혈압, 심전도, 체중 등 의료정보를 PC, 스마트폰 등을 통해 수집하고 분석하여 의료진에게 전달합니다.
④ 원격진료 결과를 환자에게 설명해주고 이에 대한 상담 서비스를 제공합니다.

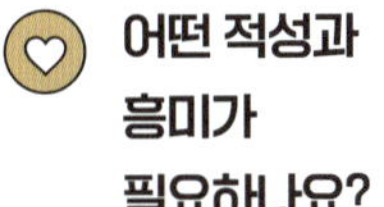

**어떤 적성과
흥미가
필요하나요?**

① 다양한 환경에 놓인 환자를 만나기 때문에 원활하게 소통할 수 있는 언어능력이 필요합니다.
② 사람들과 잘 어울리고 다른 사람과 함께 일하는 것을 선호하는 대인관계능력이 있는 사람에게 적합합니다.
③ 의학적 내용을 이해하기 위해 자료를 수집하고 분석하는 등의 노력을 쏟고 깊게 탐구하는 사람에게 적합합니다.

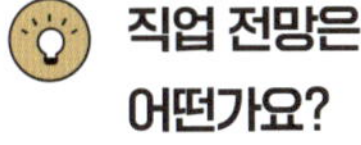

**직업 전망은
어떤가요?**

2002년 의료법 개정을 통해 의료기관 사이에서 원격진료를 하는 것이 허용되었고 원격의료와 관련된 법이나 제도 개정, 원격의료 서비스 제공 기반 마련 등을 위한 노력이 계속되었습니다. 원격의료 서비스 영역이 넓어짐에 따라 수요와 역할이 늘어날 것으로 예측됩니다.

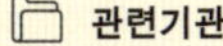 **관련기관** 대한병원코디네이터협회 http://www.khca.or.kr

021

웹디자이너

인터넷 창 이미지를 알기 쉽게 꾸민다

#웹디자인 #웹개발 #홈페이지 #웹사이트 #웹페이지 #CSS

예술시각능력 창의력 대인관계능력

한눈에 보는 진학 로드맵

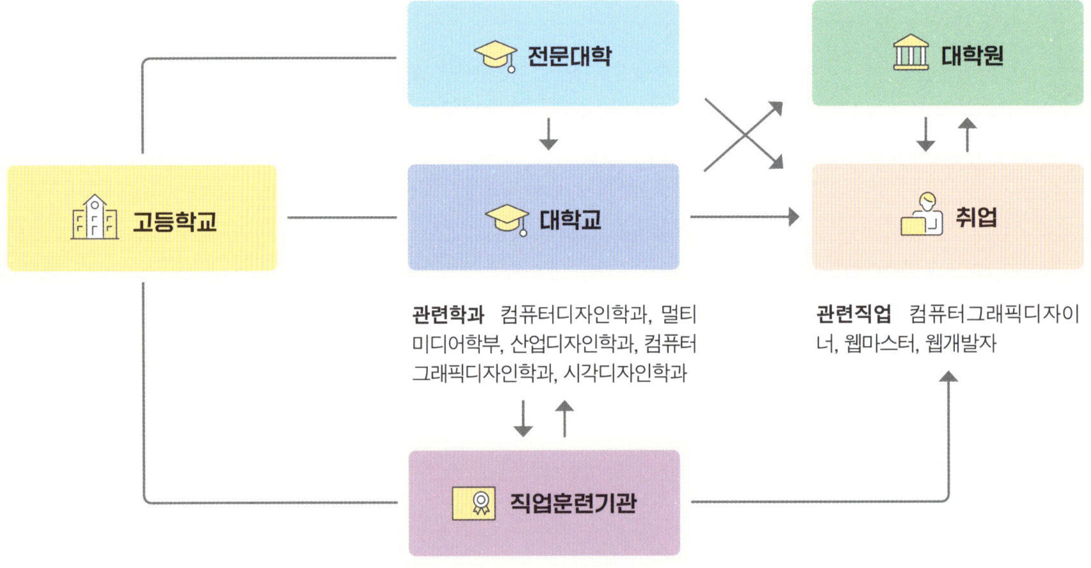

진로 탐색과 준비, 이렇게 하세요	1. 특별히 요구되는 학력이나 전공 조건은 없지만 전문대학이나 대학의 멀티미디어학과, 컴퓨터그래픽학과, 디자인 관련학과를 졸업하면 유리합니다. 웹 전문 교육기관에서 웹 디자이너 과정을 이수하여 취업할 수 있습니다. 2. 각 지역의 진로체험센터, 청소년진로체험센터에서 주관하는 프로그램에 참여하여 웹디자이너 업무를 알아볼 수 있습니다. 3. 웹사이트 구축과 운영 동향을 분석하고 새로운 디자인 정보를 얻을 수 있습니다.

**2025 고교학점제
준비,
이렇게 하세요**

컴퓨터디자인학과/멀티미디어학부

일반선택	예술(미술), 기술·가정/정보(정보)
진로선택	예술(미술 창작, 미술 감상과 비평), 기술·가정/정보(인공지능 기초)
융합선택	예술(미술과 매체), 기술·가정/정보(소프트웨어와 생활)

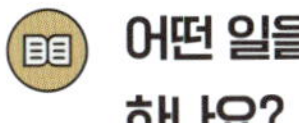 **어떤 일을
하나요?**

① 웹사이트의 첫 화면, 세부 화면, 메뉴 색상과 아이콘 등 사이트 전체를 디자인하고 만듭니다.

② 웹페이지의 문자, 이미지, 동영상, 음성 등을 재가공하여 이용자들이 알기 쉽고 사용하기 쉽게 만드는 작업을 합니다.

③ 웹사이트의 전체 이미지를 결정한 후 사용자가 웹페이지를 이용할 때 메뉴의 이동을 돕는 내비게이션을 디자인하고 전체 구조, 주메뉴와 부메뉴를 위계적으로 정하며, 웹사이트의 틀을 정하고 시각적인 배치를 합니다.

④ 웹사이트를 제작할 때 필요한 기술인 HTML5, CSS, Javascript, JSP, ASP, XML 등을 활용하여 웹에 애니메이션이나 특정 효과를 구현하기도 합니다.

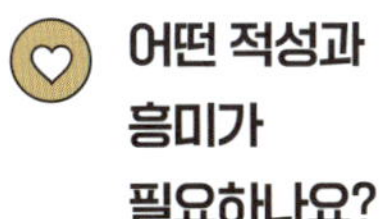 **어떤 적성과
흥미가
필요하나요?**

① 디자인 감각, 색채 감각과 같은 예술시각능력이 필요합니다.

② 웹페이지의 메인 화면과 세부적인 화면, 메뉴 이동을 돕는 내비게이션바 등 웹의 모든 요소를 새롭게 구성할 수 있는 창의력이 필요합니다.

③ 웹기획자나 웹개발자와 함께 일하므로 평소 사람들과 소통하는 것을 좋아하고 다른 사람들의 생각이나 의견을 존중할 수 있는 태도를 가진 사람에게 적합합니다.

④ 웹디자인을 통해 사용자의 편의성을 높이기 위해 새롭고 독특한 방식으로 문제를 해결하는 것을 좋아하는 사람에게 적합합니다.

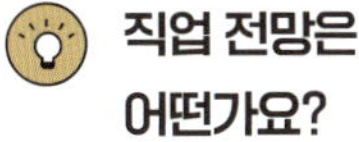 **직업 전망은
어떤가요?**

모바일 매체에 최적화된 영상콘텐츠 제작, 디자인 적용에 대한 수요가 늘어나 웹디자이너 수요가 커지고 있습니다. 반면 웹사이트 제작 프로그램이 간편해지면서 일반인도 쉽게 제작할 수 있게 되었다는 점에서 부정적인 영향을 미칠 것으로 보이기에 일자리 규모는 현 상태를 유지할 전망입니다.

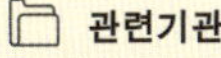 **관련기관**   한국멀티미디어협회 http://www.multimedia.or.kr   한국디자인진흥원 http://www.kidp.or.kr

022

웹마스터

웹의 주인, 웹을 자유자재로 다루는 사람으로 웹의 전체를 책임진다

한눈에 보는 진학 로드맵

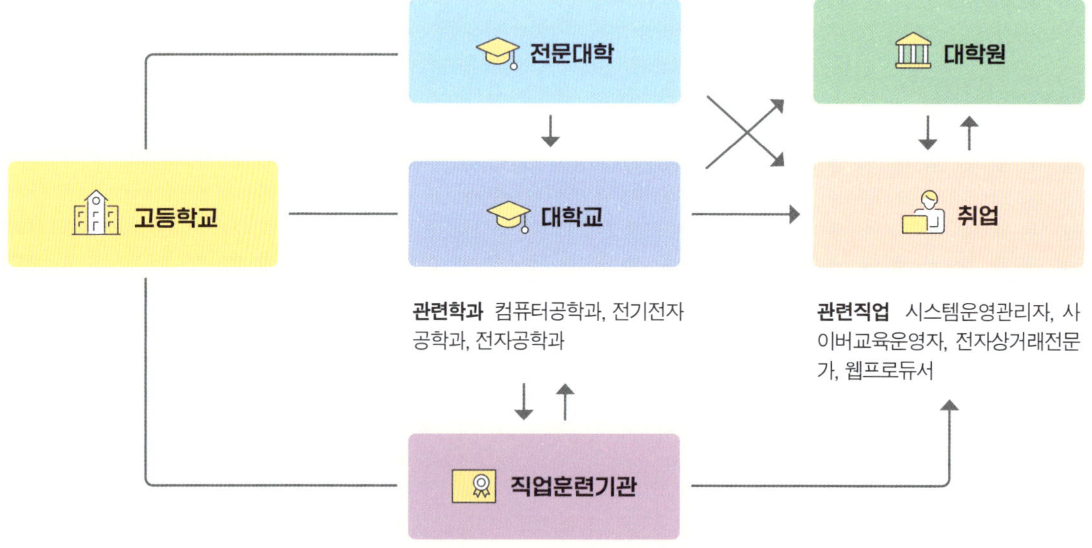

관련학과 컴퓨터공학과, 전기전자
공학과, 전자공학과

관련직업 시스템운영관리자, 사
이버교육운영자, 전자상거래전문
가, 웹프로듀서

관련자격 웹디자인기능사, 정보처리기사, 오라클공인전문
가제도(OCP), 오라클자격인증제도, 리눅스마스터, SQL,
정보기술프로젝트관리전문가(IT-PMP), HTML웹개발

진로 탐색과 준비, 이렇게 하세요

1. 고등학교에서 관련과목을 수강하고 전문대학이나 대학의 관련학과로 진학해 졸업하는 것이 유리합니다. 사설 교육기관에서 웹마스터가 되기 위해 필요한 교육과 훈련을 받을 수 있습니다. 온라인 쇼핑몰이나 홈페이지 제작업체의 경우 학력과 무관하게 채용하거나 고졸 이상의 학력을 요구하지만 일반기업이나 공공기관은 대학 졸업 이상의 학력이 필요합니다.
2. 진로 멘토링 사이트에서 전문가 멘토의 자료, 소개 자료, 영상을 통하여 업무를 알아볼 수 있습니다.
3. 웹진 구독으로 웹사이트 구축과 운영 동향을 분석하고, 관련된 영상 시청을 통해 지식을 얻을 수 있습니다.

2025 고교학점제 준비, 이렇게 하세요

컴퓨터공학과

일반선택 수학(미적분 I ++, 확률과 통계++), 기술·가정/정보(정보)

진로선택 수학(미적분 II ++, 인공지능 수학), 기술·가정/정보(인공지능 기초, 데이터 과학)

융합선택 기술·가정/정보(소프트웨어와 생활)

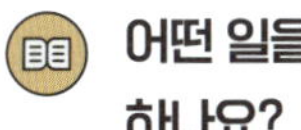 ## 어떤 일을 하나요?

① 인터넷 웹사이트의 게시판을 관리하거나 사이트상에서 발생한 오류나 문제들을 확인하고 해결하는 일을 담당합니다.
② 운영 중인 웹사이트에서 제공되는 콘텐츠를 관리하고, 웹사이트 서비스 기능을 정기적으로 점검하고 유지합니다.
③ 웹사이트에서 자주 발견되거나 사용자가 제기하는 오류 사항 등을 파악하고 개선사항을 정리하여 관련 담당자(기획자 또는 개발자)에게 전달합니다.

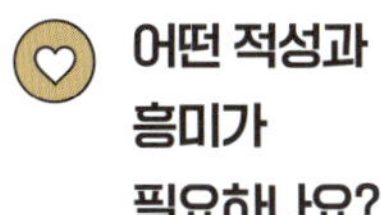 ## 어떤 적성과 흥미가 필요하나요?

① 기본적인 수리 능력, 정보 분석 능력을 가지고 있어야 하며, 문제를 논리적으로 분석해 효과적으로 해결할 수 있는 수리논리력과 컴퓨팅 사고력이 필요합니다.
② 웹사이트에서 발생하는 문제를 해결하는 데 책임감을 가진 사람에게 적합합니다.
③ 웹개발자, 웹기획자, 웹디자이너, 고객센터 담당자 등 여러 사람과 함께 일하므로 문제 해결을 위해 팀을 설득하고 주도적으로 이끌 수 있는 사람에게 적합합니다.

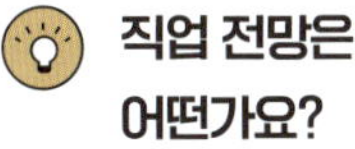 ## 직업 전망은 어떤가요?

인터넷 웹사이트를 통한 정보교환, 금융거래, 상거래 등은 향후 더욱 가속화될 것이며, 기업이 마케팅이나 홍보 수단으로 웹을 활용하는 것도 일반화되고 있어 관련 전문가의 일자리 수요에 긍정적 영향을 미칠 것으로 예측됩니다.

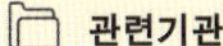 **관련기관**

한국정보기술연구원 http://www.kitri.re.kr   한국지능정보사회진흥원 http://www.nia.or.kr
한국전자통신연구원 http://www.etri.re.kr

023

웹접근성컨설턴트

누구나 손쉽게 웹사이트에 접근할 수 있도록 만든다

한눈에 보는 진학 로드맵

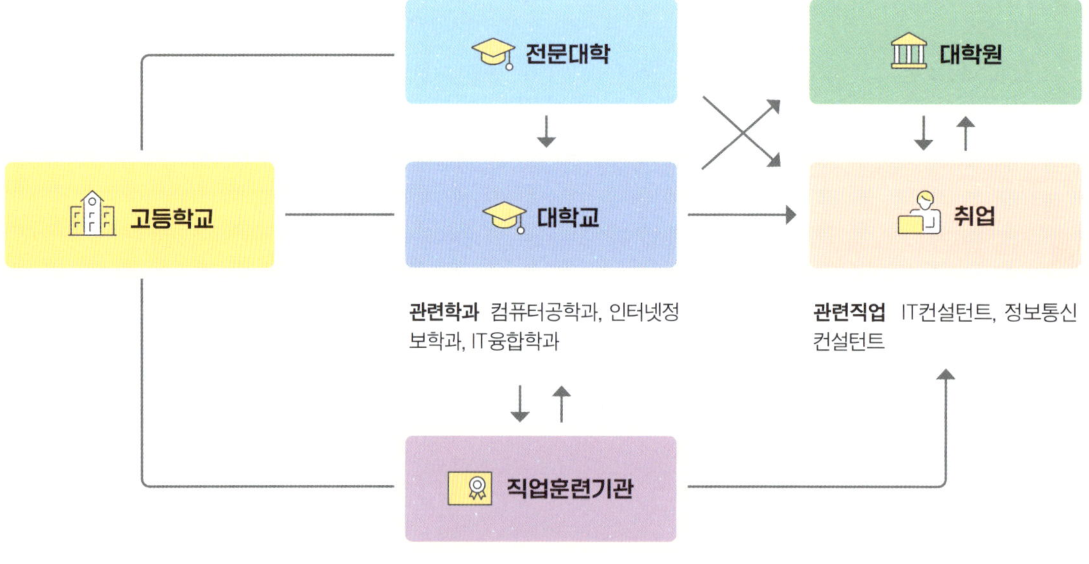

진로 탐색과 준비, 이렇게 하세요

1. 전문대학이나 대학에서 IT 관련학과를 졸업하는 것이 유리합니다. 사설 교육기관에서 웹 접근성, 웹 표준 실무 HTML, CSS 등 관련 훈련을 받을 수 있습니다. 기업에 따라 요구하는 학력 조건이 다르므로 원하는 분야의 채용 공고를 확인하는 것이 중요합니다.
2. 각종 코딩 사이트, 코딩 프로그램을 활용하여 코딩 연습을 해보며 프로그래밍 기초 지식을 얻을 수 있습니다.
3. 웹접근성, 웹호환성, 장애인차별금지, IT, 인터넷, 정보통신, 해킹, 정보보안, 프로그래밍 등과 관련된 영상 시청을 통해 업무를 알아볼 수 있습니다.

2025 고교학점제 준비, 이렇게 하세요

컴퓨터공학과/인터넷정보학과

일반선택	수학(미적분 I ++, 확률과 통계++), 기술·가정/정보(정보)
진로선택	수학(미적분 II ++, 인공지능 수학), 기술·가정/정보(인공지능 기초, 데이터 과학)
융합선택	기술·가정/정보(소프트웨어와 생활)

IT융합학과

일반선택	수학(확률과 통계), 기술·가정/정보(정보)
진로선택	기술·가정/정보(인공지능 기초, 데이터 과학)
융합선택	기술·가정/정보(소프트웨어와 생활)

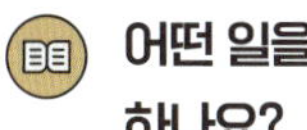

어떤 일을 하나요?

① 누구나 손쉽게 웹사이트에 접근할 수 있도록 웹접근성을 지키고 있는지 확인하고 필요한 기업이나 기관을 대상으로 전문적인 조언과 지원을 합니다.
② 콘텐츠의 분석·설계·개발·테스트·실행의 전 과정에서 웹접근성에 특화하여 웹디자이너 또는 퍼블리셔들을 교육하거나 개발물을 진단, 보완하는 컨설팅 서비스를 제공합니다.
③ 컨설팅을 의뢰한 기업과 관계자에게 웹접근성 개념, 웹접근성 구현 사례 교육을 실시하고 관련된 가이드라인과 표준 지침을 제공하고 설명합니다.
④ PC와 모바일웹 등의 화면을 기획하는 내용이 담긴 화면 설계서나 디자인 시안을 확인하고 최종 콘텐츠를 검토하며 웹접근성 품질마크를 획득할 수 있도록 지원합니다.

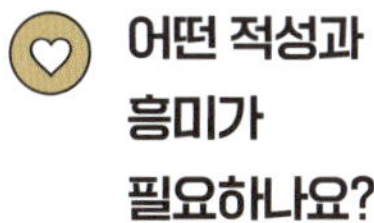

어떤 적성과 흥미가 필요하나요?

① 웹접근성, 웹표준화 가이드에 따라 웹사이트나 모바일 웹사이트가 구축되었는지 논리적으로 확인하고 평가할 수 있는 수리논리력이 필요합니다.
② 의뢰 기관을 대상으로 웹접근성 분석 결과를 체계적으로 잘 설명할 수 있어야 하고, 컨설팅은 팀 단위로 진행되므로 팀원과 원활한 관계를 유지할 수 있는 사람에게 적합합니다.
③ 개발된 콘텐츠의 장단점을 파악하여 효과적인 접근방법이나 대안책을 결정하고 제시할 수 있는 사람에게 적합합니다.

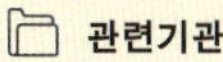

직업 전망은 어떤가요?

정부 부처가 지정한 세 곳의 웹접근성 인증기관에서 한국형 웹접근성 표준지침(KWCGA 2.0)을 준수한 우수 사이트에 웹접근성 품질마크를 부여하고 있으며 향후에도 관련 기술이 지속적으로 개발될 것이 예상됨에 따라 일자리 규모가 확대될 것으로 보입니다.

📁 관련기관

한국웹접근성인증평가원 http://www.wa.or.kr
웹와치 http://www.webwatch.or.kr
한국디지털접근성진흥원 http://www.kwacc.or.kr
(사)한국시각장애인연합회 http://www.kbuwel.or.kr

024

웹프로듀서

웹사이트를 효율적이고 편리하게 만들며 원하는 정보를 손쉽게 찾도록 돕는다

 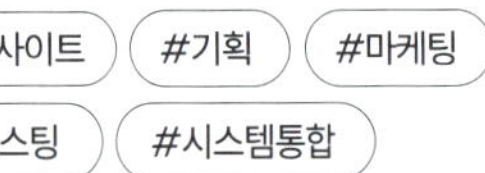
#웹사이트 #기획 #마케팅 #호스팅 #시스템통합

수리논리력 대인관계능력

🗺 한눈에 보는 진학 로드맵

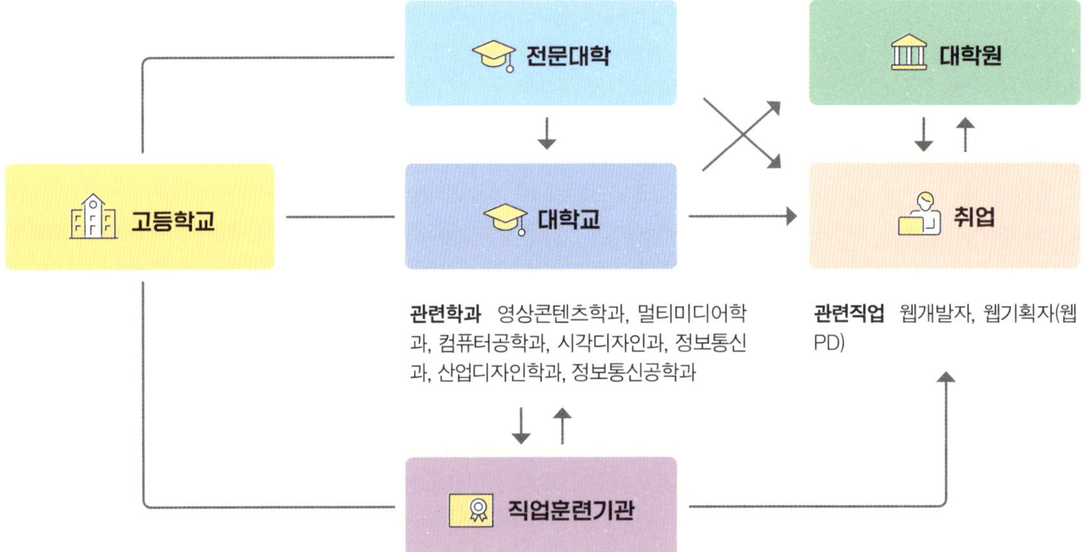

진로 탐색과 준비, 이렇게 하세요

1. 고등학교에서 관련과목을 수강하고 전문대학이나 대학에서 정보통신공학, 멀티미디어학, 컴퓨터공학 등 관련학과를 전공해 졸업하면 유리합니다. 사설학원 등에서도 웹프로듀서가 되기 위한 교육과 훈련을 제공하고 있습니다.
2. 진로 멘토링 사이트에서 전문가 멘토의 자료, 영상을 통하여 업무를 알아볼 수 있습니다.
3. 웹진 구독으로 웹사이트 구축과 운영 트렌드를 분석하고 정보보안, 해킹, 크래킹, 컴퓨터 바이러스, 프로그래밍, 앱 개발, 소프트웨어 등 관련된 영상 시청을 통해 지식을 얻을 수 있습니다.

2025 고교학점제 준비, 이렇게 하세요

영상콘텐츠학과/멀티미디어학과

일반선택	예술(미술), 기술·가정/정보(정보)
진로선택	예술(미술 창작, 미술 감상과 비평), 기술·가정/정보(인공지능 기초)
융합선택	예술(미술과 매체), 기술·가정/정보(소프트웨어와 생활)

컴퓨터공학과

일반선택	수학(미적분 I ++, 확률과 통계++), 기술·가정/정보(정보)
진로선택	수학(미적분 II ++, 인공지능 수학), 기술·가정/정보(인공지능 기초, 데이터 과학)
융합선택	기술·가정/정보(소프트웨어와 생활)

어떤 일을 하나요?

① 웹사이트 기획, 구축, 운영, 마케팅 등을 총괄합니다.
② 새로운 인터넷 사이트를 만들기 위한 기획안을 작성하며, 웹사이트에서 제공할 내용, 디자인 등 전반적인 홈페이지 관리를 담당합니다.
③ 웹사이트의 자료를 지속적으로 갱신합니다.

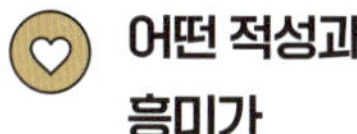
어떤 적성과 흥미가 필요하나요?

① 새로운 정보를 수집하고 적용하는 수리논리력이 필요합니다.
② 논리적이고 합리적인 사고를 하는 사람에게 적합합니다.
③ 리더십으로 다른 사람들을 잘 이끄는 사람에게 적합합니다.

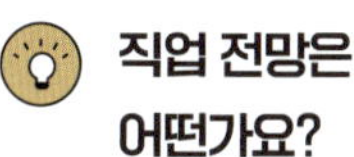
직업 전망은 어떤가요?

전반적으로 향후 모바일기기와의 연계성이 강화되면서 웹프로듀서의 고용은 증가할 전망이나, 이미 웹프로듀서 고용이 어느 정도 된 상황이어서 웹프로듀서의 고용은 현 상태를 유지할 것으로 전망됩니다.

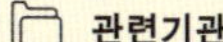 **관련기관** 한국정보기술연구원 http://www.kitri.re.kr

025

유전공학연구원

생물을 연구하고 유전적으로 재조합한다

#유전공학 #유전자 #생명현상
#생명공학 #생명활동

수리논리력

🗺 한눈에 보는 진학 로드맵

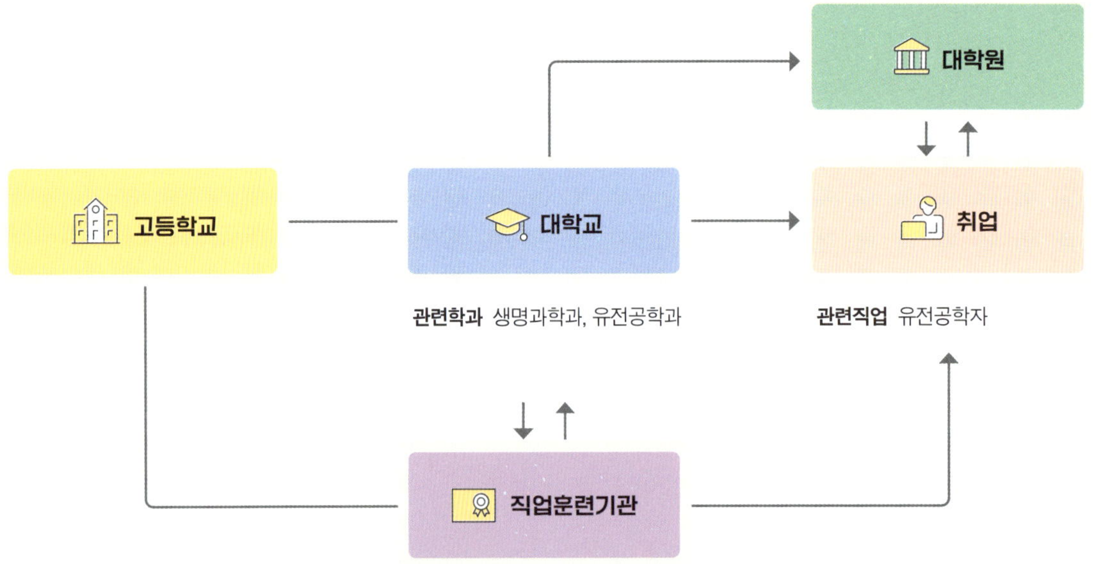

진로 탐색과 준비, 이렇게 하세요	1. 고등학교에서 관련과목을 수강하고 대학과 대학원에서 유전공학 관련학과를 졸업하면 유리합니다. 2. 지역의 진로직업체험센터에서 주관하는 생명공학 관련 진로 멘토링 프로그램에 참여해 생명공학 관련직업이 하는 업무를 알아볼 수 있습니다. 3. 생물 관련 동아리 활동을 통해 생물 실험을 경험해볼 수 있습니다.

**2025 고교학점제
준비,
이렇게 하세요**

생명과학과/유전공학과

`일반선택`　수학(미적분 I ++, 확률과 통계+), 과학(생명과학++, 화학+), 기술·가정/정보(정보)

`진로선택`　수학(미적분 II ++, 기하+), 과학(세포와 물질대사++, 생물의 유전++, 물질과 에너지+, 화학 반응의 세계+), 기술·가정/정보(인공지능 기초, 데이터 과학)

`융합선택`　과학(융합과학 탐구), 기술·가정/정보(소프트웨어와 생활)

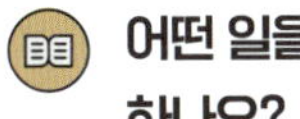 **어떤 일을
하나요?**

① 생명현상의 기본 물질인 유전자를 재조합하여 인류에게 유익한 의약물질, 기능성물질 등을 생산하고, 새로운 형질의 생명체를 창출, 실용화하는 첨단기술을 연구합니다.

② 인체를 포함한 동물, 식물, 미생물 등 세포 내에서 수행되는 생명활동의 기본 현상과 원리를 규명하고 식물이나 동물의 유전방식을 연구합니다.

③ 유전자를 인위적으로 재조합하여 새로운 품종을 개발하거나 유전질환, 암, 노화, 치매, 에이즈 등과 같은 질병의 유발 원인을 연구합니다.

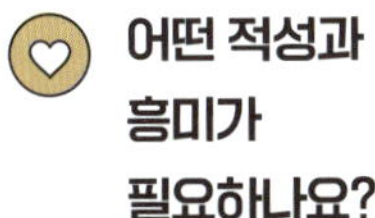 **어떤 적성과
흥미가
필요하나요?**

① 유전공학, 의학, 약학 등 관련 학문에 대한 이해를 바탕으로 논리적으로 사고하여 문제를 해결할 수 있는 수리논리력이 필요합니다.

② 장시간 진행되는 연구에 집중하는 것을 좋아하고, 깊게 탐구하는 과정을 즐기는 사람에게 적합합니다.

③ 전자현미경과 같은 최첨단 실험 도구와 컴퓨터프로그램을 활용하는 것에 관심이 있고, 기계나 도구를 조작하는 활동을 즐기는 사람에게 적합합니다.

**직업 전망은
어떤가요?**

생명공학은 21세기 경제성장을 주도할 핵심산업으로 부각되고 있으며 인류의 당면 과제인 식량, 에너지, 질병 등의 문제를 해결할 산업으로서의 역할이 확대됨에 따라 각종 기초연구와 응용연구를 수행하는 연구원의 일자리도 증가할 것으로 예상됩니다.

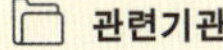 **관련기관**

한국생명공학연구원 http://www.kribb.re.kr　　　사단법인 한국생명과학회 http://www.jls.or.kr
사단법인 한국미생물·생명공학회 http://www.kormb.or.kr

026

의료기기개발전문가

#전자의료 #기기 #의료기기 #의료기기제조 #의료기기과학자

자기성찰능력 수리논리력

한눈에 보는 진학 로드맵

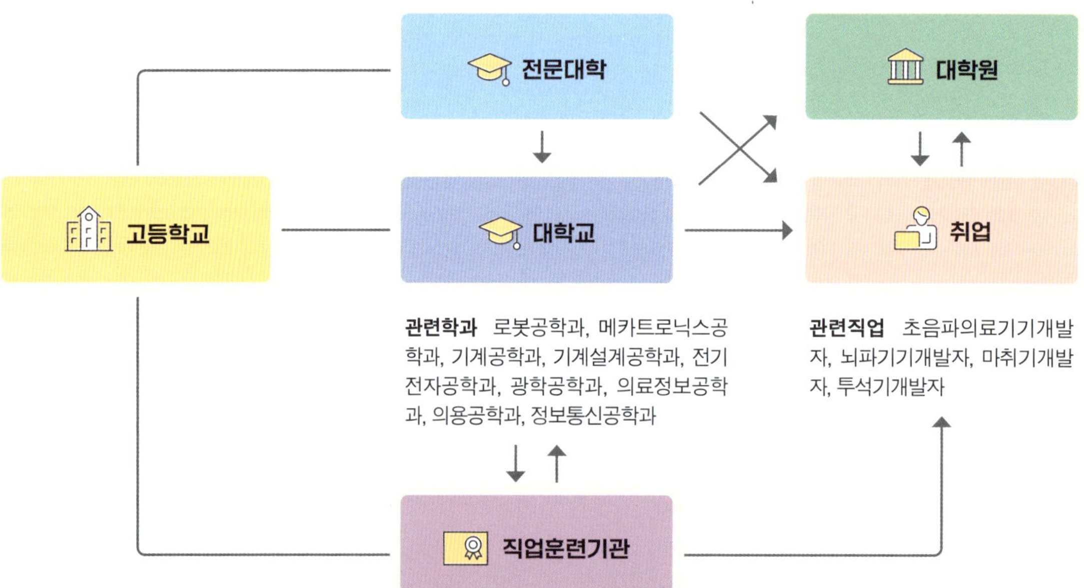

관련학과 로봇공학과, 메카트로닉스공학과, 기계공학과, 기계설계공학과, 전기전자공학과, 광학공학과, 의료정보공학과, 의용공학과, 정보통신공학과

관련직업 초음파의료기기개발자, 뇌파기기개발자, 마취기개발자, 투석기개발자

관련자격 전문간호사, 의료전자기능사, 전자캐드기능사, 광학기능사

진로 탐색과 준비, 이렇게 하세요

1. 고등학교에서 관련과목을 수강하고 대학에서 관련학과를 전공하는 것이 유리합니다. 일반 교육훈련기관에서는 스마트 헬스케어에 대한 이해, 의료기기 관리를 위한 기본 개념, 의료기기 관리 방법, 의료기기 품질경영 시스템 실습 등의 교육을 제공합니다.
2. 지역의 공공기관, 한국과학창의재단에서 운영하는 의료기기 개발에 대한 진로체험 프로그램에 참여하여 업무를 알아볼 수 있습니다.
3. 병원, 의료단체 등에서 운영하는 의료 봉사활동에 참여하여 의료정보와 의료장비를 알아볼 수 있습니다.

2025 고교학점제 준비, 이렇게 하세요

로봇공학과/메카트로닉스공학과

일반선택 수학(미적분 I , 확률과 통계), 과학(물리학, 화학), 기술·가정/정보(기술·가정, 정보)

진로선택 수학(미적분 II , 기하), 과학(역학과 에너지, 전자기와 양자, 물질과 에너지, 화학 반응의 세계)

융합선택 기술·가정/정보(창의 공학설계, 소프트웨어와 생활)

기계공학과/기계설계공학과

일반선택 수학(미적분 I ++, 확률과 통계+), 과학(물리학++), 기술·가정/정보(기술·가정, 정보)

진로선택 수학(미적분 II ++, 기하++), 과학(역학과 에너지++, 전자기와 양자++), 기술·가정/정보(로봇과 공학세계, 인공지능 기초)

융합선택 기술·가정/정보(창의 공학설계)

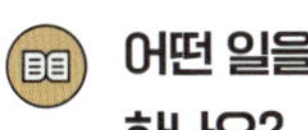

어떤 일을 하나요?

① 기계공학 지식을 바탕으로 최신 과학기술을 접목한 의료기기 개발 계획을 수립하고 환자 모니터, 초음파기기, X선 촬영(X-ray), 자기공명영상(MRI: Magnetic Resonance Imaging) 등의 의료기기를 설계하고 개발합니다.
② 의료기기 개발 방법의 전략을 수립하고 진행 방법을 기획합니다.
③ 개발을 위한 연구용 기자재 관리, 도면 관리, 품질 관리 등의 연구 관리 업무를 수행합니다.
④ 개발한 의료기기를 검사하고 점검합니다.

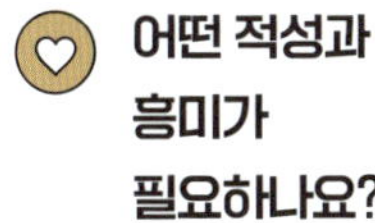

어떤 적성과 흥미가 필요하나요?

① 의료기기 개발을 위해 목표를 세우고 그에 따른 전략을 수립해 지키려고 노력하는 자기성찰능력이 필요합니다.
② 전자기기의 논리적 구조를 이해하는 능력과 수식을 계산해 이를 기기 설계 등에 적용하는 수리논리력이 필요합니다.
③ 과학기술 분야를 깊게 탐구하는 것을 좋아하는 사람에게 적합합니다.
④ 새로운 것에 호기심이 많고 손이나 도구를 사용하는 조작을 즐겨 하는 사람에게 적합합니다.

직업 전망은 어떤가요?

의료산업의 성장과 함께 자연스레 의료기기 산업이 발전하고 있습니다. 환자에게 다양하고 편리한 의료서비스를 제공하기 위하여 이 분야는 지속적으로 발전할 것이며 이에 따라 관련 전문 인력의 일자리는 증가할 것으로 예측됩니다.

📁 **관련기관** 사단법인 한국의료기기산업협회 http://www.kmdia.or.kr

027

의료정보시스템개발자

사람들이 편하고 빠르게 의료서비스를 이용하게 한다

#IT #개발자 #프로그래머 #의학 #하드웨어 #소프트웨어 #시스템

수리논리력

📖 한눈에 보는 진학 로드맵

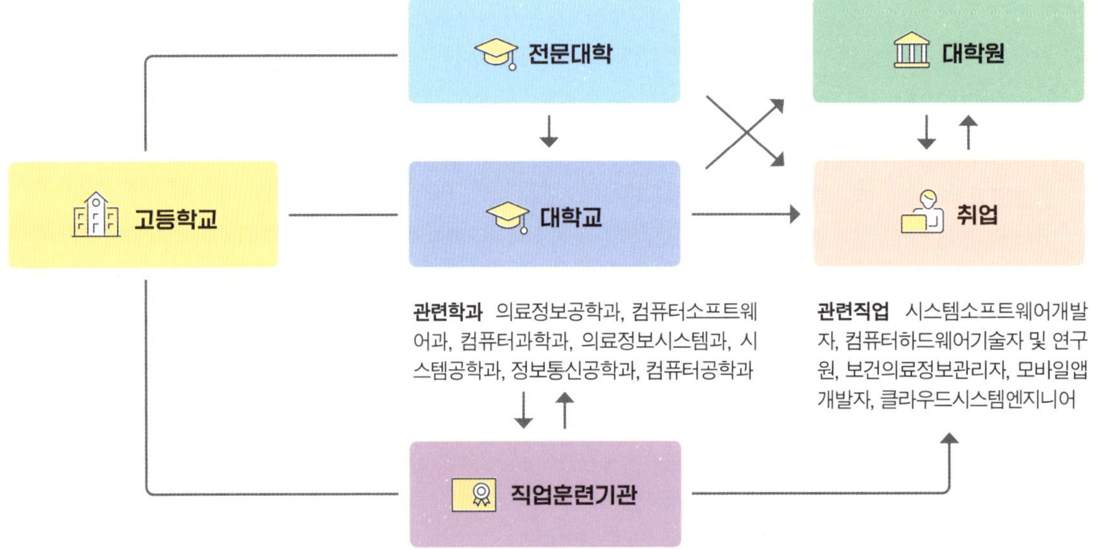

관련학과 의료정보공학과, 컴퓨터소프트웨어과, 컴퓨터과학과, 의료정보시스템과, 시스템공학과, 정보통신공학과, 컴퓨터공학과

관련직업 시스템소프트웨어개발자, 컴퓨터하드웨어기술자 및 연구원, 보건의료정보관리자, 모바일앱개발자, 클라우드시스템엔지니어

관련자격 전자계산기기사, 정보처리기사, 컴퓨터시스템응용기술사, 마이크로소프트인증전문가자격증(MCP), 오라클자격인증제도, 보건의료정보관리사, 병원행정사

**진로 탐색과
준비,
이렇게 하세요**

1. 전문대학이나 대학의 관련학과를 졸업하는 것이 유리합니다. 의료정보시스템 개발과 관련된 소프트웨어를 개발하는 업체로 취업하기 위해서는 정보통신공학이나 컴퓨터공학 전공과 전문대학 졸업 또는 대학 졸업 이상의 학력이 필요합니다.
2. 사설 교육기관에서 운영하는 웹프로그래밍, JAVA, 웹개발자 양성과 같은 과정을 통해 훈련을 받을 수 있습니다.
3. 의료정보전시회에 참석해 의료 관련 동향을 파악하고, 세미나를 통해 새로운 정보를 얻을 수 있습니다.

**2025 고교학점제
준비,
이렇게 하세요**

의료정보공학과

| 일반선택 | 수학(확률과 통계), 과학(생명과학), 기술·가정/정보(정보)

| 진로선택 | 수학(인공지능 수학), 과학(세포와 물질대사, 생물의 유전), 기술·가정/정보(인공지능 기초, 데이터 과학)

| 융합선택 | 기술·가정/정보(소프트웨어와 생활)

컴퓨터소프트웨어과/컴퓨터과학과

| 일반선택 | 수학(미적분 I++, 확률과 통계++), 기술·가정/정보(정보)

| 진로선택 | 수학(미적분 II++, 인공지능 수학), 기술·가정/정보(인공지능 기초, 데이터 과학)

| 융합선택 | 기술·가정/정보(소프트웨어와 생활)

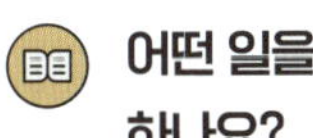 **어떤 일을
하나요?**

① 의료정보의 축적, 검색, 의료기관 간의 상호연결 또는 지역주민이 의료기관을 보다 편리하게 이용할 수 있도록 하는 정보시스템을 연구·개발하는 일을 합니다.
② 국내외의 의료정보시스템 개발 흐름, 우리나라 의료 체계와 관련된 법과 제도를 분석하여 적합한 의료정보시스템을 기획하고 개발합니다.
③ 병원과 환자의 진료 정보, 기타 의료행정정보들을 체계적으로 관리할 수 있는 의료정보시스템을 만들고 의료정보시스템이 작동하는 데 필요한 하드웨어나 네트워크 장비를 정기적으로 점검하며, 시스템의 오류나 결함의 원인을 분석하여 문제를 해결합니다.

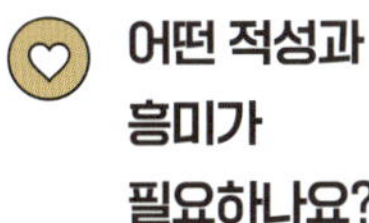 **어떤 적성과
흥미가
필요하나요?**

① 고객이 원하는 기능으로 작동되는 정보시스템을 개발하기 위해 고객 요구사항을 정리한 후 프로그래밍하여 소프트웨어로 만들 수 있는 수리논리력이 필요합니다.
② 소프트웨어 개발과 관련된 최신 기술과 정보시스템 개발에 필요한 최신 소스 코드에 대한 정보를 찾고 관련된 내용을 탐구하는 것을 좋아하는 사람에게 적합합니다.
③ 소프트웨어를 만드는 프로그래밍은 정해진 규칙에 따라 논리적으로 작성되어야 하기에 반복적이고 체계화된 작업을 즐길 수 있는 사람에게 적합합니다.

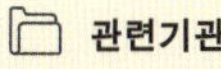 **직업 전망은
어떤가요?**

의료정보 데이터베이스 구축, 관리 업무와 각종 통계자료를 생성하고, 임상 연구와 교육을 위한 정보 제공 업무 등이 증가할 것이며, 또한 개인 맞춤형 서비스를 제공하기 위한 역할 역시 더 커질 것으로 기대됩니다.

📁 **관련기관**   한국정보통신진흥협회 http://www.kait.or.kr

028

전자공학기술자

현대인의 생활에 없어서는 안 될 갖가지 전자제품을 설계·개발한다

#컴퓨터 #공학 #전자기사 #정밀부품

수리논리력 공간지각력

🗺 한눈에 보는 진학 로드맵

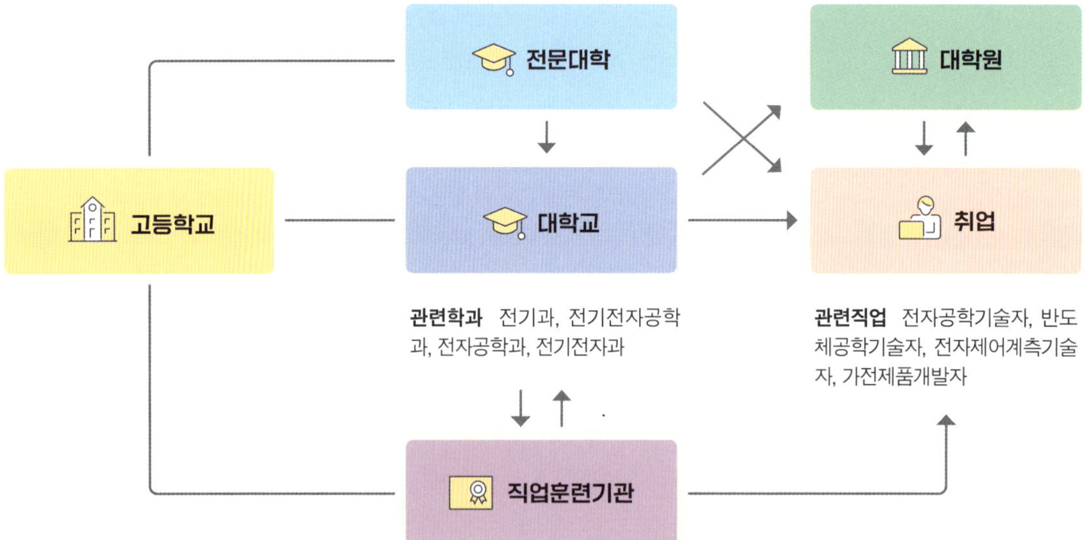

관련학과 전기과, 전기전자공학과, 전자공학과, 전기전자과

관련직업 전자공학기술자, 반도체공학기술자, 전자제어계측기술자, 가전제품개발자

관련자격 산업계측제어기술사, 전자기사, 전자응용기술사, 전자계산기기사, 컴퓨터시스템응용기술사, 전자회로설계산업기사

진로 탐색과 준비, 이렇게 하세요

1. 고등학교에서 관련과목을 수강하고 전문대학이나 대학, 대학원에서 관련학과를 졸업하면 유리합니다. 연구·개발 분야에 종사할 경우 관련전공의 석사학위 이상의 학력이 요구됩니다.
2. 사설 정보통신학원에서는 전자기사, 전자산업기사 등의 국가자격증 대비 과정반을 운영하고 있어 관련 교육을 받을 수 있습니다.
3. 지역의 진로직업체험센터에서 주관하는 진로체험 프로그램에 참여하여 업무를 알아볼 수 있습니다.
4. 전자 키트를 조립해보는 활동을 통해 전자기기의 작동 원리를 이해하고 기초 지식을 얻을 수 있습니다.

2025 고교학점제 준비, 이렇게 하세요

전기과/전기전자공학과/전자공학과

`일반선택` 수학(미적분 I++, 확률과 통계+), 과학(물리학++), 기술·가정/정보(기술·가정, 정보)

`진로선택` 수학(미적분 II++, 기하+), 과학(역학과 에너지++, 전자기와 양자++), 기술·가정/정보(로봇과 공학세계, 인공지능 기초, 데이터 과학)

`융합선택` 기술·가정/정보(창의 공학설계, 소프트웨어와 생활)

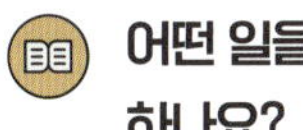 ## 어떤 일을 하나요?

① 물리학, 수학의 이론과 원리를 바탕으로 재료 속성에 대한 지식을 활용하여 전자제품을 설계·개발하고 생산관리·감독 업무를 합니다.
② 제품을 설계·개발하기 위해서는 시장조사를 거쳐 소비자가 원하는 성능, 기능, 디자인 등의 의견 수렴을 하고 경쟁업체 제품, 세계 동향, 기술 변화 등을 분석한 후 디자인 설계를 합니다.
③ 전산기 하드웨어, 계측제어설비의 사양을 검토·조정하고 신기술 도입, 개발 방안을 연구합니다.

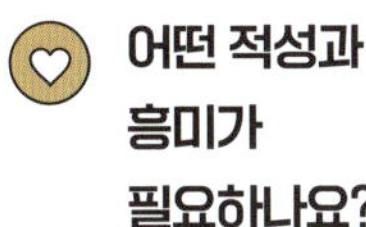 ## 어떤 적성과 흥미가 필요하나요?

① 기계의 논리적 구조를 이해하고 신기술 등을 적용하여 공정 과정에서의 문제 해결을 단계적으로 할 수 있는 수리논리력이 필요합니다.
② 생산 현장과 공정의 전 과정을 이해하고, 공장의 상황에 맞는 자동화 계획을 수립하며 설계를 하기 위해 공간지각력이 필요합니다.
③ 전자 소재 부품의 연구·개발·생산·조립 단계부터 최종 전자시스템의 검사까지 담당하므로 탐구하기를 좋아하는 사람에게 적합합니다.

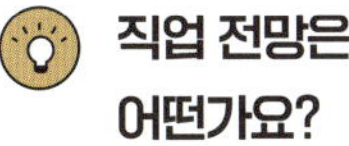 ## 직업 전망은 어떤가요?

기술혁신의 화두로 주목받고 있는 선도 기술인 사물인터넷, 무인 자동차, 무인기기, 홈 가전 네트워크, 지능형 로봇 등의 상용화로 전자공학기술자의 수요는 확대될 전망입니다.

📁 **관련기관** 한국전자정보통신산업진흥회 http://www.gokea.org   한국전자통신연구원 http://www.etri.re.kr

전자상거래전문가

인터넷을 통해 상품·서비스를 구매하는 전자상거래 시스템을 만든다

한눈에 보는 진학 로드맵

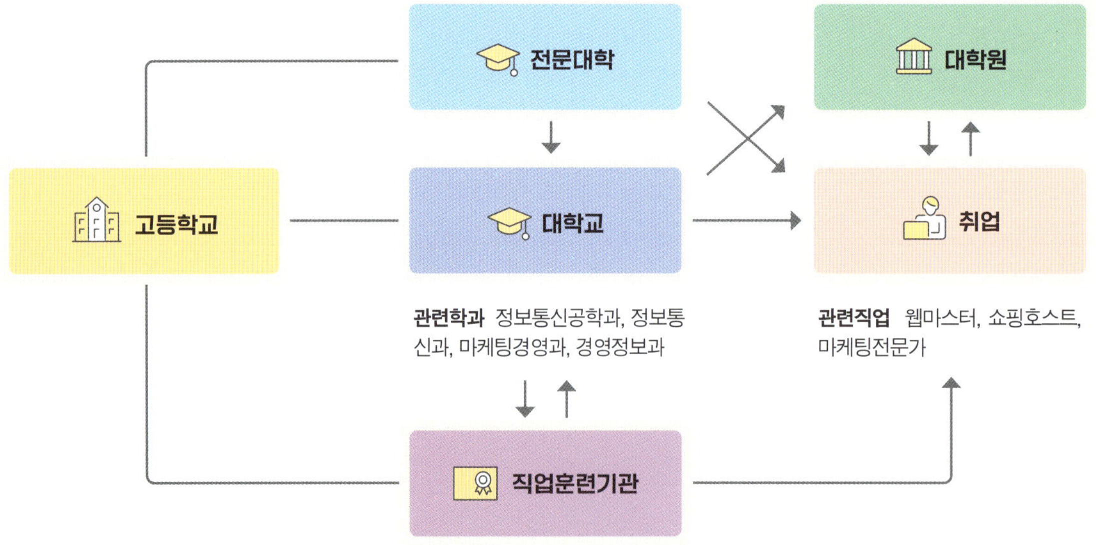

진로 탐색과 준비, 이렇게 하세요

1. 고등학교에서 관련과목을 수강하고 전문대학이나 대학에서 관련학과를 졸업하는 것이 유리합니다. 전자상거래와 관련된 소프트웨어 개발업체로 취업하기 위해서는 전자상거래나 컴퓨터공학 전공과 전문대학 졸업 또는 대학 졸업 이상의 학력이 필요합니다.
2. 사설 교육기관의 온라인 쇼핑몰 또는 전자상거래 강좌를 통해 교육을 받을 수 있습니다.
3. 한국은행 등에서 주최하는 청소년 경제캠프, 청소년 경제 강좌 등에 참여하여 경제 일반, 화폐, 시장경제의 원리, 저축과 투자, 신용 관리 등을 알아볼 수 있습니다.

2025 고교학점제 준비, 이렇게 하세요

정보통신공학과

일반선택 수학(미적분 I ++, 확률과 통계+), 과학(물리학++), 기술·가정/정보(기술·가정, 정보)

진로선택 수학(미적분 II ++, 기하+), 과학(역학과 에너지++, 전자기와 양자++), 기술·가정/정보(로봇과 공학세계, 인공지능 기초, 데이터 과학)

융합선택 기술·가정/정보(창의 공학설계, 소프트웨어와 생활)

어떤 일을 하나요?

① 정부, 기업, 개인 등이 인터넷 웹사이트를 통해 상품·서비스를 구매할 수 있는 전자상거래 시스템을 설계하고 만드는 일을 합니다.
② 사업 기획부터 콘텐츠 개발, 시스템 구성, 서버 관리·운영, 상품 구매·판매, 마케팅·홍보 등을 담당합니다.
③ 인터넷을 통해 물건을 구매할 가능성이 있는 고객과 물건을 판매할 개인과 기업의 요구를 포함한 전자상거래 시스템을 만듭니다.
④ 고객을 대상으로 마케팅 전략을 세우거나 전자상거래의 구축에 대한 전문적인 조언을 합니다.

어떤 적성과 흥미가 필요하나요?

① 정보시스템, 기획, 영업, 마케팅 등 다양한 분야의 기술과 지식을 분석하고 활용할 수 있는 수리논리력이 필요합니다.
② 전자상거래 시스템 운영에 대해 책임감을 가지고 시스템 기능을 꼼꼼하게 확인할 수 있는 사람에게 적합합니다.
③ 웹개발자, 웹기획자, 웹디자이너, 고객센터 담당자 등 여러 사람과 함께 일하므로 팀을 설득하고 주도적으로 이끌 수 있는 사람에게 적합합니다.

직업 전망은 어떤가요?

인터넷을 이용한 홍보가 급속도로 발전하고 있어 활동 영역이 다양해지며 관련직업인 마케팅·광고·홍보사무원 등과 함께 일자리 규모는 다소 증가할 전망입니다.

📁 **관련기관**　　한국IT비즈니스진흥협회 http://www.koipa.or.kr　　정보통신산업진흥원 http://www.nipa.kr

030

정보보호전문가

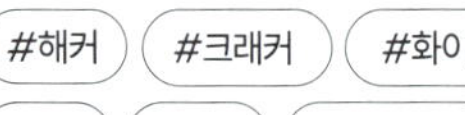

한눈에 보는 진학 로드맵

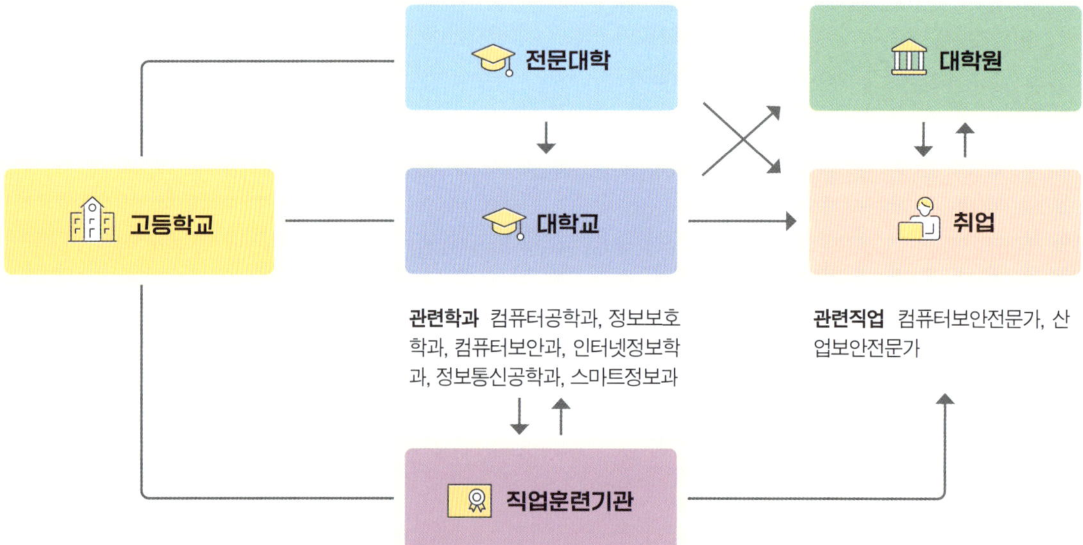

관련학과 컴퓨터공학과, 정보보호학과, 컴퓨터보안과, 인터넷정보학과, 정보통신공학과, 스마트정보과

관련직업 컴퓨터보안전문가, 산업보안전문가

관련자격 정보처리기사, 정보보안기사, 정보시스템감리사, 정보시스템감사사(CISA), 정보관리기술사

진로 탐색과 준비, 이렇게 하세요

1. 정보보호 관리, 컨설턴트는 전문대 졸업 또는 대학 졸업 이상의 학력이 필요하며, 정보보안 담당자는 대학 이상의 학력이 요구됩니다. 한국정보보호교육센터와 한국정보통신교육원 등에서 정보보호전문가 직업훈련을 받을 수 있습니다.
2. 각 지역의 청소년수련관, 진로체험지원센터에서 주관하는 프로그램에 참여하여 업무를 알아볼 수 있습니다.
3. 각종 컴퓨터 프로그램 코딩 사이트나 코딩 프로그램을 통한 코딩 연습으로 프로그래밍 기초 지식과 원리를 이해할 수 있습니다.

2025 고교학점제 준비, 이렇게 하세요

컴퓨터공학과/정보보호학과/컴퓨터보안과/인터넷정보학과

- **일반선택** 수학(미적분 I ++, 확률과 통계++), 기술·가정/정보(정보)
- **진로선택** 수학(미적분 II ++, 인공지능 수학), 기술·가정/정보(인공지능 기초, 데이터 과학)
- **융합선택** 기술·가정/정보(소프트웨어와 생활)

정보통신공학과

- **일반선택** 수학(미적분 I ++, 확률과 통계+), 과학(물리학++), 기술·가정/정보(기술·가정, 정보)
- **진로선택** 수학(미적분 II ++, 기하+), 과학(역학과 에너지++, 전자기와 양자++), 기술·가정/정보(로봇과 공학세계, 인공지능 기초, 데이터 과학)
- **융합선택** 기술·가정/정보(창의 공학설계)

어떤 일을 하나요?

① 정보시스템의 보안 정책을 세우고, 시스템 접근·운영을 통제하며, 침입자가 발생했을 때는 신속하게 발견하고 대응해 시스템을 보호하는 일을 합니다.

② 허가받지 않은 사람이 정보시스템이나 컴퓨터에 불법 접근하여 정보를 탈취, 변조, 파괴하는 등의 공격행위를 할 때, 이를 방어하거나 예방합니다.

③ 각종 컴퓨터바이러스의 발생과 해커의 침입에 대비하여 보안 방법을 만들고, 정보를 보호하는 방화벽 설정을 변경하거나 관리합니다. 정보시스템 정보가 손상되는 크래킹을 당했을 때 이를 빠르게 복구하고 새로운 보안 방법을 마련합니다.

어떤 적성과 흥미가 필요하나요?

① 해커들의 최신 해킹, 크래킹 기법이나 악성코드, 바이러스 분석을 위해 체계적이고 논리적인 수리논리력이 필요합니다.

② 평소 최신 IT 기술과 보안기술 장비 자료를 읽거나 수집하고 깊게 탐구하는 과정을 즐기는 사람에게 적합합니다.

③ 기업의 담당자나 임원을 설득하여 정보보호정책을 실행하도록 해야 하기에 다른 사람을 설득하고 토론, 논쟁을 즐기는 사람에게 적합합니다.

직업 전망은 어떤가요?

개인정보보호 등 정보보안은 우리 생활과도 밀접한 문제이며, 더욱이 국가기반시설에 대한 보안 문제는 국가안보 또는 국익과도 이어지기 때문에 전문가를 통한 보안 유지의 필요성이 커지고 있습니다. 따라서 컴퓨터 보안의 수요가 늘어날 전망입니다.

관련기관

한국정보보호산업협회 https://www.kisia.or.kr   한국지능정보사회진흥원 http://www.nia.or.kr
한국인터넷진흥원 http://www.kisa.or.kr

031

정보시스템운영자

정보시스템이 제대로 운영되도록 관리한다

#운영자 #클라우드 #서버관리자
#오라클 #웹사이트관리자

수리논리력 대인관계능력

 한눈에 보는 진학 로드맵

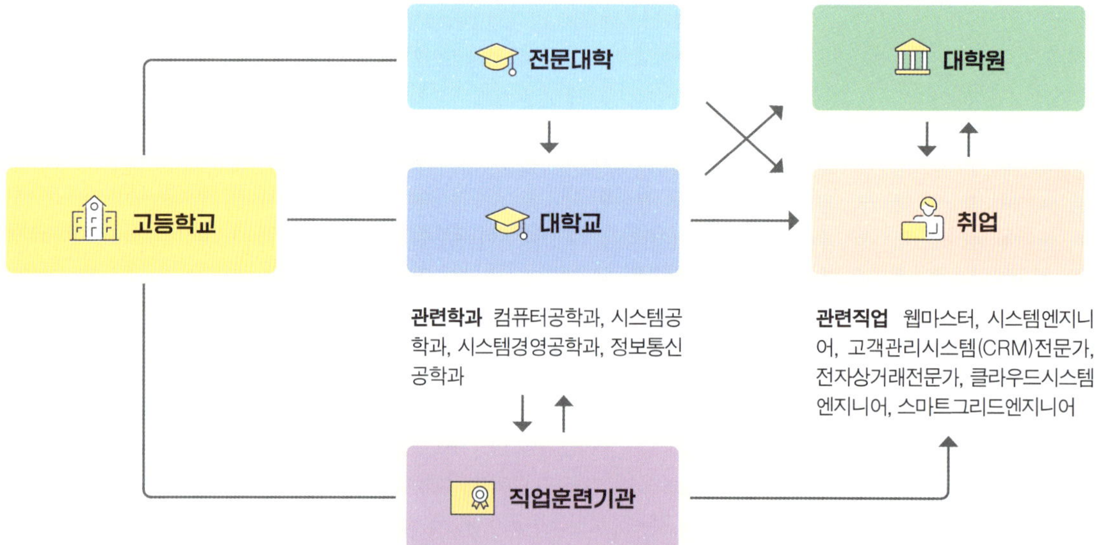

진로 탐색과 준비, 이렇게 하세요

1. 전문대학이나 대학에서 관련학과를 졸업하면 유리합니다. 사설 교육기관에서 정보시스템 구축, 네트워크, 서버 구축, 경영정보 시스템 등 관련 교육을 받을 수 있습니다. 온라인 쇼핑몰이나 홈페이지 제작업체의 경우 학력 무관으로 채용하거나 고등학교 졸업 이상을 요구하고 일반기업이나 공공기관은 대학 졸업 이상의 학력이 필요합니다.
2. 진로 멘토링 사이트에서 전문가 멘토의 수업 개설을 요청하거나 개설된 수업에 참가 신청을 할 수 있습니다.
3. 각종 컴퓨터 프로그램 코딩 사이트나 코딩 프로그램을 통한 연습으로 기초 지식과 원리를 이해할 수 있습니다. 또한 관련 영상 시청을 통해 지식을 얻을 수 있습니다.

2025 고교학점제 준비, 이렇게 하세요

컴퓨터공학과

일반선택	수학(미적분 I++, 확률과 통계++), 기술·가정/정보(정보)
진로선택	수학(미적분 II++, 인공지능 수학), 기술·가정/정보(인공지능 기초, 데이터 과학)
융합선택	기술·가정/정보(소프트웨어와 생활)

시스템공학과

일반선택	수학(미적분 I), 과학(물리학), 기술·가정/정보(기술·가정, 정보)
진로선택	수학(미적분 II, 인공지능 수학), 과학(역학과 에너지, 전자기와 양자), 기술·가정/정보(로봇과 공학세계, 인공지능 기초, 데이터 과학)
융합선택	기술·가정/정보(창의 공학설계, 소프트웨어와 생활)

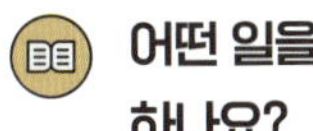

어떤 일을 하나요?

① 기업이나 기관에서 운영하는 정보시스템을 안전하고 체계적으로 운영, 관리하고 사용자들에게 관련 서비스를 제공합니다.
② 정보시스템의 하드웨어나 네트워크 장비는 외부 환경에 영향을 받기 쉬우므로 전산실 내부의 온도, 습도, 먼지 등을 체크하고 쾌적하게 유지되도록 합니다.
③ 정보시스템 사용자 등록, 삭제에 대한 관리와 각 기능별 사용 권한을 주거나, 시스템 내의 정보를 외부로부터 보호하기 위해 기술적 장치를 마련하고 정기적으로 데이터를 원래 상태로 복구할 수 있는 형태로 보관합니다.

어떤 적성과 흥미가 필요하나요?

① 각종 컴퓨터 운영체제(OS: Operating System)와 소프트웨어, 정보시스템 구성 기술·지식을 가지고 전체 시스템을 논리적이고 체계적으로 운영할 수 있는 수리논리력이 필요합니다.
② 정보시스템에서 발생하는 기술적, 물리적 문제를 해결하기 위해 정보시스템 운영에 책임감을 가진 사람에게 적합합니다.
③ 소프트웨어개발자, 기획자, 내·외부 이용자 등 여러 사람과 함께 일하기에 문제 해결을 위해 팀을 설득하고 주도적으로 이끌 수 있는 사람에게 적합합니다.

직업 전망은 어떤가요?

인터넷을 중심으로 한 e-비즈니스 확대, 스마트폰 사용자 확대, SNS 활성화, 각종 기기의 자동화, 디지털화로 정보시스템운영자의 일자리 수요가 증가할 것으로 보입니다.

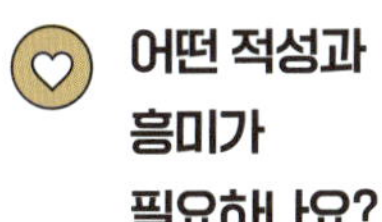

관련기관 한국정보통신진흥협회 http://www.kait.or.kr

032

정보중개인

웹상에서 제품 정보를 제공하고 최상의 선택 또는 가격을 찾아준다

#빅데이터 #공공데이터 #IT전문가
#정보검색 #웹검색

대인관계능력   언어능력

한눈에 보는 진학 로드맵

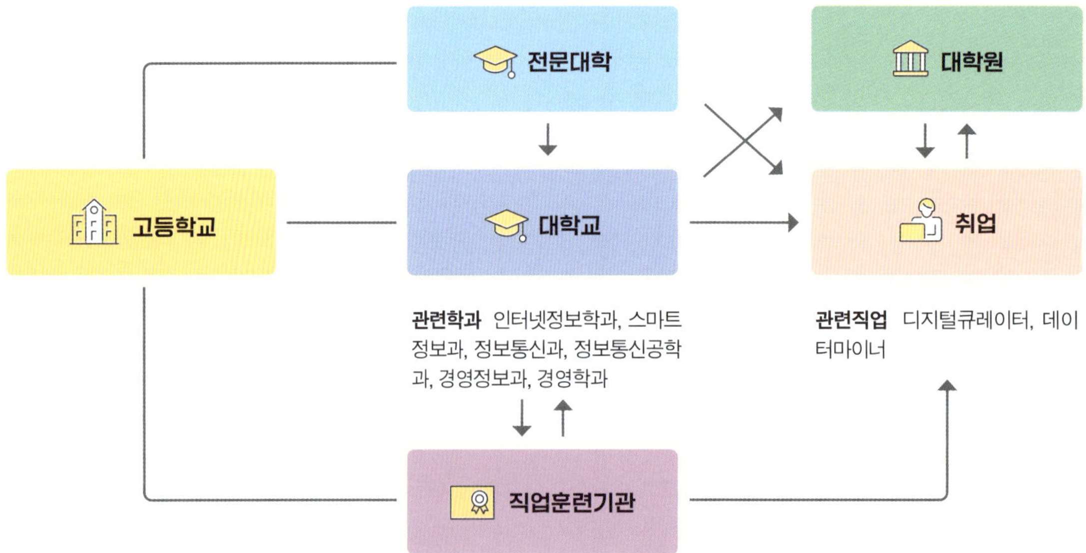

진로 탐색과 준비, 이렇게 하세요

1. 특별히 요구되는 학력 조건은 없지만 전문대학 이상의 학력이 있으면 유리합니다. 홈페이지 관리 기업이나 전산시스템 개발업체에 소속되어 정보검색 업무를 담당하는 경우 학력 조건을 요구하지 않지만, 국회나 공공기관의 정보검색 업무의 경우에는 대학 졸업 이상의 학력이 필요합니다

2. 동영상 시청으로 인터넷 검색, 인터넷 정보의 가공 등 정보중개인의 업무를 배우고 이해할 수 있습니다.

3. 전자신문 웹사이트 방문, IT, 프로그래밍, 소프트웨어 등 관련 기사 검색을 통해 뉴스를 읽어 최신 정보와 새로운 기술을 빠르게 알 수 있습니다.

2025 고교학점제 준비, 이렇게 하세요

인터넷정보학과/스마트정보과

일반선택	수학(미적분 I ++, 확률과 통계++), 기술·가정/정보(정보)
진로선택	수학(미적분 II ++, 인공지능 수학), 기술·가정/정보(인공지능 기초, 데이터 과학)
융합선택	기술·가정/정보(소프트웨어와 생활)

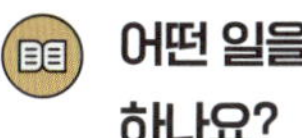

어떤 일을 하나요?

① 정보 요구자의 의뢰나 요청에 따라 해당 정보의 원천이 어디 있는지를 찾고 이 정보를 고객의 요구사항에 맞게 가공하여 활용할 수 있는 형태로 제공합니다.

② 고객의 의뢰나 요청사항을 정확히 파악하여 필요한 정보를 정의하고 인터넷 검색, 문헌 탐색 또는 관련 관계자들과의 만남을 통해 정보를 찾아냅니다.

③ 고객의 요구사항에 가장 적합하도록 습득한 정보를 가공하여 제공합니다.

어떤 적성과 흥미가 필요하나요?

① 의사소통을 통해 고객이 원하는 정보를 파악하고 고객에게 설명할 수 있는 대인관계능력이 필요합니다.

② 온라인상에서 정보를 요구하는 사람에게 다양한 정보를 수집하고 필요한 것을 제공해야 하는 만큼 정보검색에 능숙하고 정보와 지식 탐구를 즐기는 사람에게 적합합니다.

③ 맡은 일에 책임감을 가지고 세심하고 꼼꼼하게 일을 처리하는 사람에게 적합합니다.

직업 전망은 어떤가요?

모바일 통신기기 확대, 유무선 네트워크 연계, 산업의 IT화 등으로 서버, 네트워크 등 정보시스템의 규모가 커지고 있어 정보중개인의 일자리 증가에 긍정적 영향을 미칠 것으로 보입니다.

📁 **관련기관**   한국정보산업연합회 http://www.fkii.or.kr   한국정보통신진흥협회 http://www.kait.or.kr

033

컴퓨터그래픽디자이너

상상을 현실로 디자인한다

#CG #모션그래픽 #특수효과
#게임 #가상현실 #증강현실

예술시각능력 창의력 대인관계능력

한눈에 보는 진학 로드맵

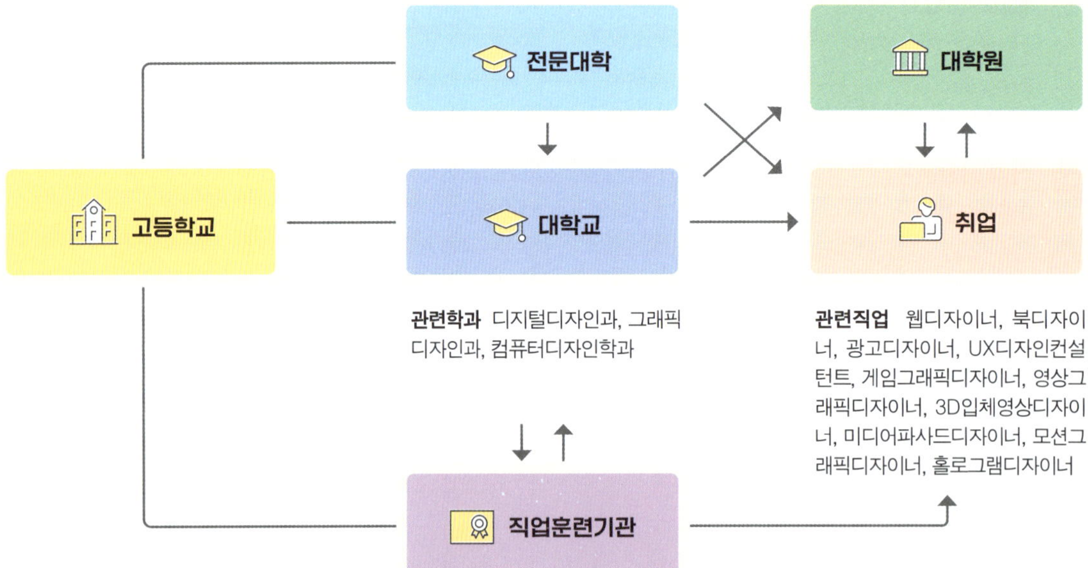

진로 탐색과 준비, 이렇게 하세요

1. 필수적으로 요구되는 학력 조건은 없지만 전문대학이나 대학의 컴퓨터디자인 관련학과를 졸업하는 것이 유리합니다. 직업전문학교나 사설 전문학원에서 컴퓨터그래픽디자이너가 되기 위한 훈련을 받을 수 있습니다.
2. 각 지역의 청소년진로직업체험센터, 한국과학창의재단, 대학, 잡월드 등에서 주관하는 프로그램에 참여하여 업무를 이해하고 특수효과 등 이미지 표현을 배울 수 있습니다.
3. 진로 멘토링 사이트에서 전문가의 자료, 영상을 통하여 업무에 대해 알아볼 수 있습니다. 또한 미술, 사진, 컴퓨터그래픽 전시회 관람을 통해 미적감각, 공간감각 등의 안목을 넓힐 수 있습니다.

2025 고교학점제 준비, 이렇게 하세요

디지털디자인과/그래픽디자인과/컴퓨터디자인학과

일반선택	예술(미술), 기술·가정/정보(정보)
진로선택	예술(미술 창작, 미술 감상과 비평), 기술·가정/정보(인공지능 기초)
융합선택	예술(미술과 매체), 기술·가정/정보(소프트웨어와 생활)

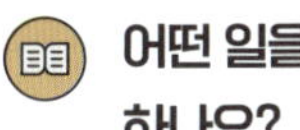

어떤 일을 하나요?

① 컴퓨터를 이용해 광고, 영화, 드라마, 애니메이션에 사용되는 특수효과 등 3D 입체 영상이나 도형, 공간, 자막, 그림 등을 디자인하고 표현하는 일을 합니다.
② 인터넷 홈페이지에 사용되는 여러 가지 새로운 이미지를 생각해내고 제작하며, 웹페이지에 디자인한 이미지를 올립니다.
③ 방송이나 영화, 게임시나리오작가가 생각한 내용, 즉 입체 영상이나 특수효과, 자막, 그림 등을 컴퓨터그래픽을 사용하여 영상 속에 표현합니다.

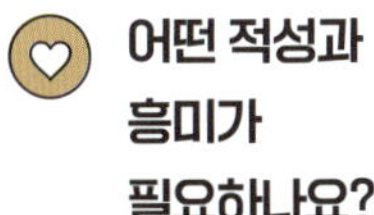

어떤 적성과 흥미가 필요하나요?

① 색채를 선택하고 조합하는 감각과 조형감각을 가지고 이미지를 시각화할 수 있는 예술시각능력이 필요합니다.
② 디자인 의뢰를 받은 상품과 상품의 기능, 시장과 소비자 취향 등을 파악하고 분석하여 디자인에 잘 적용할 수 있는 독창성과 창의력이 필요합니다.
③ 기획자와 함께하거나 팀 단위로 다른 사람들과 일하므로 평소 사람들과 소통하는 것을 좋아하는 사람에게 적합합니다.

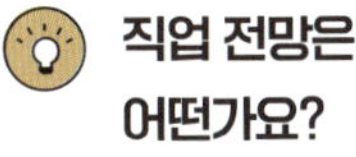

직업 전망은 어떤가요?

컴퓨터그래픽 기술이 발전하면서 한층 더 경쟁력 있는 그래픽, 배경, 캐릭터 등이 요구되고 있어 소비자의 요구를 만족시키는 디자인을 구현할 수 있는 디자이너 위주로 일자리가 증가할 것으로 보입니다.

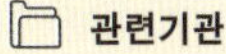

관련기관

한국디자인진흥원 디자인DB http://www.designdb.com
(사)한국산업디자이너협회 http://www.kaid.or.kr
사단법인 한국시각정보디자인협회 http://www.vidak.or.kr
한국디자인진흥원 http://www.kidp.or.kr

034

컴퓨터하드웨어기술자 및 연구원

컴퓨터 본체, 저장장치, 입력장치, 주변장치 등을 설계하고 개발한다

#컴퓨터공학자 #컴퓨터기술자
#컴퓨터연구원 #개발자 #기술자

수리논리력   공간지각력   대인관계능력

한눈에 보는 진학 로드맵

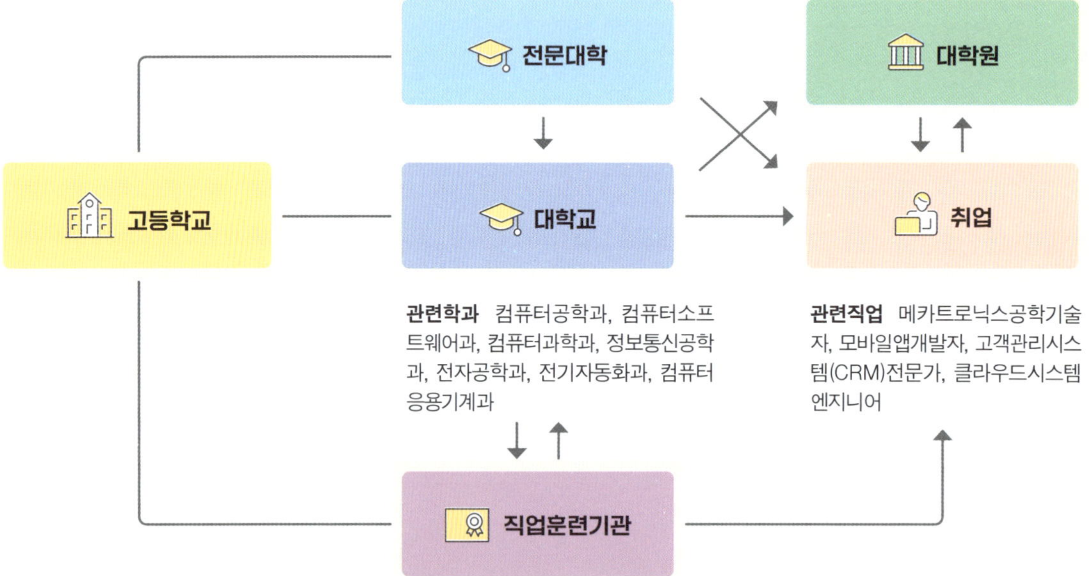

진로 탐색과 준비, 이렇게 하세요

1. 고등학교에서 관련과목을 수강하고 전문대학이나 대학 또는 대학원에서 관련학과를 졸업하면 유리합니다. 연구·개발 업무 분야에 입사할 경우 석사학위 이상의 학력이 요구됩니다. 사설 교육기관에서 컴퓨터 하드웨어와 관련된 훈련을 받을 수 있습니다.
2. 지역의 진로직업체험센터에서 주관하는 진로체험 프로그램에 참여하여 컴퓨터 관련직업을 알아볼 수 있습니다.
3. 컴퓨터 부품을 직접 확인해보며 컴퓨터의 구성, 구조를 이해할 수 있습니다.

2025 고교학점제 준비, 이렇게 하세요

컴퓨터공학과/컴퓨터소프트웨어과/컴퓨터과학과

| 일반선택 | 수학(미적분 I++, 확률과 통계++), 기술·가정/정보(정보) |

| 진로선택 | 수학(미적분 II++, 인공지능 수학), 기술·가정/정보(인공지능 기초, 데이터 과학) |

| 융합선택 | 기술·가정/정보(소프트웨어와 생활) |

정보통신공학과/전자공학과/전기자동화과

| 일반선택 | 수학(미적분 I++, 확률과 통계+), 과학(물리학++), 기술·가정/정보(기술·가정, 정보) |

| 진로선택 | 수학(미적분 II++, 기하+), 과학(역학과 에너지++, 전자기와 양자++), 기술·가정/정보(로봇과 공학세계, 인공지능 기초, 데이터 과학) |

| 융합선택 | 기술·가정/정보(창의 공학설계) |

어떤 일을 하나요?

① 컴퓨터시스템과 주변기기 지식을 바탕으로 컴퓨터하드웨어 시스템을 설계하고 실제 생산에 필요한 기술을 지원합니다.
② 컴퓨터 본체, 중앙처리장치, 주기억장치, 그래픽카드 등 컴퓨터와 관련된 각종 부품을 설계·개발하고, 생산을 관리합니다.
③ 컴퓨터와 관련 장비를 설치, 설비, 변경하고, 기타 작업을 감독하거나 검사하며 컴퓨터 도면 프로그램인 CAD의 설계사, 기술자, 기타 엔지니어를 관리합니다.

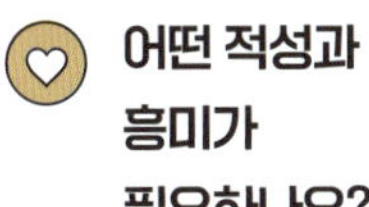
어떤 적성과 흥미가 필요하나요?

① 컴퓨터 구조, 네트워크, 하드웨어, 소프트웨어 최신 기술 등 자신이 가진 정보를 논리적이고 체계적으로 정리하는 수리논리력이 필요합니다.
② 컴퓨터 하드웨어 구성에 필요한 각 부품의 배치나 필요한 공간 등을 입체적으로 미리 상상하고 그려낼 수 있는 공간지각력이 필요합니다.
③ 컴퓨터 하드웨어, 각종 부품 개발과 관련된 최신 기술과 장비 개발에 필요한 정보를 찾고 관련된 내용을 탐구하는 것을 좋아하는 사람에게 적합합니다.
④ 하드웨어 개발 및 제품 생산 단계에서 문제가 발생하였을 때 원인을 찾아 해결하는 끈기가 필요하며, 여러 명이 팀을 이루어 제품을 개발하기에 협동심이 있고 원만한 대인관계를 맺을 수 있는 사람에게 적합합니다.

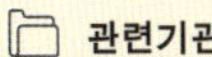
관련기관   한국정보기술연구원 http://www.kitri.re.kr

035

크라우드펀딩전문가

소셜미디어나 인터넷을 활용해 자금을 모으는 크라우드펀딩을 주도한다

한눈에 보는 진학 로드맵

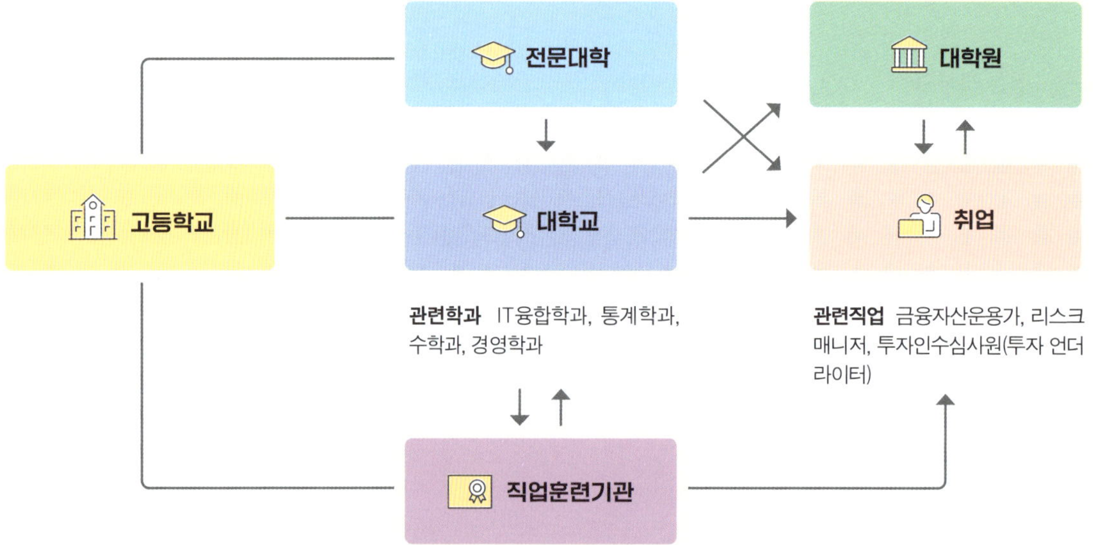

진로 탐색과 준비, 이렇게 하세요

1. 일반적으로 대졸 이상의 학력이 요구되며 고등학교에서 관련과목을 수강하고 대학에서 관련학과를 졸업하면 업무에 필요한 지식을 쌓을 수 있어 유리합니다.
2. 금융 지식, 국제 경제지표, 환율, 증권투자, 해외 채권 투자 분석 등의 전문지식을 습득하기 위해 한국금융투자협회 금융투자교육원에서 운영하는 과정을 이수할 수 있습니다.
3. 모의 크라우드펀딩 진로체험 프로그램에 참여하거나 지역의 대학에서 운영하는 체험 프로그램에 참가해 크라우드펀딩 관련 업무를 알아볼 수 있습니다.

2025 고교학점제 준비, 이렇게 하세요

IT융합학과
- **일반선택** 수학(확률과 통계++), 기술·가정/정보(정보)
- **진로선택** 기술·가정/정보(인공지능 기초, 데이터 과학)
- **융합선택** 기술·가정/정보(소프트웨어와 생활)

통계학과
- **일반선택** 수학(미적분 I++, 확률과 통계++), 기술·가정/정보(정보)
- **진로선택** 수학(미적분 II++, 인공지능 수학, 기하++), 기술·가정/정보(데이터 과학)
- **융합선택** 수학(실용 통계)

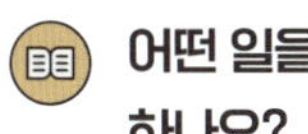

어떤 일을 하나요?

① 크라우드펀딩 중개를 담당하는 금융투자업자로서, 고객의 재산을 직접 맡아서 관리하지 않고 자금이 필요한 사람과 자금을 투자하고 싶은 사람을 중개하는 역할을 수행합니다.
② 텀블벅 등 대중이 펀딩을 한 대가로 프로젝트 종료 후 물건이나 서비스를 받는 보상형 펀딩 플랫폼에서 일합니다.
③ 크라우디와 같이 펀딩 대가로 회사의 주식이나 채권을 받게 되는 투자형 펀딩 플랫폼이나 투자 관련기관, 증권사에서 일합니다.

* 크라우드펀딩은 군중 또는 다수를 의미하는 영어단어 크라우드(crowd)와 자금 조달을 뜻하는 펀딩(funding)을 조합한 용어입니다. 회사를 새로 시작하기 위해 자금이 필요한 사람이 중개업자를 통해 온라인에서 다수의 소액 투자자로부터 자금을 얻는 것을 크라우드펀딩이라 합니다.

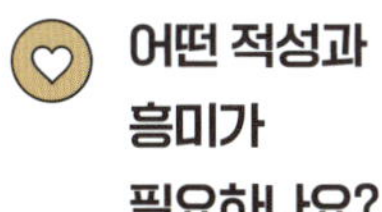

어떤 적성과 흥미가 필요하나요?

① 소셜네트워크서비스를 이용해 후원을 받거나 인터넷에서 다수의 개인에게서 자금을 모으는 것이므로 수리논리력이 필요합니다.
② 금융과 관련해서 회계감사, 채무 관리 등 다양한 규제에 대한 전문지식을 갖추어야 하므로 자료 수집과 탐구하는 과정을 즐기는 사람에게 적합합니다.
③ 타인을 배려하고 이해를 할 수 있는 사회적인 사람에게 적합합니다.

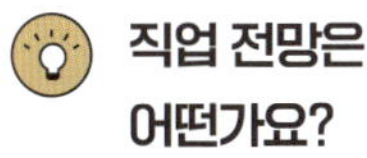

직업 전망은 어떤가요?

창업기업과 벤처기업의 자금 조달, 지속적인 성장을 지원하는 크라우드펀딩이 점차 증가하고 있기에 크라우드펀딩전문가의 일자리 규모는 증가할 전망입니다.

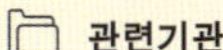

관련기관

크라우드넷 http://crowdnet.or.kr
한국금융연수원 http://www.kbi.or.kr
한국크라우딩펀딩협회 http://www.crowdfunding.or.kr

036

클라우드시스템엔지니어

언제 어디서나 필요할 때 다양한 기기를 편리하게 사용할 수 있게 한다

#컴퓨터 #클라우드컴퓨팅
#네트워크 #서버관리자

수리논리력 공간지각력

한눈에 보는 진학 로드맵

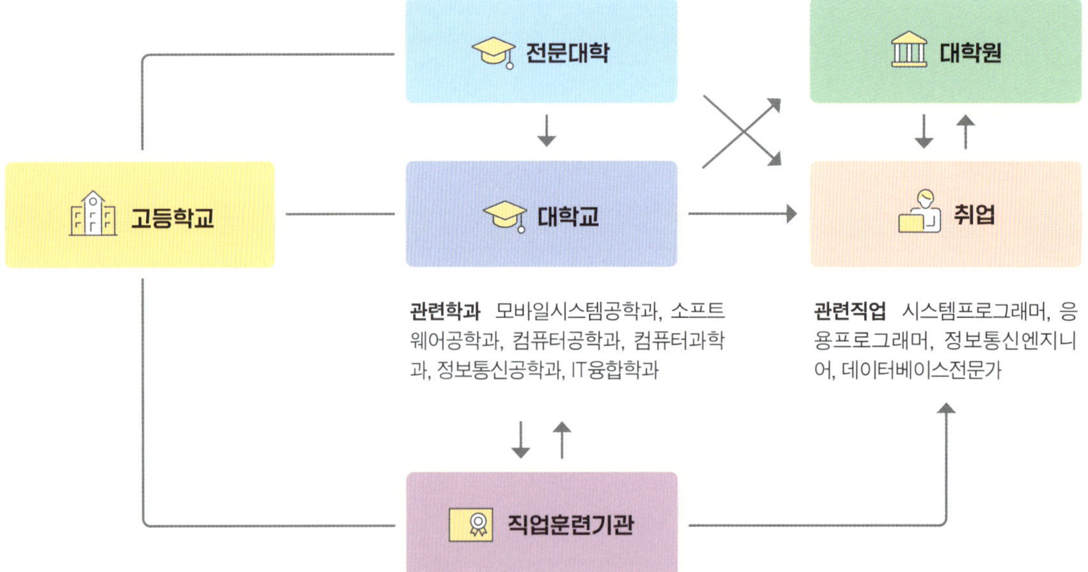

진로 탐색과 준비, 이렇게 하세요

1. 일반적으로 대학 졸업 수준의 학력이 요구되고, IT 관련 컴퓨터공학을 전공하여 졸업하면 업무 지식을 쌓을 수 있어 좋습니다.
2. 전자신문 웹사이트 방문, IT 관련 기사 검색을 통해 컴퓨터와 IT 분야 기술, 최신 동향 정보를 얻을 수 있습니다.
3. 클라우딩 컴퓨터, 빅데이터, 인공지능, 5G, 사물인터넷 등 관련 영상을 시청하며 지식을 쌓을 수 있습니다.

2025 고교학점제 준비, 이렇게 하세요

모바일시스템공학과/소프트웨어공학과/컴퓨터공학과/컴퓨터과학과

| 일반선택 | 수학(미적분 I++, 확률과 통계++), 기술·가정/정보(정보) |

| 진로선택 | 수학(미적분 II++, 인공지능 수학), 기술·가정/정보(인공지능 기초, 데이터 과학) |

| 융합선택 | 기술·가정/정보(소프트웨어와 생활) |

정보통신공학과

| 일반선택 | 수학(미적분 I++, 확률과 통계+), 과학(물리학++), 기술·가정/정보(기술·가정, 정보) |

| 진로선택 | 수학(미적분 II++, 기하+), 과학(역학과 에너지++, 전자기와 양자++), 기술·가정/정보(로봇과 공학세계, 인공지능 기초, 데이터 과학) |

| 융합선택 | 기술·가정/정보(창의 공학설계) |

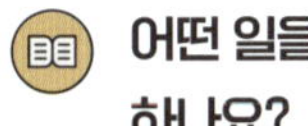

어떤 일을 하나요?

① 인터넷 서버에 각종 컴퓨터 프로그램을 올려놓고 여러 이용자가 인터넷에 접속하여 데이터를 저장하고 처리할 수 있는 기술을 개발합니다.

② 인터넷 공간에 프로그램과 데이터를 저장해두고 언제 어디서나 필요할 때마다 다양한 기기(컴퓨터·핸드폰·태블릿)를 통해 편리하게 사용할 수 있도록 합니다.

③ 고객 회사가 각자 가지고 있는 시스템과 응용소프트웨어를 분석하여, 고객 회사의 시스템이 클라우드 환경으로 바뀔 수 있도록 기술지원을 제공합니다.

* '클라우드(cloud)'는 인터넷에 존재하는 클라우드 인프라 위에서 작동되는 소프트웨어를 이용해 컴퓨터 자원을 사용하거나, 자료를 저장하거나, 새로운 애플리케이션을 개발하는 가상의 환경을 말합니다.

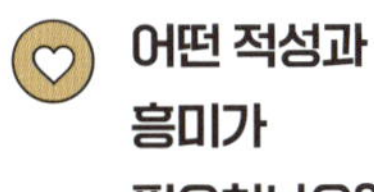

어떤 적성과 흥미가 필요하나요?

① 컴퓨터 통신망을 논리적이고 체계적으로 만들기 위해 수리논리력이 필요합니다.

② 데이터나 프로그램의 구성을 파악하고 개발하기 위한 공간지각력이 필요합니다.

③ 새로운 것에 호기심을 가지고 있고 논리적이고 합리적인 사고를 하는 사람에게 적합합니다.

④ 자료를 수집하고 탐구하는 것을 즐기는 사람에게 적합합니다.

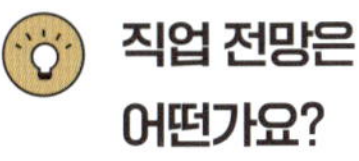

직업 전망은 어떤가요?

이전에는 인터넷 접속 방법이 PC를 사용하는 것밖에 없었지만, 지금은 매우 다양한 기기들로 인터넷에 접속할 수 있습니다. 이에 대기업과 공공기관을 중심으로 클라우드 비중이 커지고 있어 클라우드시스템엔지니어와 같은 전문가가 앞으로도 더 많이 필요할 것입니다.

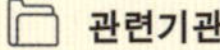

관련기관　　한국클라우드컴퓨팅연구조합 http://www.cccr.or.kr　　한국클라우드산업협회 http://kcloud.or.kr

037

통신망설계운영기술자

초고속 인터넷시스템으로 세상을 연결한다

#네트워크 #개발자 #IT
#기술자 #컴퓨터 #정보통신

수리논리력 공간지각력

한눈에 보는 진학 로드맵

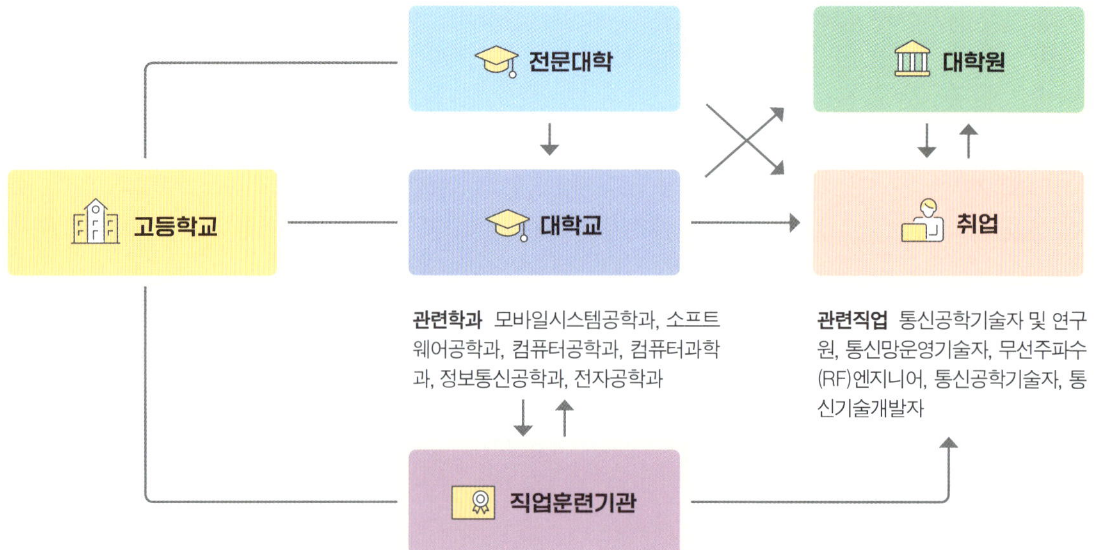

**진로 탐색과
준비,
이렇게 하세요**

1. 고등학교에서 관련과목을 수강하고 대학의 정보통신 관련학과를 졸업하는 것이 유리합니다. 통신 제품의 연구 개발과 관련된 분야에 취업하기 위해서는 정보통신공학 전공과 대학 졸업 또는 대학원 석사 이상의 학력이 필요하기도 합니다. 사설 교육기관에서 운영하는 네트워크, 보안, 네트워크 구축과 관련된 과정을 통해 훈련할 수 있습니다.
2. 각 지역의 진로체험지원센터, 대학, 교육기관에서 주관하는 프로그램에 참여하여 학과 체험과 멘토링을 경험할 수 있습니다.
3. 진로 멘토링 사이트에서 전문가 멘토의 자료, 소개 자료, 영상을 통하여 업무를 알아볼 수 있습니다.

**2025 고교학점제
준비,
이렇게 하세요**

모바일시스템공학과/소프트웨어공학과/컴퓨터공학과/컴퓨터과학과

| 일반선택 | 수학(미적분 I ++, 확률과 통계++), 기술·가정/정보(정보)

| 진로선택 | 수학(미적분 II ++, 인공지능 수학), 기술·가정/정보(인공지능 기초, 데이터 과학)

| 융합선택 | 기술·가정/정보(소프트웨어와 생활)

정보통신공학과

| 일반선택 | 수학(미적분 I ++, 확률과 통계+), 과학(물리학++), 기술·가정/정보(기술·가정, 정보)

| 진로선택 | 수학(미적분 II ++, 기하+), 과학(역학과 에너지++, 전자기와 양자++), 기술·가정/정보(로봇과 공학세계, 인공지능 기초, 데이터 과학)

| 융합선택 | 기술·가정/정보(창의 공학설계)

 **어떤 일을
하나요?**

① 통신망의 접속자 몰림 현상 해소, 통화 완료율 향상, 기존 통신망의 효율성 극대화 등을 위해 연구·개발하는 일을 합니다.
② 통신망의 품질 향상, 안정적인 접속 상태 제공을 위해 통신망을 설계하고 차세대 통신기술, 지능망서비스를 계획합니다.
③ 통신망의 안정적 운용을 위하여 기술적 운영 방향을 세우고 이에 알맞은 통신망을 기획, 설계하고 만듭니다.

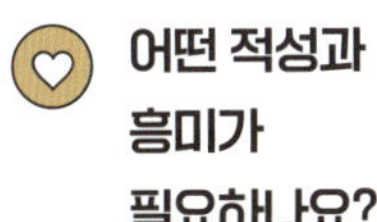 **어떤 적성과
흥미가
필요하나요?**

① 통신과 관련된 정보를 논리적이고 체계적으로 분석하고 정리하는 수리논리력이 필요합니다.
② 통신망 구성에 필요한 장치를 입체적으로 상상하고 그릴 수 있는 공간지각력이 필요합니다.
③ 최신 통신기술, 각종 장비 등을 탐구하는 것을 즐기는 사람에게 적합합니다.
④ 통신망과 관련된 보안, 네트워크, 방화벽, 스위칭 장비 등을 다루므로 평소 기계 다루기를 좋아하는 사람에게 적합합니다.

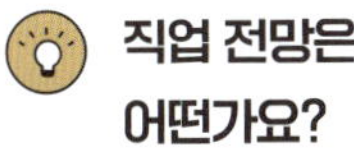 **직업 전망은
어떤가요?**

기업이나 조직이 자신들만의 근거리통신망(LAN: Local Area Network)을 구축하는 경향이 지속되고 있고, 통신망 자체도 유선에서 무선으로 전환되는 추세이기 때문에 일자리 수요가 유지될 것으로 보입니다.

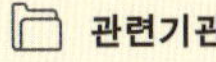 **관련기관**   한국정보기술연구원 http://www.kitri.re.kr

038

통신설비설치 및 수리원

유·무선 통신장비를 설치하고 수리한다

#방송 #서비스 #전자통신 #전기

손재능

한눈에 보는 진학 로드맵

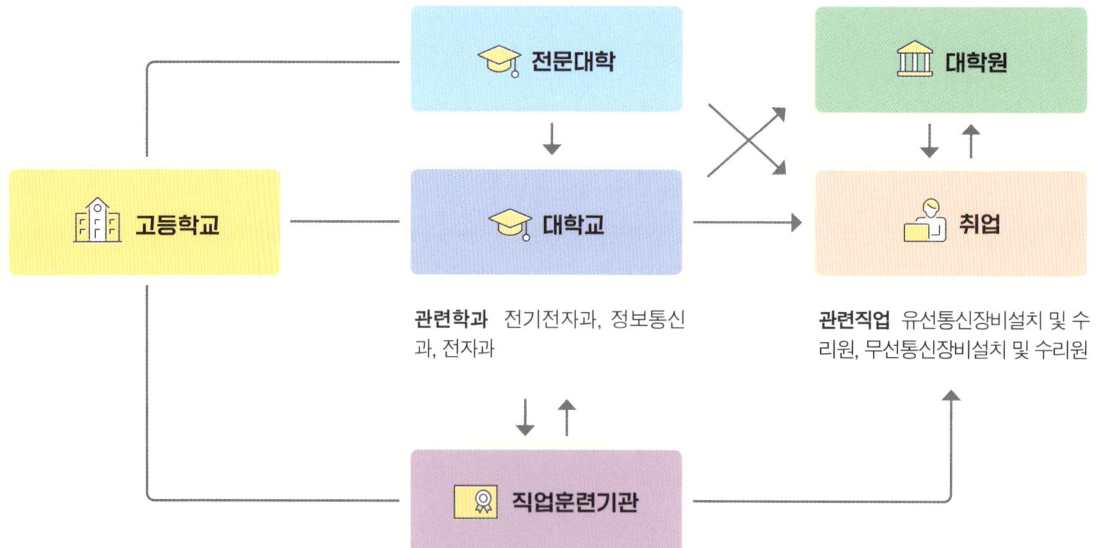

진로 탐색과 준비, 이렇게 하세요

1. 고등학교 졸업 이상의 학력이 요구되며 전문대학의 전기, 전자 관련학과를 전공해 졸업하면 취업 시 유리할 수 있습니다.
2. 직업훈련학교에서 전기, 전자 관련 훈련 과정을 이수할 수 있으며, 취업 후 일정 기간의 수습 기간을 통하여 해당 통신기술 분야와 관련된 업무를 익힐 수 있습니다.
3. 지역의 대학, 진로체험지원센터에서 운영하는 정보통신공학과 체험 프로그램에 참여하여 통신설비설치 및 수리원의 업무를 알아볼 수 있습니다.

2025 고교학점제 준비, 이렇게 하세요

전기전자과/정보통신과/전자과

`일반선택` 수학(미적분 I++, 확률과 통계+), 과학(물리학++), 기술·가정/정보(기술·가정, 정보)

`진로선택` 수학(미적분 II ++, 기하+), 과학(역학과 에너지++, 전자기와 양자++), 기술·가정/정보(로봇과 공학세계, 인공지능 기초, 데이터 과학)

`융합선택` 기술·가정/정보(창의 공학설계)

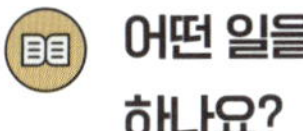 어떤 일을 하나요?

① 유선전화, 휴대폰, 무선통신기, 무선전화 등의 각종 유선이나 무선통신장비를 설치하고 수리하는 일을 담당합니다.
② 유선전화, 휴대폰, 무선전화, 무선통신기 등의 송신과 수신을 이어주기 위한 설계도에 따라 통신장비 설치 위치를 확인하고, 통신장비를 설비합니다.
③ 설비한 통신장비가 잘 작동하는지 확인하며, 이상이나 고장이 발생하면 수리합니다.

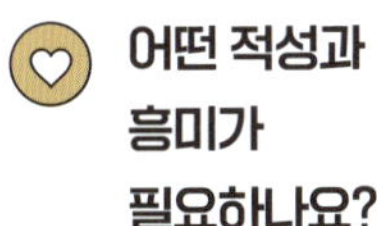 어떤 적성과 흥미가 필요하나요?

① 통신장비의 설치와 수리를 위해 각종 장비를 사용하는 직업이므로 도구의 특성을 알고 용도에 맞게 사용할 수 있는 손재능이 필요합니다.
② 대부분 야외 공사 현장이나 높은 곳에 올라가 작업하는 일이 많으므로 신체적인 활동을 좋아하는 사람에게 적합합니다.
③ 통신장비에 관심과 호기심이 많은 사람에게 적합합니다.

직업 전망은 어떤가요?

종편채널 방송국 설립과 케이블TV의 채널 확대, DMB 방송 서비스, 초고속인터넷망의 확산과 와이브로(Wireless Broadband Internet) 서비스 활성화, 초고속인터넷을 TV에 연결하여 방송을 시청할 수 있는 IPTV의 보편화 등은 인력 수요의 증가에 긍정적 영향을 미칠 것으로 보입니다.

📂 **관련기관** 방송통신위원회 http://www.kcc.go.kr 한국정보통신진흥협회 http://www.kait.or.kr

039

투자분석가(애널리스트)

한눈에 보는 진학 로드맵

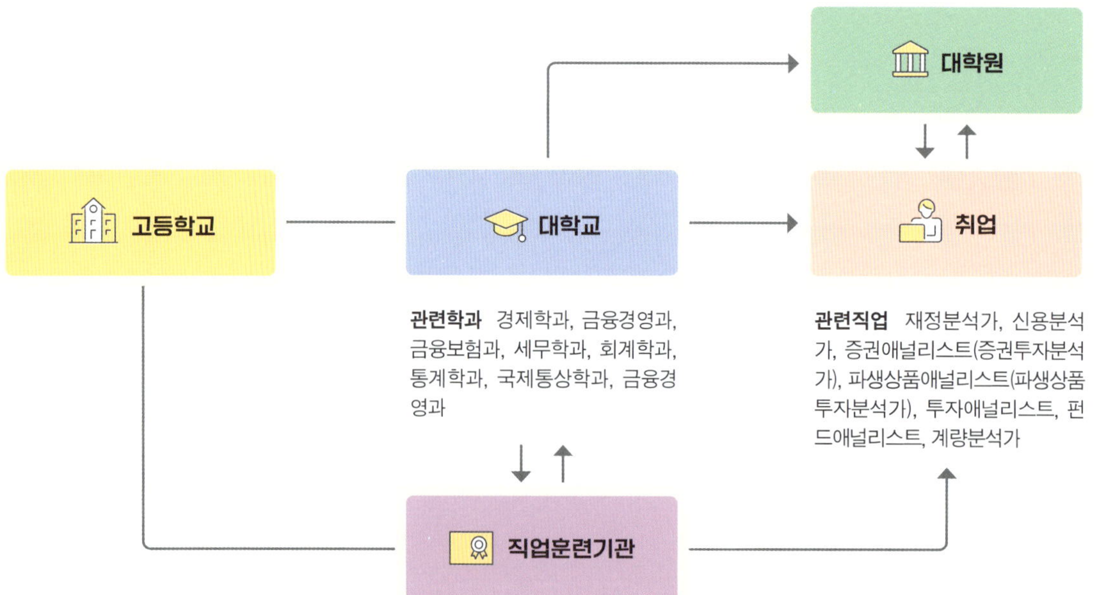

진로 탐색과 준비, 이렇게 하세요

1. 대학 졸업 이상의 학력이 필요합니다. 경제학과, 경영학과를 전공해 졸업하면 취업에 유리합니다.
2. 증권회사나 금융회사 등에 취업할 수 있습니다. 증권회사가 아닌 일반기업에도 투자분석가로 취업할 수 있습니다.
3. 한국예탁결제원 증권박물관, 전국투자자교육협의회 등에서 운영하는 프로그램에 참여하여 업무를 체험해볼 수 있습니다.
4. 전문가 멘토의 자료, 영상을 통하여 투자분석가에 대해 알아볼 수 있습니다.

2025 고교학점제 준비, 이렇게 하세요

경제학과/금융경영과/금융보험과/세무학과/회계학과

일반선택	수학(미적분 I ++, 확률과 통계+), 기술·가정/정보(정보)
진로선택	수학(미적분 II ++), 사회(경제), 기술·가정/정보(인공지능 기초, 데이터 과학)
융합선택	수학(실용 통계), 사회(금융과 경제생활), 기술·가정/정보(소프트웨어와 생활)

통계학과

일반선택	수학(미적분 I ++, 확률과 통계++), 기술·가정/정보(정보)
진로선택	수학(미적분 II ++, 인공지능 수학, 기하++), 기술·가정/정보(데이터 과학)
융합선택	수학(실용 통계)

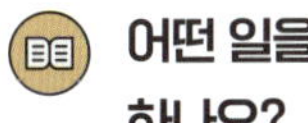 **어떤 일을 하나요?**

① 자신의 회사 혹은 회사의 고객들에게 금융, 투자자문을 제공하기 위해 금융시장 정보를 수집·분석합니다.
② 매일의 주식과 경제 예측, 거래량, 금융 잡지, 증권 편람, 회사 재무제표 등과 출판물을 이용하여 회사, 주식, 채권, 기타 투자에 대한 정보를 수집합니다.
③ 거시경제 흐름이나 산업별 동향을 분석하고 기업의 경영, 재무 여건, 성장 가능성 등을 파악해 투자의 방향을 제시해줍니다.

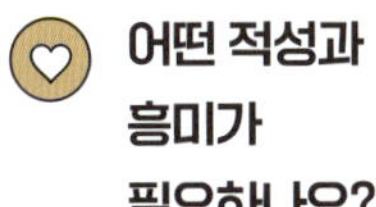 **어떤 적성과 흥미가 필요하나요?**

① 수학적 사고와 거시경제를 읽을 수 있는 능력, 통계자료의 도표나 그래프를 이해할 수 있는 수리논리력이 필요합니다.
② 판단력과 분석력을 갖추고, 역동적인 증권시장의 변화에 대처하는 과정을 즐기는 사람에게 적합합니다.
③ 상대방을 설득할 수 있는 능력과 신뢰를 줄 수 있는 사람에게 적합합니다.

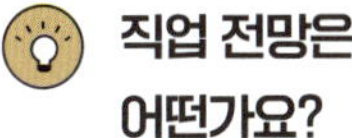 **직업 전망은 어떤가요?**

증권분석가와 관련직업인 투자분석가(애널리스트)의 일자리 규모는 경기에 큰 영향을 받지만 시장경제 상황에서 꼭 필요한 작업이기에 수요가 지속될 것으로 예측됩니다.

📁 **관련기관**　　한국금융투자협회 http://www.kofia.or.kr　　　　한국금융투자협회 금융투자교육원 http://www.kifin.or.kr

040

특수효과기술자

한눈에 보는 진학 로드맵

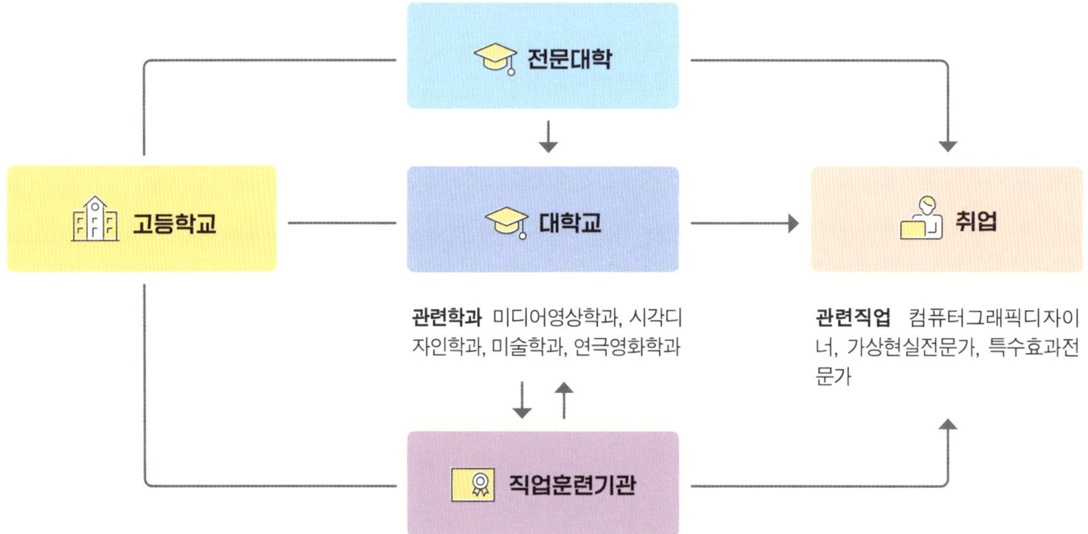

**진로 탐색과
준비,
이렇게 하세요**

1. 특별히 요구되는 학력이나 전공 조건은 없지만 고등학교에서 관련과목을 수강하고 전문 대학이나 대학의 관련학과를 졸업하면 유리합니다. 사설 교육기관에서 컴퓨터그래픽, 3차원 입체영상 그래픽 등의 특수효과 제작과 관련된 훈련을 받을 수 있습니다.
2. 지역의 청소년진로직업체험센터, 한국과학창의재단, 대학 등에서 주관하는 프로그램에 참여하여 업무를 이해하고 특수효과 등 이미지 표현을 배울 수 있습니다.
3. 그림, 설치미술, 컴퓨터그래픽 전시회에 찾아가 미적감각, 공간감각 등의 안목을 넓힐 수 있습니다.

**2025 고교학점제
준비,
이렇게 하세요**

미디어영상학과/시각디자인학과/미술학과

일반선택	예술(미술), 기술·가정/정보(정보)
진로선택	예술(미술 창작, 미술 감상과 비평), 기술·가정/정보(인공지능 기초)
융합선택	예술(미술과 매체), 기술·가정/정보(소프트웨어와 생활)

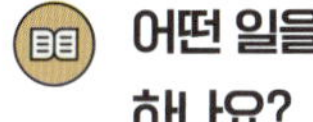 **어떤 일을
하나요?**

① 방송이나 영화에서 연출의 효과를 높이기 위해 컴퓨터그래픽 프로그램을 이용해 다양한 배경과 특수효과들을 만듭니다.
② 촬영이 끝난 영화나 방송 내용이 담긴 촬영 자료를 받아, 장면 하나하나를 보면서 특수효과를 넣거나 가공할 부분을 찾습니다.
③ 특수효과 의뢰인과의 회의를 통해 원하는 특수효과가 무엇인지 파악하고, 컴퓨터그래픽 프로그램(CG)을 활용하여 현실에서 촬영이 불가능한 액션이나 효과가 포함된 영상을 만듭니다.

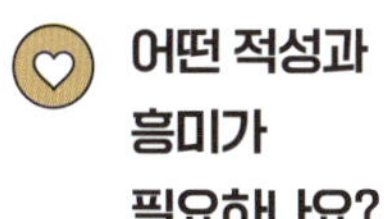 **어떤 적성과
흥미가
필요하나요?**

① 영상 언어와 영화, 방송 편집 지식과 이해를 바탕으로 방송과 영화 연출에 어울리는 특수효과를 선택하는 감각과 예술시각능력이 필요합니다.
② 제작 의뢰를 받은 방송이나 영화의 전체 스토리를 파악하고 분석하여 특수효과를 구성하고 적용할 수 있는 독창성과 창의력이 필요합니다.
③ 기획자나 제작자 등과 함께 팀 단위로 일하므로 평소 사람들과 소통하는 것을 좋아하고 다른 사람의 생각이나 의견을 존중할 수 있는 태도를 가진 사람에게 적합합니다.
④ 특수효과를 통해 높은 품질의 영상을 제공하기 위해 새롭고 독특한 방식으로 효과를 만들거나 연출하는 것을 좋아하는 사람에게 적합합니다.

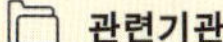 **직업 전망은
어떤가요?**

기술 발달로 화질이 향상돼 방송 출연진들의 메이크업과 분장에 정교함이 필요해졌으며 이에 따라 특수분장 역시 활동 분야가 확대될 것으로 보입니다.

📁 **관련기관**   한국애니메이션산업협회 http://k-animation.or.kr

041

홀로그램전문가

빛을 이용하여 마술 같은 3차원 영상을 만든다

#가상현실 #문화콘텐츠 #VR #AR

수리논리력 공간지각력

한눈에 보는 진학 로드맵

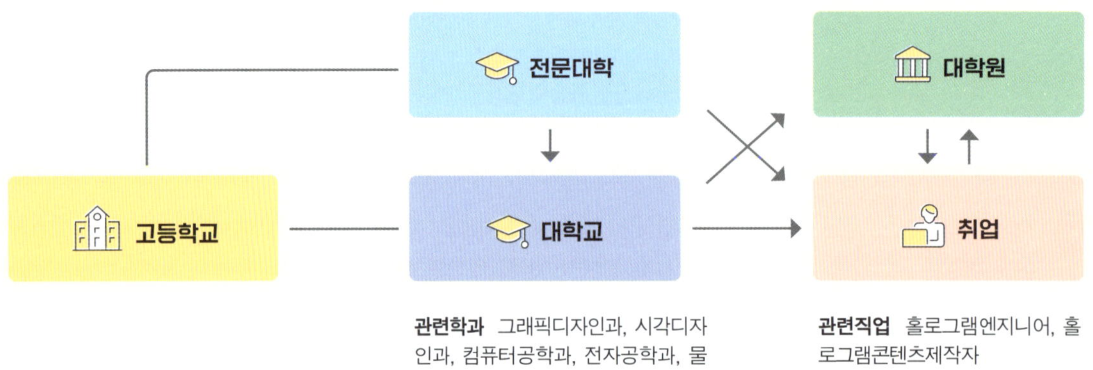

관련학과 그래픽디자인과, 시각디자인과, 컴퓨터공학과, 전자공학과, 물리학과

관련직업 홀로그램엔지니어, 홀로그램콘텐츠제작자

진로 탐색과 준비, 이렇게 하세요

1. 고등학교에서 관련과목을 수강하고 전문대학이나 대학에서 관련학과를 전공해 홀로그램 기술을 배우면 유리합니다. VR, AR 등 가상현실 강의를 들을 수 있는 일반 교육훈련기관은 많지만, 홀로그램 기술을 본격적으로 배울 수 있는 국내 훈련기관은 아직 찾기 어렵습니다.
2. 지역의 청소년진로직업체험센터, 민간기업에서 운영하는 홀로그램 진로체험 프로그램에 참여하여 업무를 알아볼 수 있습니다.
3. 〈스타워즈〉 등 여러 영화에 홀로그램이 사용되어왔으므로 이런 홀로그램 기술을 찾아보고 분석합니다.

2025 고교학점제 준비, 이렇게 하세요

그래픽디자인과/시각디자인과

일반선택	예술(미술), 기술·가정/정보(정보)
진로선택	예술(미술 창작, 미술 감상과 비평), 기술·가정/정보(인공지능 기초)
융합선택	예술(미술과 매체), 기술·가정/정보(소프트웨어와 생활)

컴퓨터공학과

일반선택	수학(미적분 I ++, 확률과 통계++), 기술·가정/정보(정보)
진로선택	수학(미적분 II ++, 인공지능 수학), 기술·가정/정보(인공지능 기초, 데이터 과학)
융합선택	기술·가정/정보(소프트웨어와 생활)

 어떤 일을 하나요?

① 기술 분야와 시비스 분야로 나눌 수 있는데, 기술 관련 전문가는 홀로그램을 데이터로 생성하고 처리하는 연구와 개발을 담당합니다.
② 서비스 관련 전문가는 주로 문화 공연이나 전시를 기획하고 설계하여 콘텐츠를 제작해 사람들이 홀로그램을 직접 볼 수 있도록 만듭니다.
③ 오디오, 영상, 컴퓨터그래픽, 시스템설계 등 다양한 분야의 전문가와 함께 작업합니다.

* 홀로그램은 그리스어 holo(완전한)+gram(정보, 영상)의 합성어로 빛의 간섭효과를 이용한 3차원 입체 영상제작 기술을 말합니다.

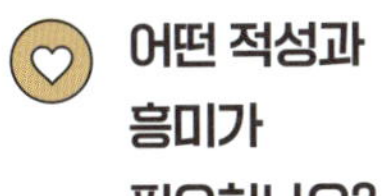 어떤 적성과 흥미가 필요하나요?

① 수학책에 나오는 용어나 기호를 이해하고 까다로운 계산도 잘할 수 있는 수리논리력이 필요합니다.
② 입체도형의 앞과 위를 보고 전체 모습을 떠올릴 수 있는 공간지각력이 필요합니다.
③ 남이 생각하지 못한 아이디어로 새로운 길 찾기를 좋아하는 사람에게 적합합니다.
④ 컴퓨터로 프로그램 만드는 것을 좋아하고 장치나 장비를 다루는 것에 흥미가 있는 사람에게 적합합니다.

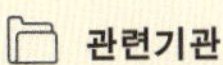 직업 전망은 어떤가요?

우리나라에서 홀로그램은 엔터테인먼트 산업을 꽃피울 중요한 콘텐츠로 주목을 받고 있습니다. 국내 엔터테인먼트 회사에서는 공연 영상에 홀로그램을 적극적으로 활용하고 있어 향후 일자리 전망이 밝습니다.

📁 **관련기관**

| 한국전자통신연구원 http://www.etri.re.kr | 한국콘텐츠진흥원 http://www.kocca.kr |
| 한국방송·미디어공학회 http://www.kibme.org | |

042

IT교육강사

IT 핵심인재를 양성한다

#정보통신 #컴퓨터학원 #강사
#웹디자이너 #웹개발자 #프로그래머

자기성찰능력 수리논리력 언어능력

한눈에 보는 진학 로드맵

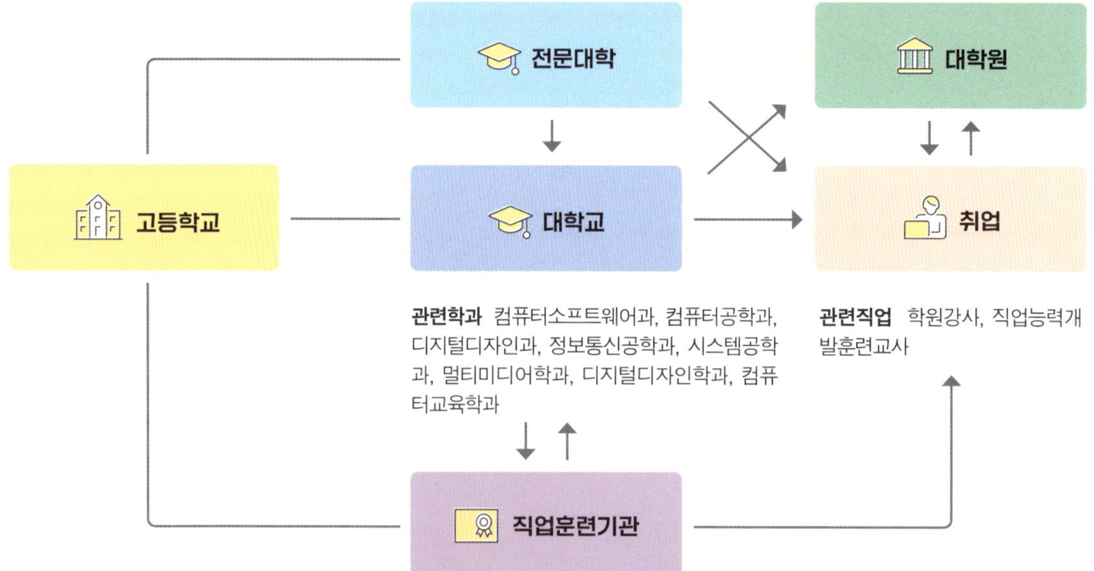

진로 탐색과 준비, 이렇게 하세요

1. 고등학교에서 관련과목을 수강하고 전문대학이나 대학의 관련학과를 졸업하는 것이 유리합니다. 또한 교육 분야가 매우 다양하므로 원하는 IT 분야의 자격증을 취득하는 교육이나 훈련을 받으면 좋습니다. 교육 분야나 기업에 따라 요구하는 학력 조건이 학력 무관에서부터 대학 졸업까지 다르므로 채용 공고를 확인하고 준비하는 것이 중요합니다.
2. 한국과학기술정보연구원, 지역의 폴리텍대학, 진로직업체험센터에서 주관하는 컴퓨터 프로그래밍, 학과 체험 멘토링 프로그램에 참여하여 컴퓨터프로그램 활용, 이론 등을 배울 수 있습니다.
3. 각종 컴퓨터 프로그램 코딩 학습사이트나 코딩 프로그램을 통한 코딩 연습으로 관련 기초 지식과 원리를 이해할 수 있습니다.

2025 고교학점제 준비, 이렇게 하세요

컴퓨터소프트웨어과/컴퓨터공학과

| 일반선택 | 수학(미적분 I ++, 확률과 통계++), 기술·가정/정보(정보) |

| 진로선택 | 수학(미적분 II ++, 인공지능 수학), 기술·가정/정보(인공지능 기초, 데이터 과학) |

| 융합선택 | 기술·가정/정보(소프트웨어와 생활) |

어떤 일을 하나요?

① 수강생들에게 컴퓨터 정보처리 기술이나 기타 컴퓨터 프로그램을 능숙하게 활용하기 위한 방법과 이론 등을 설명하거나 가르칩니다.
② 학생들에게 강의할 교재를 만들고 강의를 진행합니다.
③ IT 분야와 관련된 IT 기획, 웹프로그램, 웹디자이너, 웹퍼블리셔 등 정보통신 관련 기업의 취업 및 진로 상담을 담당합니다.

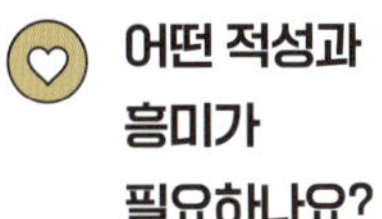

어떤 적성과 흥미가 필요하나요?

① 수강생들의 학습과 성취동기를 이끌어낼 수 있어야 하므로 일정을 관리하고 규칙적인 생활을 할 수 있는 자기성찰능력이 필요합니다.
② 네트워크, 컴퓨터그래픽, 시스템 등 각 IT 담당 분야에서 필요로 하는 기술과 이론 지식을 논리적으로 정리하고 가르칠 수 있는 수리논리력이 필요합니다.
③ IT 분야의 새로운 이론을 공부하는 것을 좋아하고 자신이 아는 지식과 기술을 다른 사람에게 잘 설명할 수 있는 사람에게 적합합니다.

직업 전망은 어떤가요?

4차산업혁명 시대는 기계 및 컴퓨터와의 상호작용 능력이 중요합니다. 하지만 전문대학이나 정규 교육 과정이 산업계 현장의 발전 속도를 반영하는 데는 한계가 있다는 점에서 수준 높은 컴퓨터 강사에 대한 수요는 앞으로도 꾸준할 것으로 보입니다.

관련기관 (사)한국강사협회 http://www.kela.co.kr   한국소프트웨어산업협회 https://www.sw.or.kr

043

IT기술영업원

정보통신 제품에 전문지식을 가지고 제품을 판매한다

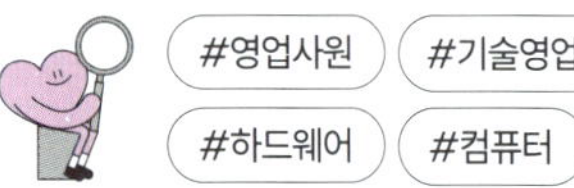

한눈에 보는 진학 로드맵

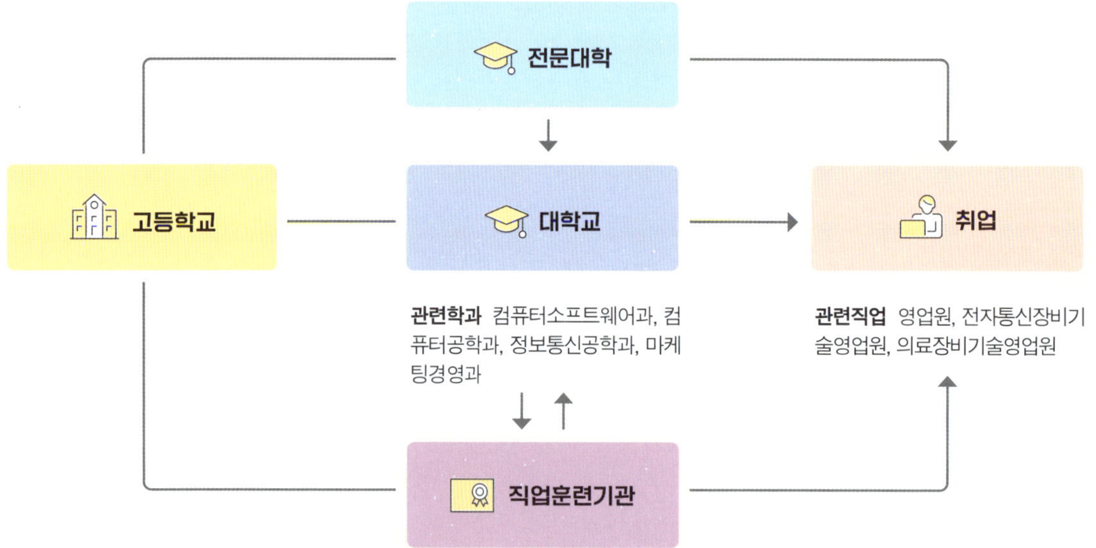

관련학과 컴퓨터소프트웨어과, 컴퓨터공학과, 정보통신공학과, 마케팅경영과

관련직업 영업원, 전자통신장비기술영업원, 의료장비기술영업원

관련자격 전자상거래관리사, 전자상거래운용사, 오라클공인전문가제도(OCP), 오라클자격인증제도, 리눅스마스터, SQL

진로 탐색과 준비, 이렇게 하세요

1. 고등학교에서 관련과목을 수강하고 전문대학이나 대학의 관련학과를 졸업하는 것이 유리합니다. IT 제품과 서비스를 판매하는 기업마다 요구하는 학력 조건은 학력 무관에서부터 대학 졸업까지 다르므로 취업을 원하는 회사의 채용 공고를 확인하고 준비하는 것이 중요합니다. IT 관련 장비와 제품의 설치, 서비스와 관련된 기술직에서 일정 기간 실무 경험을 쌓는 것이 유리합니다.
2. 전자신문 웹사이트 방문, IT, 프로그래밍, 소프트웨어 등 관련 기사 검색을 통해 자료를 수집하고 공부하면 소프트웨어와 프로그램 개발, IT 분야 최신 정보와 새로운 기술을 빠르게 알 수 있습니다.
3. 컴퓨터나 IT 분야 웹진이나 잡지를 구독하고 관심 내용을 읽어보는 활동을 통해 지식을 쌓을 수 있습니다.

2025 고교학점제 준비, 이렇게 하세요

컴퓨터소프트웨어과/컴퓨터공학과

일반선택 수학(미적분 I ++, 확률과 통계++), 기술·가정/정보(정보)

진로선택 수학(미적분 II ++, 인공지능 수학), 기술·가정/정보(인공지능 기초, 데이터 과학)

융합선택 기술·가정/정보(소프트웨어와 생활)

정보통신공학과

일반선택 수학(미적분 I ++, 확률과 통계+), 과학(물리학++), 기술·가정/정보(기술·가정, 정보)

진로선택 수학(미적분 II ++, 기하+), 과학(역학과 에너지++, 전자기와 양자++), 기술·가정/정보(로봇과 공학세계, 인공지능 기초, 데이터 과학)

융합선택 기술·가정/정보(창의 공학설계)

어떤 일을 하나요?

① 정보통신 제품에 대한 전문지식을 활용하여 고객에게 적합한 제품을 소개하고 판매합니다.

② 고객에게 IT 기술 제품(하드웨어 또는 소프트웨어)의 기능과 성능, 사용방법 등을 조언하고 기존 시스템과 이후 최신화될 기술 관련 문제를 상담합니다.

③ 고객이 필요로 하는 것과 구매 능력을 파악하여 적합한 IT 제품, 서비스를 추천하며 이후 판매 계약서를 작성합니다.

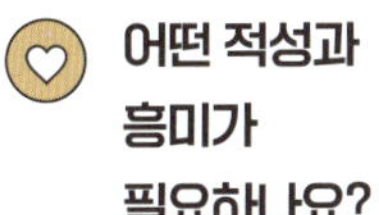

어떤 적성과 흥미가 필요하나요?

① 고객과의 원만한 관계를 통해 거래가 계속될 수 있도록 하는 대인관계능력이 필요합니다.

② 고객의 요구를 정확하게 이해하고 분석하여 고객이 원하는 IT 제품이나 서비스를 설명하는 일을 하므로 고객을 돕는 것을 좋아하는 사람에게 적합합니다.

③ IT 제품의 기능과 성능, 활용 방법, 제품과 관련된 정보를 고객에게 설명해야 하므로 언어능력이 필요합니다.

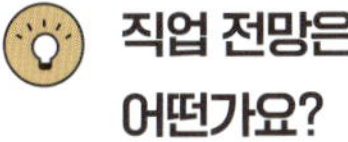

직업 전망은 어떤가요?

앞으로도 산업장비나 방송장비, 정보통신장비, 의료기기 등 전문지식이나 기술을 필요로 하는 고가의 장비나 서비스 품목 수요는 지속적으로 증가할 것으로 보입니다.

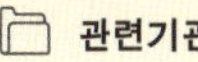

관련기관

한국정보통신공사협회 http://www.kica.or.kr   한국엔지니어링협회 http://www.kenca.or.kr

044

IT컨설턴트

컴퓨터시스템과 관련된 컨설팅을 한다

#전산감리 #인터넷전략계획 #ISP
#웹컨설팅 #ISMP #감리원

수리논리력 언어능력

🗺 한눈에 보는 진학 로드맵

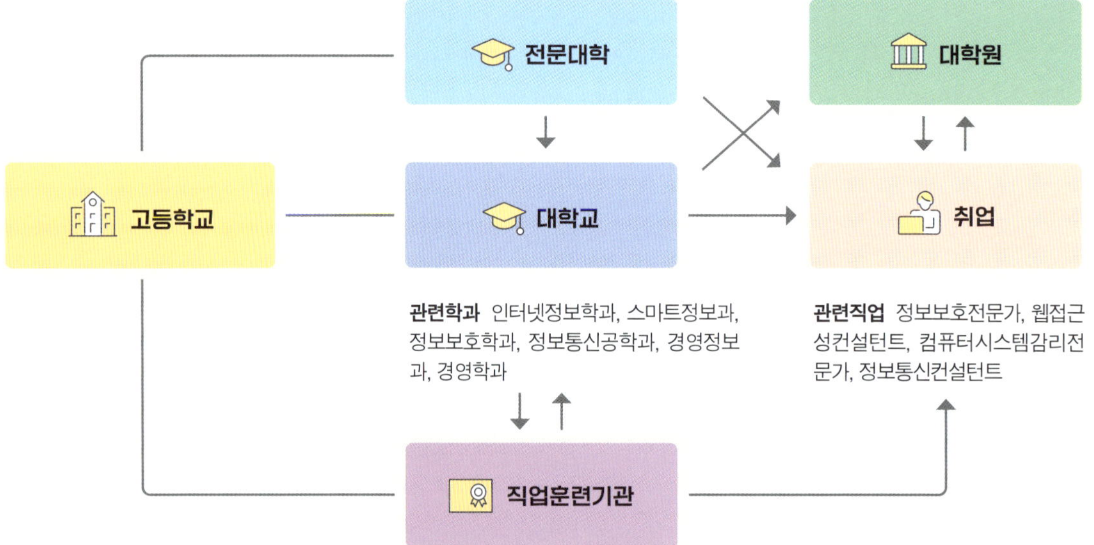

관련학과 인터넷정보학과, 스마트정보과, 정보보호학과, 정보통신공학과, 경영정보과, 경영학과

관련직업 정보보호전문가, 웹접근성컨설턴트, 컴퓨터시스템감사전문가, 정보통신컨설턴트

관련자격 정보관리기술사, 정보처리기사, 정보통신기사, 전자계산기조직응용기사, 정보시스템감사사(CISA), 정보시스템감리사, 원가분석사, 정보기술프로젝트관리전문가(IT-PMP)

진로 탐색과 준비, 이렇게 하세요

1. 대학이나 대학원, 전문대학에서 정보통신 관련학과를 전공하고 졸업하는 것이 일반적이 지만 경영학, 경영정보학, 회계학 등을 전공하는 경우도 있습니다. 별도의 직업훈련은 없고 한국소프트웨어산업협회에서 비정기적으로 IT 관련 컨설팅이나 전문가 양성 과정을 통해 훈련을 받을 수 있습니다.
2. 각종 컴퓨터 프로그램 코딩 사이트나 엔트리 웹사이트 등에서 코딩 프로그램 연습을 해 논리적 사고능력을 향상시키고 기초 지식과 원리를 공부할 수 있습니다.
3. 전자신문 웹사이트 방문, IT, 프로그래밍, 소프트웨어 등 관련 기사 검색을 통해 뉴스를 읽으면 최신 정보와 새로운 기술을 빠르게 알 수 있습니다.

2025 고교학점제 준비, 이렇게 하세요

인터넷정보학과/스마트정보과/정보보호학과

- **일반선택** 수학(미적분 I++, 확률과 통계++), 기술·가정/정보(정보)
- **진로선택** 수학(미적분 II++, 인공지능 수학), 기술·가정/정보(인공지능 기초, 데이터 과학)
- **융합선택** 기술·가정/정보(소프트웨어와 생활)

정보통신공학과

- **일반선택** 수학(미적분 I++, 확률과 통계+), 과학(물리학++), 기술·가정/정보(기술·가정, 정보)
- **진로선택** 수학(미적분 II++, 기하+), 과학(역학과 에너지++, 전자기와 양자++), 기술·가정/정보(로봇과 공학세계, 인공지능 기초, 데이터 과학)
- **융합선택** 기술·가정/정보(창의 공학설계)

어떤 일을 하나요?

① 기업의 인적·물적 자원과 모든 관련 조건 자료를 수집·분석하고 최근의 기술과 활용 가능한 자원, 현재 상태를 고려해 시스템을 만들기 위한 전문적인 조언이나 자문을 합니다.
② 이미 만들어진 정보시스템을 통해 경영상의 개선 효과, 시스템의 효율성 등을 평가하고 시스템의 운용과 유지, 관리를 조언합니다.
③ 국내나 국외의 비슷한 시스템을 비교·분석하며, 필요한 시스템 구성 방안이나 예산을 세우고 시스템이 만들어졌을 때 기대되는 효과를 분석합니다.

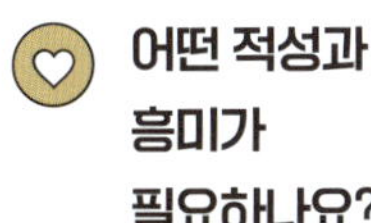

어떤 적성과 흥미가 필요하나요?

① 정보시스템을 평가하고 운영 방향을 제시하기 위해 관련된 전문지식과 법, 제도에 대한 폭넓은 지식을 논리적으로 정리할 수 있는 수리논리력이 필요합니다.
② 컨설팅 의뢰 기관을 대상으로 분석 결과를 체계적으로 잘 설명할 수 있는 의사소통능력이 필요합니다. 또한 팀 단위로 진행되므로 팀원과 원만하게 지낼 수 있는 사람에게 적합합니다.
③ 시스템의 결점을 찾고 이를 수정하기 위해 오랜 시간 반복적인 확인을 할 수 있는 높은 집중력과 인내심을 가진 사람에게 적합합니다.

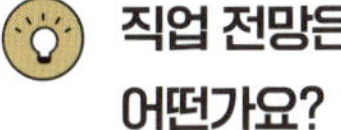

직업 전망은 어떤가요?

정보통신 분야가 산업 전반에 필요한 기술로 인정되고 여러 분야와 결합되면서 이러한 시스템을 구축하는 데 조언을 해주는 전문가의 수요는 증가할 것으로 예상되지만, IT 컨설팅의 가치 제공에 대한 차별화가 필요할 것으로 보입니다.

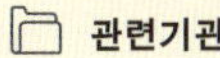

관련기관   한국지능정보사회진흥원 http://www.nia.or.kr   한국정보통신진흥협회 http://www.kait.or.kr

045

UX디자인컨설턴트

#스마트폰 #사용자경험

한눈에 보는 진학 로드맵

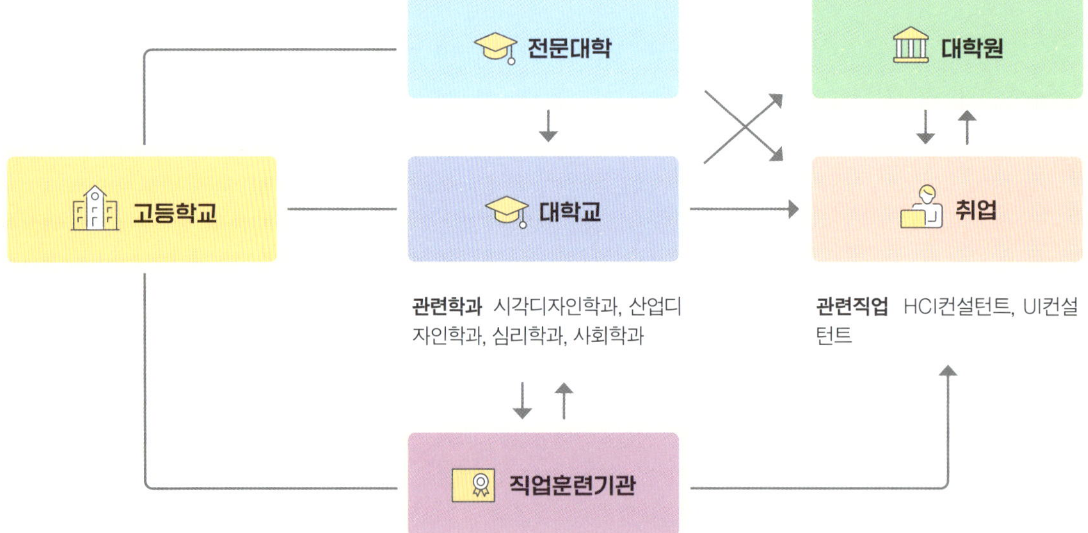

진로 탐색과 준비, 이렇게 하세요

1. 보통 고등학교 졸업 이상의 학력이 필요하며, 대학 전공은 심리학, 사회학, 인문학뿐만 아니라 시각디자인, 산업디자인 등 특정 분야가 정해져 있지 않고 매우 다양합니다. 기본적으로 웹, 멀티미디어 디자인과 스마트기기 UI/UX디자인, 모바일 UI/UX디자인 등의 훈련 과정이 개설되어 있습니다.

2. UX디자이너는 정보통신산업, 전자기기산업, 자동차산업, 소프트웨어산업 등 다양한 학문과 전공이 접목된 분야이기에 컴퓨터 기술뿐만 아니라 인체공학, 심리학, 소비자학, 산업디자인 등이 적용되는 분야에서 활동할 수 있습니다.

3. 모바일사이트 등을 활용하여 하루 동안 자신의 이용 경로를 자세히 기록한 후 불편한 점을 찾고 개선안을 세워보는 등 나만의 사용자경험을 디자인해봅니다.

2025 고교학점제 준비, 이렇게 하세요

시각디자인학과/산업디자인학과

일반선택	예술(미술), 기술·가정/정보(정보)
진로선택	예술(미술 창작, 미술 감상과 비평), 기술·가정/정보(인공지능 기초)
융합선택	예술(미술과 매체), 기술·가정/정보(소프트웨어와 생활)

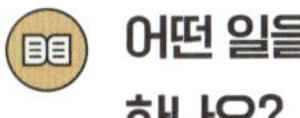 **어떤 일을 하나요?**

① 사용자의 마음과 행동 조사와 이해를 바탕으로 사용자 입장에서 제품을 설계해 더 편리하게 사용하도록 하는 UX(사용자경험, UX: User Experience) 디자인 업무를 수행합니다.

② 사용자가 제품이나 서비스에 만족 또는 불만족을 느끼는 요소는 무엇이고, 이에 더해 새로 원하는 요구가 무엇인지를 찾아 새로운 제품 기획안을 만들어냅니다.

③ 웹, 스마트폰, 태블릿PC에 담기는 각종 애플리케이션을 어떻게 하면 더 편리하게 사용할 수 있을지 파악하고 해결책을 제시합니다.

* UI(User Interface): 사용자가 소프트웨어와 상호작용하는 방식이나 디자인 요소를 말합니다.

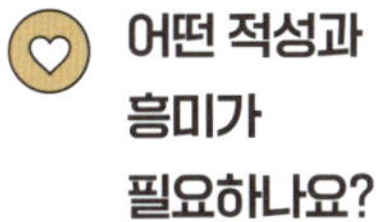 **어떤 적성과 흥미가 필요하나요?**

① 사람들의 사고와 행동, 생활패턴을 이해하고 파악할 수 있어야 하며, 이를 예술적으로 제품에 적용할 수 있는 예술시각능력이 필요합니다.

② 새롭고 독특한 방식으로 문제를 찾아내고, 아이디어를 구체화할 수 있는 창의력이 필요합니다.

③ 제품을 사용하는 사람들에게 필요한 사항을 환경이나 장치에 맞게 표현하고 구성하려면 공간지각력이 있는 사람에게 적합합니다.

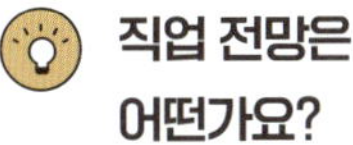 **직업 전망은 어떤가요?**

핸드폰의 경우 기업들이 기술적으로 비슷한 제품을 시장에 내놓고 있는 상황에서 소비자의 선택을 받기 위해서는 UX디자인이 더 좋아야 합니다. 이처럼 필요성이 커짐에 따라 해당 분야의 종사자 수가 증가할 것으로 예상됩니다.

📁 관련기관

한국디자인진흥원 http://www.kidp.or.kr　　(사)한국산업디자이너협회 http://www.kaid.or.kr
한국인터넷전문가협회 http://www.kipfa.or.kr

PART 02

AI/로봇

046

감성인식기술전문가

기존 정보통신기술에 인성 요소를 접목시켜 감성 맞춤형 제품을 개발한다

#인공지능 #컴퓨터 #인간중심 #감성

수리논리력 창의력

 한눈에 보는 진학 로드맵

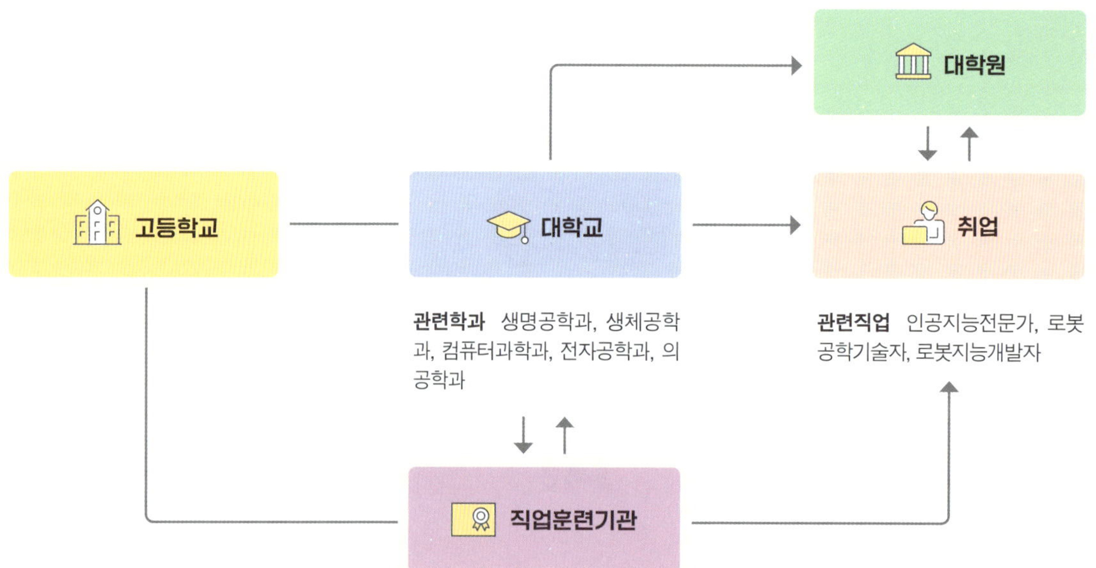

진로 탐색과 준비, 이렇게 하세요

1. 대학이나 대학원 졸업 이후 취업하여 연구원, 교수 등으로 활동하거나 로봇, 스마트폰, 가전, 자동차, 무인 기계 등 관련 기업 전반에 진출할 수 있습니다.
2. 깊이 있는 지식을 요구하므로 일반적으로 대학원 석사 이상의 전문교육이 필요합니다.
3. 파이선(Python)과 같은 프로그래밍을 공부해 인공지능에 이해를 높이고 머신러닝을 학습하고 실습을 해보면 좋습니다. 또한 인공지능을 이용한 프로젝트를 수행하고 인공지능 관련 대회에 참가해봅니다.

2025 고교학점제 준비, 이렇게 하세요

생명공학과/생체공학과

| 일반선택 | 수학(미적분 I ++, 확률과 통계+), 과학(생명과학++, 화학+), 기술·가정/정보(정보) |

| 진로선택 | 수학(미적분 II ++, 기하+), 과학(세포와 물질대사++, 생물의 유전++, 물질과 에너지+, 화학 반응의 세계 +), 기술·가정/정보(인공지능 기초, 데이터 과학) |

| 융합선택 | 과학(융합과학 탐구), 기술·가정/정보(소프트웨어와 생활) |

컴퓨터과학과

| 일반선택 | 수학(미적분 I ++, 확률과 통계++), 기술·가정/정보(정보) |

| 진로선택 | 수학(미적분 II ++, 인공지능 수학), 기술·가정/정보(인공지능 기초, 데이터 과학) |

| 융합선택 | 기술·가정/정보(소프트웨어와 생활) |

 **어떤 일을 하나요?**

① 인간의 감성을 컴퓨터가 인식할 수 있는 기술을 개발합니다.
② 인간의 감성을 인식할 수 있는 유무선 센서 기술을 개발합니다.
③ 기존 IT 제품과 몸에 착용할 수 있는 기기(웨어러블 장치)에 사용자의 감성을 인식시키는 기술을 적용합니다.

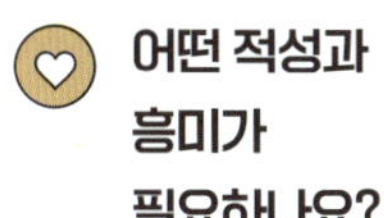 **어떤 적성과 흥미가 필요하나요?**

① 논리적으로 사고하고 문제를 해결할 수 있는 수리논리력이 필요합니다.
② 인문, 철학, 예술 등 다방면에 관심과 흥미가 있고, 감성적인 사람에게 적합합니다.
③ 다른 사람과는 다른 창의적이고 독창적인 사고를 할 수 있는 사람에게 적합합니다.

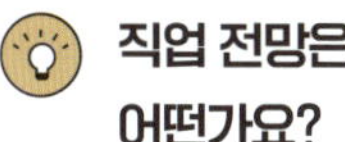 **직업 전망은 어떤가요?**

감성인식 기술은 다양한 산업에 융합하여 적용될 수 있고 다가오는 미래에 인간 중심 사회를 이끌 제품, 서비스, 직업, 산업으로 발전할 가능성이 매우 높습니다. 자동차, 로봇, 의료, 교육, 방송, 콘텐츠 등 다양한 분야에서 감성인식이 활용될 것으로 기대가 됩니다.

📁 **관련기관**   한국인공지능협회 https://www.koraia.org   감성ICT협회 http://eict.or.kr

047

기계공학기술자 및 연구원

개발비용 면에서 효율적으로 기계를 연구하고 개발한다

한눈에 보는 진학 로드맵

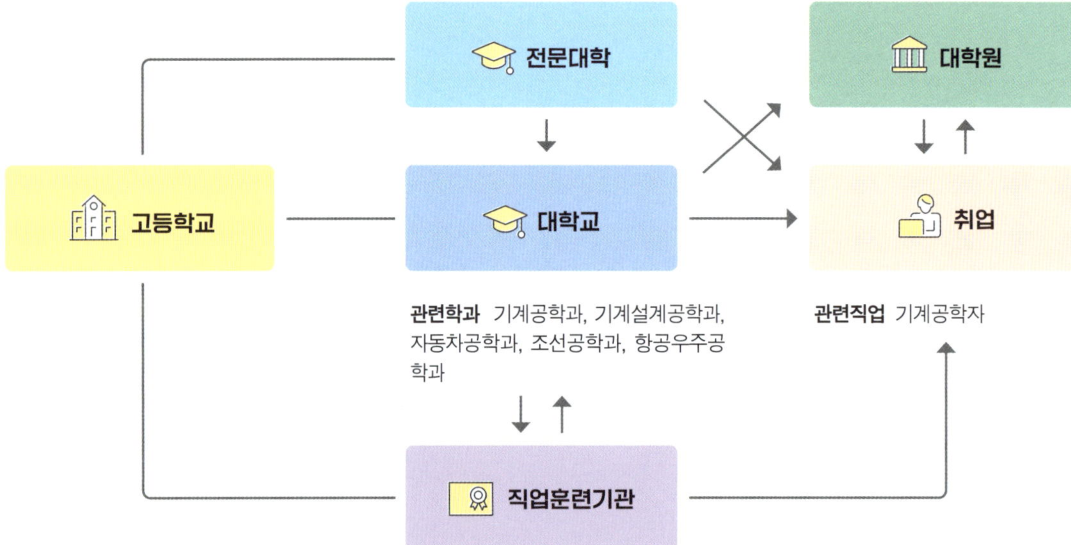

관련학과 기계공학과, 기계설계공학과, 자동차공학과, 조선공학과, 항공우주공학과

관련직업 기계공학자

관련자격 건설기계설비기사, 기계기술사, 농업기계기사, 농업기계산업기사, 전산응용기계제도기능사, 기계설계기사

진로 탐색과 준비, 이렇게 하세요

1. 고등학교에서 관련과목을 수강하고 전문대학과 대학에서 관련학과를 졸업하면 유리합니다. 대학의 기계공학과 등에서 기계공작법, 재료역학, 자동차공학 등을 심도 있게 배울 수 있습니다. 연구·개발부서라면 석사 이상의 학력을 요구하기도 하며, 박사학위를 소지한 경우 연구책임자나 팀장으로 연구 기획, 관리 업무를 수행하게 됩니다.
2. 지역의 진로직업체험센터에서 주관하는 기계공학 진로체험 프로그램에 참여해 업무를 알아볼 수 있습니다.
3. 한국산업대전, 국제기계박람회 관람 등을 통해 산업 및 기계공학 분야의 정보를 얻을 수 있습니다.

2025 고교학점제 준비, 이렇게 하세요

기계공학과/기계설계공학과

[일반선택] 수학(미적분 I ++, 확률과 통계+), 과학(물리학++), 기술·가정/정보(기술·가정, 정보)

[진로선택] 수학(미적분 II ++, 기하++), 과학(역학과 에너지++, 전자기와 양자++), 기술·가정/정보(로봇과 공학세계, 인공지능 기초)

[융합선택] 기술·가정/정보(창의 공학설계)

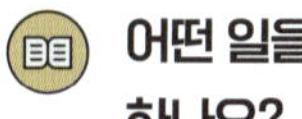

어떤 일을 하나요?

① 다양한 산업과 연관된 기계, 기구, 산업 설비, 생산시스템 등을 연구·개발·설계·제조하고, 생산 공정을 운영·감독하는 업무를 수행합니다.
② 기계의 구성 요소, 설계, 운영, 성능, 시스템 실현 가능성을 연구하고, 제품 아이디어를 기획하며, 세부 사항을 설계합니다.
③ 산업 설비와 건설 현장의 기계시스템 설비, 변경, 위탁을 감독하고 검사합니다.
④ 기계의 고장이나 문제를 파악하고 해결하며 기술자와 엔지니어를 감독합니다.
⑤ 계산, 비용 견적서, 보고서 등을 작성하고 검토하는 업무를 수행합니다.

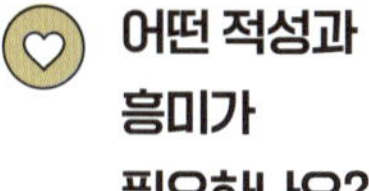

어떤 적성과 흥미가 필요하나요?

① 기계공학 지식과 이해를 바탕으로 논리적으로 사고하여 문제를 해결하는 수리논리력이 필요합니다.
② 기계시스템의 설비와 산업 설비 업무를 수행하기 위해 입체적인 물체의 위치나 모습을 상상하여 떠올릴 수 있는 공간지각력이 필요합니다.
③ 새로운 모델과 신기술 개발에 관심이 있고, 새로운 것에 호기심이 많은 사람에게 적합합니다.
④ 기계 고장이나 문제 해결에 관심이 있고, 도구 조작 활동을 좋아하는 사람에게 적합합니다.

관련기관

(사)한국유체기계학회 http://www.ksfm.org
사단법인 대한기계학회 http://ksme.or.kr

한국건설기계산업협회 http://www.kocema.org
한국자동차산업협회 http://www.kama.or.kr

048

로봇연구원

로봇을 연구하고 개발한다

#4차산업혁명 #로봇 #AI
#자동화시스템 #메카트로닉스

수리논리력 공간지각력

한눈에 보는 진학 로드맵

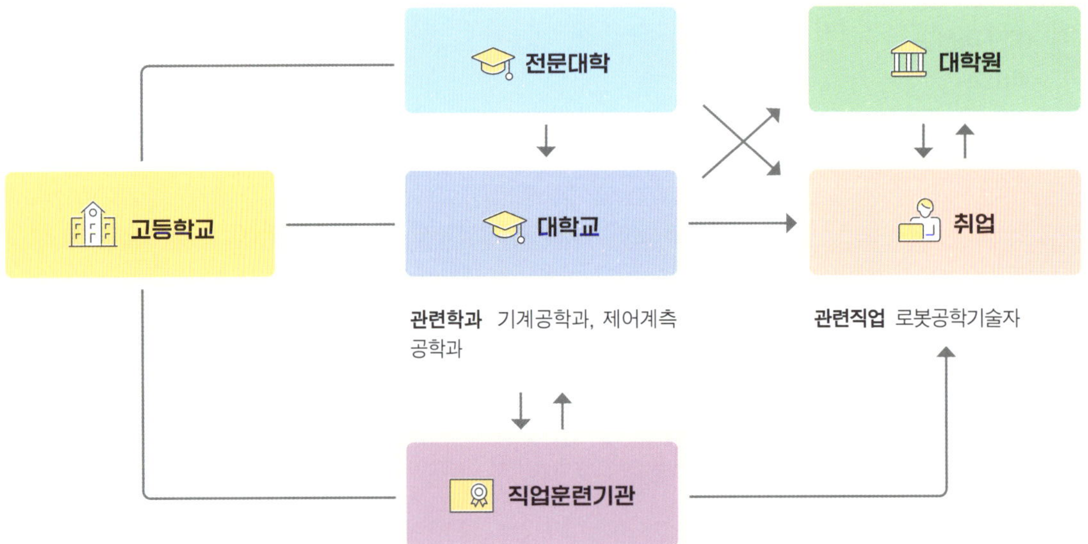

진로 탐색과 준비, 이렇게 하세요

1. 로봇고등학교나 대학과 대학원의 관련학과를 졸업하면 유리합니다. 일부 연구소의 경우 석사 이상의 학력을 요구하기도 합니다.
2. 지역의 진로직업체험센터에서 주관하는 진로체험 프로그램에 참여해 업무를 알아볼 수 있습니다.
3. 엔트리 등 코딩 실습 웹사이트를 통해 기초 프로그래밍 방법을 학습할 수 있습니다. 또한 AI, 로봇, 메카트로닉스, 기계공학, 기계제어, 전기제어 등 관련 영상 시청을 통해 지식을 얻을 수 있습니다.

2025 고교학점제 준비, 이렇게 하세요

기계공학과

| 일반선택 | 수학(미적분 I++, 확률과 통계+), 과학(물리학++), 기술·가정/정보(기술·가정, 정보)

| 진로선택 | 수학(미적분 II++, 기하++), 과학(역학과 에너지++, 전자기와 양자++), 기술·가정/정보(로봇과 공학세계, 인공지능 기초)

| 융합선택 | 기술·가정/정보(창의 공학설계)

어떤 일을 하나요?

① 산업용, 의료용, 해저자원 개발용 로봇과 실생활에 이용할 수 있는 로봇을 연구하고 개발하는 업무를 담당합니다.
② 로봇의 구성 요소를 연구·개발하고 하나의 단일체로 조립·제작합니다.
③ 최적의 방법으로 공장의 생산설비를 자동화하기 위하여 최신 제조기술, 자동화기술 등을 자문하고 전기, 전자, 기계 장치를 자동화하는 설비를 연구·개발합니다.
④ 용접로봇 등 생산 현장에서 사용되는 산업용 로봇이나 자동화시스템 설비를 설치·운용·정비·수리합니다.

어떤 적성과 흥미가 필요하나요?

① 자동제어나 전자회로, 로봇 설계 등의 이해를 바탕으로 논리적으로 사고하여 문제를 해결하는 수리논리력이 필요합니다.
② 공장의 생산설비, 자동화 설비 설치 업무를 수행하기 위해 입체적인 물체의 위치나 모습을 상상하여 떠올릴 수 있는 공간지각력이 필요합니다.
③ 깊게 탐구하는 과정을 즐기는 사람, 도구나 기계 조작 활동에 관심이 있는 사람에게 적합합니다.

직업 전망은 어떤가요?

로봇 활용 분야가 기존의 제조업체뿐만 아니라 의료, 국방, 환경, 실버, 개인 서비스, 교육, 엔터테인먼트 등으로 더욱 확대될 것이기에 로봇 시장이 크게 발전할 것입니다.

📁 **관련기관** 한국로봇융합연구원 http://www.kiro.re.kr   한국로봇산업협회 http://www.korearobot.or.kr

049

로봇윤리학자

인간을 위해 로봇이 지켜야 하는 행동 규범을 만든다

#4차산업혁명 #로봇 #인문학 #공존

수리논리력 공간지각력

한눈에 보는 진학 로드맵

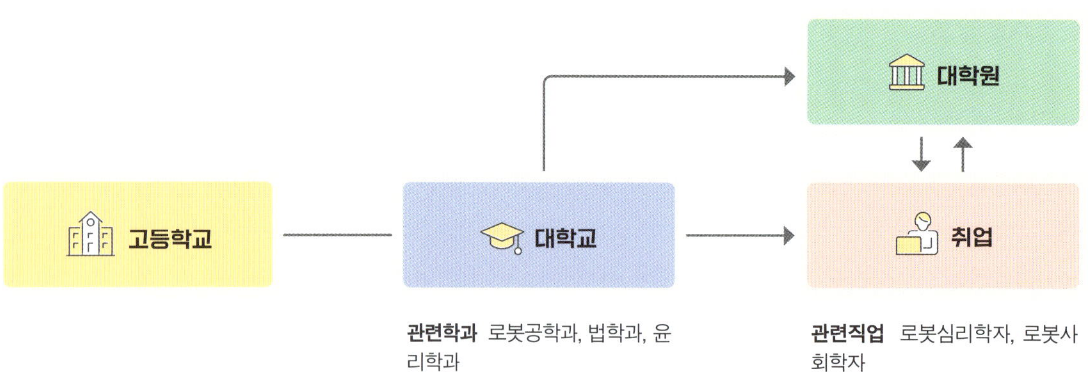

관련학과 로봇공학과, 법학과, 윤리학과

관련직업 로봇심리학자, 로봇사회학자

진로 탐색과 준비, 이렇게 하세요

1. 대학에서 로봇을 개발하고 만드는 로봇공학자가 인문학 분야에 추가 관심을 갖거나, 반대로 윤리학, 법학 등을 전공한 후 그 적용 대상을 로봇으로 삼는 두 가지 방향이 있습니다. 두 방식 모두 로봇공학과 윤리학 또는 법학의 대학 이상 학력을 요구합니다.
2. 로봇윤리학은 주로 연구의 결과가 문헌이나 제도 등으로 나오기에 관련 학회의 연구 활동을 충실히 살펴보는 것이 도움이 됩니다.
3. 한국과학창의재단이나 지역의 민간기업에서 운영하는 로봇윤리학자 진로체험 프로그램에 참여하여 업무를 알아볼 수 있습니다.

2025 고교학점제 준비, 이렇게 하세요

로봇공학과

`일반선택` 수학(미적분 I, 확률과 통계), 과학(물리학, 화학), 기술·가정/정보(기술·가정, 정보)

`진로선택` 수학(미적분 II, 기하), 과학(역학과 에너지, 전자기와 양자, 물질과 에너지, 화학 반응의 세계), 기술·가정/정보(로봇과 공학세계, 인공지능 기초, 데이터 과학)

`융합선택` 기술·가정/정보(창의 공학설계, 소프트웨어와 생활)

어떤 일을 하나요?

① 로봇을 어떻게 만들어야 하며, 어떤 로봇이 윤리적으로 바람직하지 않은가 질문하고 답을 찾습니다. 이를 통해 도덕적인 관점에서 로봇이 작동하여 발생한 결과의 판단 기준을 만듭니다.
② 로봇이 잘못해 피해가 발생했다면 로봇을 만든 사람, 로봇 주인, 로봇 사용이나 관리를 감독해야 하는 정부 중에서 누구를 어느 정도로 처벌해야 하는지 윤리나 법적인 면에서 따져봅니다.
③ 로봇이 물건을 생산하거나 서비스를 했을 때 발생하는 부가가치에 세금을 부과해야 한다는 목소리가 높아지고 있어 이를 깊이 따져보는 일도 합니다.

어떤 적성과 흥미가 필요하나요?

① 인간의 생각이나 감정에 대한 기본적인 이해를 로봇에 적용시킬 수 있도록 신기술과 공정을 개발하기 위한 수리논리력이 필요합니다.
② 로봇 자체에 관심이 있어야 하고 움직이는 장치를 설계하거나 만드는 일을 즐기는 사람에게 적합합니다.
③ 로봇과 인간의 관계에서 윤리적인 측면을 탐구하고, 인간·사회적 가치 등을 생각하기 좋아하는 사람에게 적합합니다.

직업 전망은 어떤가요?

공학적인 원리와 개념만을 고려하여 만들어진 로봇은 사회적 갈등을 불러일으킬 수 있습니다. 따라서 로봇산업에도 인문학이 결합될 필요가 있으며, 로봇산업의 발달과 더불어 로봇윤리학자들의 역할이 더욱 필요해질 것입니다.

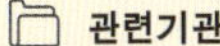 **관련기관**

(사)한국로봇학회 http://www.kros.org   한국로봇산업진흥원 http://www.kiria.org
한국윤리학회 http://www.kethics.com

050

메카트로닉스공학기술자

산업용 자동화 설비나 로봇 등 자동화시스템을 개발하거나 운용한다

#전자 #기계 #오토메이션

수리논리력 공간지각력

🗺 한눈에 보는 진학 로드맵

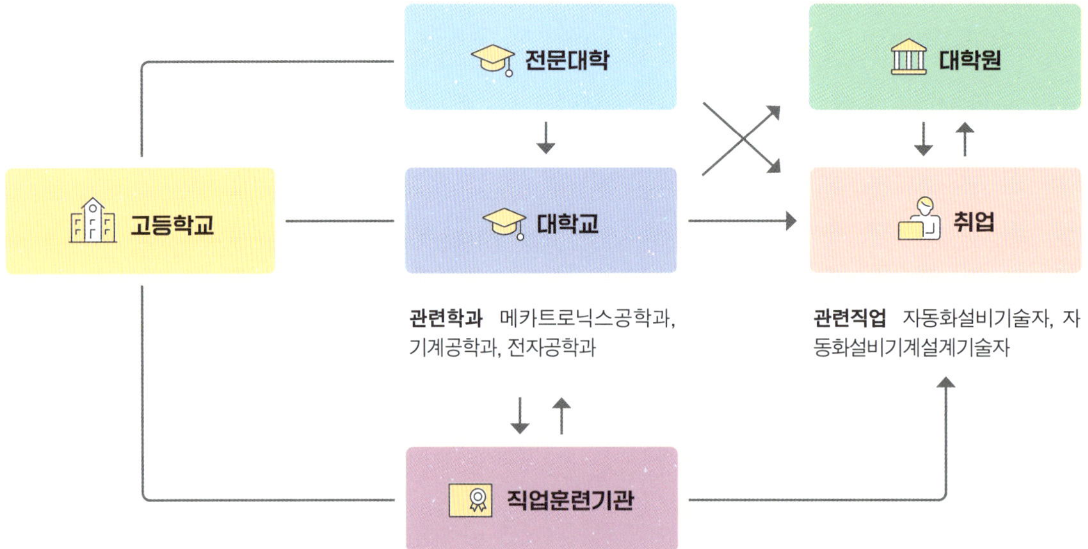

진로 탐색과 준비, 이렇게 하세요

1. 고등학교에서 관련과목을 수강하고 대학에서 관련학과를 졸업하면 유리합니다. 연구소에 따라서는 메카트로닉스 분야의 석사 이상 학위를 요구하기도 합니다. 연구·개발 부서는 석사 이상이 많습니다.
2. 대학에서 주관하는 진로체험 프로그램에 참여하여 업무를 알아볼 수 있습니다.
3. 코딩 실습 웹사이트를 통해 기초적인 프로그래밍 방법을 학습할 수 있습니다.

2025 고교학점제 준비, 이렇게 하세요

메카트로닉스공학과

`일반선택` 수학(미적분 I, 확률과 통계), 과학(물리학, 화학), 기술·가정/정보(기술·가정, 정보)

`진로선택` 수학(미적분 II, 기하), 과학(역학과 에너지, 전자기와 양자, 물질과 에너지, 화학 반응의 세계), 기술·가정/정보(로봇과 공학세계, 인공지능 기초, 데이터 과학)

`융합선택` 기술·가정/정보(창의 공학설계, 소프트웨어와 생활)

기계공학과

`일반선택` 수학(미적분 I++, 확률과 통계+), 과학(물리학++), 기술·가정/정보(기술·가정, 정보)

`진로선택` 수학(미적분 II++, 기하++), 과학(역학과 에너지++, 전자기와 양자++), 기술·가정/정보(로봇과 공학세계, 인공지능 기초)

`융합선택` 기술·가정/정보(창의 공학설계)

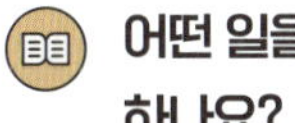 **어떤 일을 하나요?**

① 의복, 식품, 자동차, 항공기 등 각종 제품의 생산 과정을 자동화하는 설비 기술을 연구하고 개발합니다.
② 생산 현장을 조사하고 각종 자료 수집과 공정 분석을 거쳐 공장의 자동화 계획을 수립하고 지도합니다.
③ 논리제어기, 마이크로프로세서 등의 관련 기술을 적용하여 자동화 설비를 설계하고 개발합니다.
④ 기업체 등의 의뢰를 받아 최적의 방법으로 공장의 생산설비를 자동화하기 위하여 최신 제조기술, 자동화기술 등을 자문합니다.
⑤ 제대로 작동되지 않는 자동화 설비의 문제점을 해결하고 납품된 설비를 정기적으로 점검합니다.

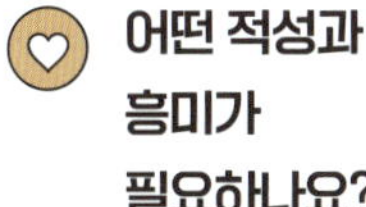 **어떤 적성과 흥미가 필요하나요?**

① 전자나 기계의 논리적 구조를 이해하고 신기술 등을 적용하여 공정 과정에서의 문제해결을 단계적으로 할 수 있는 수리논리력이 필요합니다.
② 생산 현장과 공정의 전 과정을 이해하고, 공장 상황에 맞는 자동화 계획 수립과 설계를 위해 공간지각력이 필요합니다.
③ 호기심이 많고 다양한 자료 수집을 통해 연구하는 것을 좋아하는 사람에게 적합합니다.
④ 일상생활에서 기계나 전자와 관련된 물건에 관심이 많고, 기계를 조작하거나 활용하는 것을 좋아하는 사람에게 적합합니다.

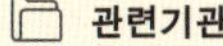 **관련기관** 한국생산기술연구원 http://www.kitech.re.kr

051

빅데이터전문가

엄청난 양의 데이터를 분석해 미래를 예측한다

#컴퓨터 #데이터 #통계학 #경영학

수리논리력 공간지각력

한눈에 보는 진학 로드맵

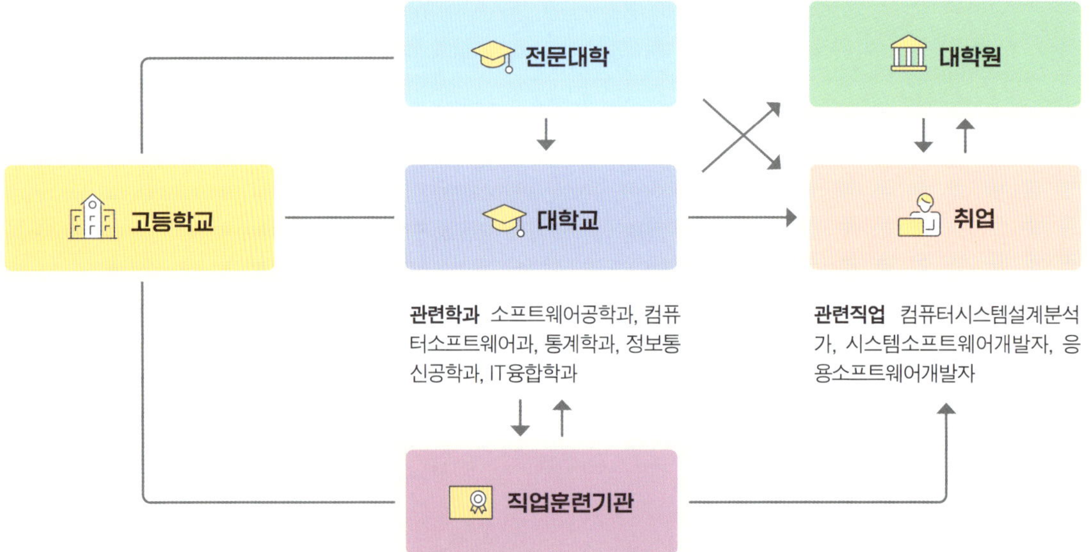

관련학과 소프트웨어공학과, 컴퓨터소프트웨어과, 통계학과, 정보통신공학과, IT융합학과

관련직업 컴퓨터시스템설계분석가, 시스템소프트웨어개발자, 응용소프트웨어개발자

관련자격 빅데이터분석기사, 데이터분석준전문가, 사회조사분석사, 정보처리기사

진로 탐색과 준비, 이렇게 하세요

1. 고등학교에서 관련과목을 수강하고 대학에서 관련학과를 졸업하면 기술적인 기초를 갖추는 데 도움이 됩니다. 경영학이나 홍보, 판매 분야의 지식과 경험을 쌓아두면 더 유리할 수 있습니다.
2. 한국데이터베이스진흥원의 단기 교육 과정이 있고, 빅데이터 활용센터, 빅데이터 아카데미에서도 전문가 교육을 합니다. 각종 대학 등 평생교육시설과 학원에서도 다양한 훈련 과정을 개설하고 있습니다.
3. 지역의 진로직업체험지원센터, 청소년직업체험센터, 민간기업에서 운영하는 빅데이터 전문가 진로체험 프로그램에 참여하여 빅데이터전문가의 업무를 알아볼 수 있습니다.

2025 고교학점제 준비, 이렇게 하세요

소프트웨어공학과/컴퓨터소프트웨어과

일반선택	수학(미적분 I ++, 확률과 통계++), 기술·가정/정보(정보)
진로선택	수학(미적분 II ++, 인공지능 수학), 기술·가정/정보(인공지능 기초, 데이터 과학)
융합선택	기술·가정/정보(소프트웨어와 생활)

통계학과

일반선택	수학(미적분 I ++, 확률과 통계++), 기술·가정/정보(정보)
진로선택	수학(미적분 II ++, 인공지능 수학, 기하++), 기술·가정/정보(데이터 과학)
융합선택	수학(실용 통계)

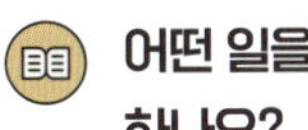

어떤 일을 하나요?

① 대량의 빅데이터를 다뤄 사람들의 행동이나 시장 변화 등을 분석하는 데 도움이 되는 정보를 제공합니다.
② 구체적으로는 데이터 수집·저장·분석·시각화 등을 통한 정보 제공을 담당합니다.
③ 실시간으로 데이터를 수집·저장·분석하고 시각화하여 의미 있는 분석 결과를 도출합니다.
④ 빅데이터와 관련된 새로운 기술, 유행 등을 수시로 파악합니다.

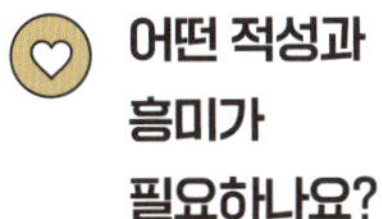

어떤 적성과 흥미가 필요하나요?

① 통계 이론과 복잡한 프로그램의 이해력뿐만 아니라 다양한 관점에서 문제를 의식하는 수리논리력이 필요합니다.
② 데이터의 구조를 이해하고 분석하고자 하는 문제의 시각화를 위해 공간지각력이 필요합니다.
③ 세계 각국의 최신 경향과 정보에 호기심이 많으며 이를 파악하는 것을 좋아하는 사람에게 적합합니다.
④ 방대한 데이터를 다루기 때문에 꼼꼼하게 탐구하는 것을 즐기는 사람에게 적합합니다.

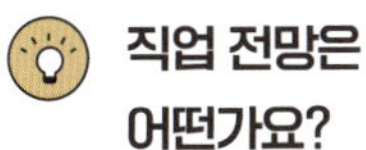

직업 전망은 어떤가요?

빅데이터는 관련 서비스, 소프트웨어, 하드웨어 등에 파급효과가 큽니다. 경영학, 통계학, 컴퓨터공학 등 다양한 분야의 협업이 전제되어야 한다는 점에서도 발전 가능성이 크기에 직업 전망이 밝습니다.

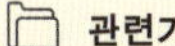

관련기관

(사)한국빅데이터학회 http://www.kbigdata.kr   한국빅데이터서비스학회 http://www.kbigdata.or.kr
한국데이터산업진흥원 http://www.kdata.or.kr   서울빅데이터캠퍼스 https://bigdata.seoul.go.kr

052

시스템소프트웨어개발자

컴퓨터시스템의 운영체제를 개발한다

#수리논리력 #JAVA #컴퓨터언어
#리눅스 #오퍼레이팅시스템

수리논리력

한눈에 보는 진학 로드맵

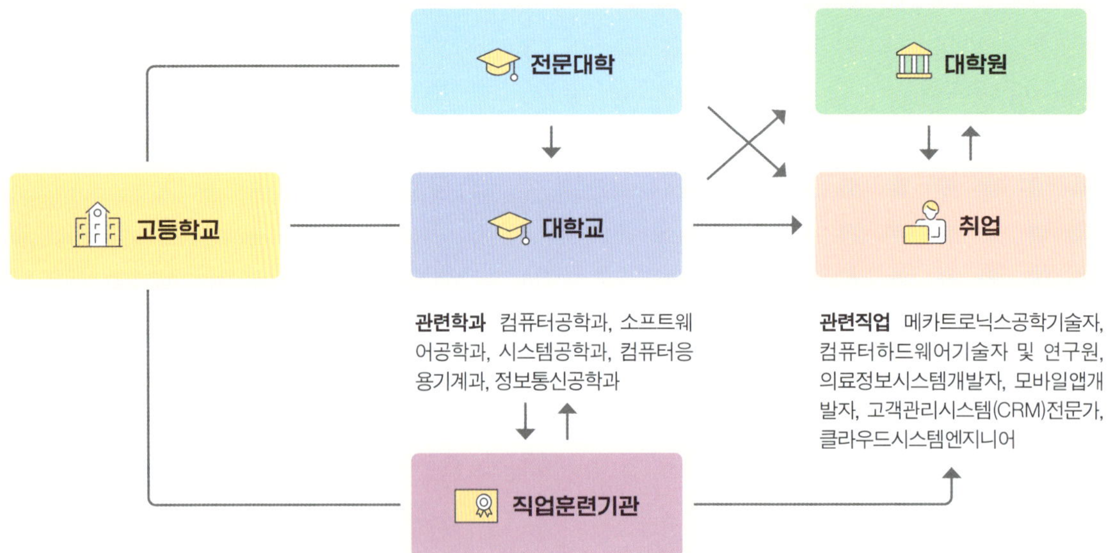

관련학과 컴퓨터공학과, 소프트웨어공학과, 시스템공학과, 컴퓨터응용기계과, 정보통신공학과

관련직업 메카트로닉스공학기술자, 컴퓨터하드웨어기술자 및 연구원, 의료정보시스템개발자, 모바일앱개발자, 고객관리시스템(CRM)전문가, 클라우드시스템엔지니어

관련자격 전자계산기기능사, 전자계산기제어산업기사, 정보처리기사, 컴퓨터시스템응용기술사, 마이크로소프트인증전문가자격증(MCP), 오라클자격인증제도

진로 탐색과 준비, 이렇게 하세요

1. 대학의 컴퓨터공학 관련학과를 졸업하는 것이 유리합니다. 개발 분야는 전문대학 졸업 이상의 학력이 필요합니다. 사설 교육기관에서 운영하는 소프트웨어 프로그래밍, JAVA, 시스템소프트웨어개발자 양성 과정을 통해 훈련을 받을 수 있습니다.
2. 각 지역의 진로체험센터, 청소년 진로직업체험센터, 대학에서 운영하는 프로그램에 참여하여 코딩 등을 배울 수 있습니다.
3. 전문가 멘토의 자료, 영상을 통하여 업무를 알아볼 수 있습니다. 또한 IT 컴퓨터, 시스템 소프트웨어 구조, 컴퓨터언어 등의 지식을 쌓으면 좋습니다.

2025 고교학점제 준비, 이렇게 하세요

컴퓨터공학과/소프트웨어공학과

일반선택	수학(미적분 I ++, 확률과 통계++), 기술·가정/정보(정보)
진로선택	수학(미적분 II ++, 인공지능 수학), 기술·가정/정보(인공지능 기초, 데이터 과학)
융합선택	기술·가정/정보(소프트웨어와 생활)

시스템공학과

일반선택 수학(미적분 I), 과학(물리학), 기술·가정/정보(기술·가정, 정보)

진로선택 수학(미적분 II, 인공지능 수학), 과학(역학과 에너지, 전자기와 양자), 기술·가정/정보(로봇과 공학세계, 인공지능 기초, 데이터 과학)

융합선택 기술·가정/정보(창의 공학설계, 소프트웨어와 생활)

어떤 일을 하나요?

① 컴퓨터를 작동시키고 각 부품의 활동을 조정·통제·관리하는 윈도, 맥, 리눅스와 같은 오퍼레이팅시스템을 연구·개발·설계하는 일을 합니다.
② 국내외 시장을 조사하고 경쟁기업의 제품과 소프트웨어 업계의 기술 변화 등을 분석하여 새로운 기능과 성능을 갖춘 시스템소프트웨어를 기획하고 개발합니다.
③ 개발된 시스템소프트웨어를 컴퓨터에 설치, 시험 운영하여 시스템소프트웨어의 기능과 성능을 평가하고 분석합니다.
④ 시스템소프트웨어 사용자 교육과 전문적인 기술 조언을 하고 새로운 시스템소프트웨어 관련 기술을 조사하고 연구합니다.

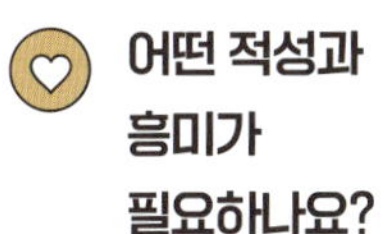

어떤 적성과 흥미가 필요하나요?

① 컴퓨터시스템의 전문지식을 바탕으로 프로그래밍을 할 수 있는 수리논리력이 필요합니다.
② 시스템 운영체제, 소프트웨어 개발과 관련된 최신 기술과 개발에 필요한 정보를 찾고 관련 내용 탐구를 좋아하는 사람에게 적합합니다.
③ 프로그래밍을 정해진 규칙에 따라 논리적으로 해야 하므로 반복적이고 체계화된 작업을 즐기는 사람에게 적합합니다.

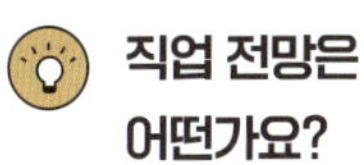

직업 전망은 어떤가요?

모바일기기의 다양화, 방송과 통신이 결합한 IPTV 시장 활성화 등 급속한 환경 변화로 운영 프로그램 등을 개발하는 시스템소프트웨어프로그래머의 인력 수요가 증가하고 있습니다. 이에 따라 시스템소프트웨어개발자의 일자리도 다소 증가할 것으로 보입니다.

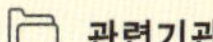

관련기관   한국정보통신공사협회 http://www.kica.or.kr   한국정보통신진흥협회 http://www.kait.or.kr

053

신경회로망연구원

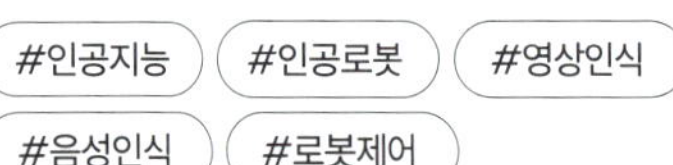

한눈에 보는 진학 로드맵

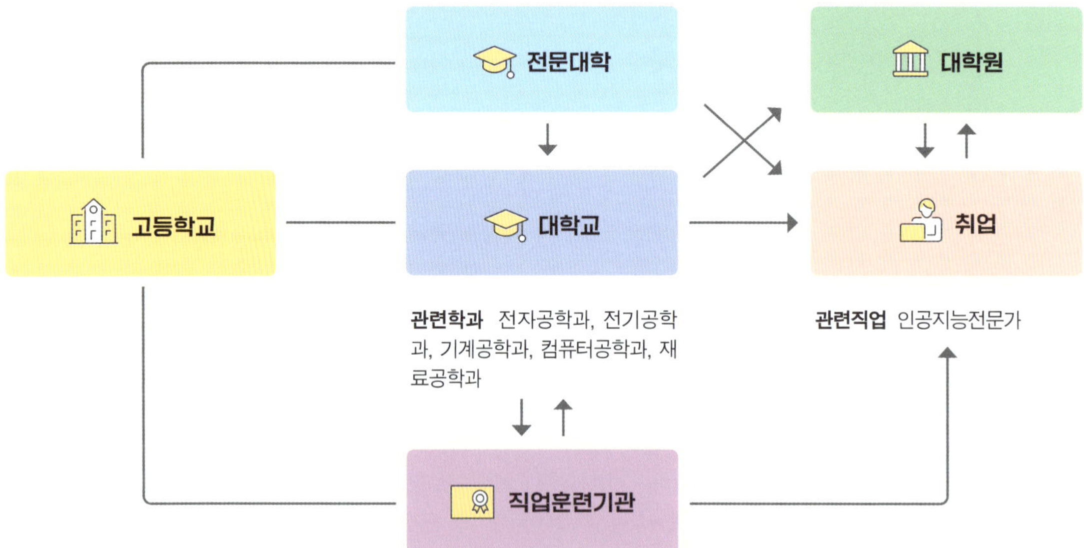

진로 탐색과 준비, 이렇게 하세요

1. 고등학교에서 관련과목을 수강하고 대학의 전자공학 관련학과를 졸업하는 것이 유리합니다. 연구소나 업체에 따라서는 전자공학 분야의 석사 이상의 학위를 요구하기도 합니다.
2. 공개채용이나 교육기관의 소개 등을 통해 정부 산하 연구소, 기업체 연구소나 대학부설 연구소 등에 채용될 수 있습니다.
3. 지역의 진로직업체험센터에서 주관하는 진로체험 프로그램에 참여하여 관련 업무를 알아볼 수 있습니다.
4. 전자 키트를 조립해보는 활동을 통해 전자기기의 작동 원리를 이해하고 기초 지식을 얻을 수 있습니다.

2025 고교학점제 준비, 이렇게 하세요

전자공학과/전기공학과

일반선택 수학(미적분 I ++, 확률과 통계+), 과학(물리학++), 기술·가정/정보(기술·가정, 정보)

진로선택 수학(미적분 II ++, 기하+), 과학(역학과 에너지++, 전자기와 양자++), 기술·가정/정보(로봇과 공학세계, 인공지능 기초, 데이터 과학)

융합선택 기술·가정/정보(창의 공학설계)

기계공학과

일반선택 수학(미적분 I ++, 확률과 통계+), 과학(물리학++), 기술·가정/정보(기술·가정, 정보)

진로선택 수학(미적분 II ++, 기하++), 과학(역학과 에너지++, 전자기와 양자++), 기술·가정/정보(로봇과 공학세계, 인공지능 기초)

융합선택 기술·가정/정보(창의 공학설계)

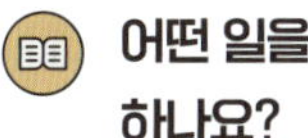

어떤 일을 하나요?

① 영상과 음성인식, 로봇제어, 통신 등에 사용되는 인공지능형 반도체와 응용기술을 연구하고 개발하는 일을 담당합니다.
② 인간의 뇌와 뇌세포 구조 지식을 바탕으로 컴퓨터나 로봇 등이 인간처럼 사고하고 학습하는 능력을 갖도록 하는 프로그램을 개발하고 연구합니다.

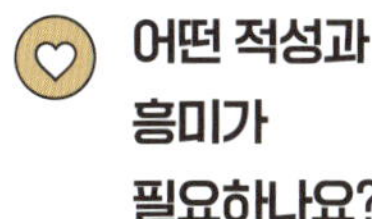

어떤 적성과 흥미가 필요하나요?

① 각종 컴퓨터 응용 프로그램을 능숙하게 활용할 수 있는 수리논리력이 필요합니다.
② 평소 그림 퍼즐을 잘 맞추거나 입체적인 구조를 파악할 수 있는 공간지각력이 필요합니다.
③ 인간의 신경망, 전자공학 등에 지식과 흥미를 가진 사람에게 적합합니다.
④ 수학, 물리, 화학 등 기초 과학 분야에 관심이 있는 사람에게 적합합니다.

직업 전망은 어떤가요?

4차산업혁명으로 인하여 메모리 반도체 시장이 구조적으로 성장하며 인력 수요 증가가 예상됩니다. 특히 이 분야에서 고급 전문기술을 가진 인력 수요가 더욱 늘어날 것입니다.

관련기관

대한전자공학회 http://www.ieek.or.kr
한국과학창의재단 http://www.kofac.re.kr
한국전자정보통신산업진흥회 http://www.gokea.org

자동조립라인 및 산업용로봇조작원

자동 또는 반자동 조립라인, 산업용로봇을 조작한다

한눈에 보는 진학 로드맵

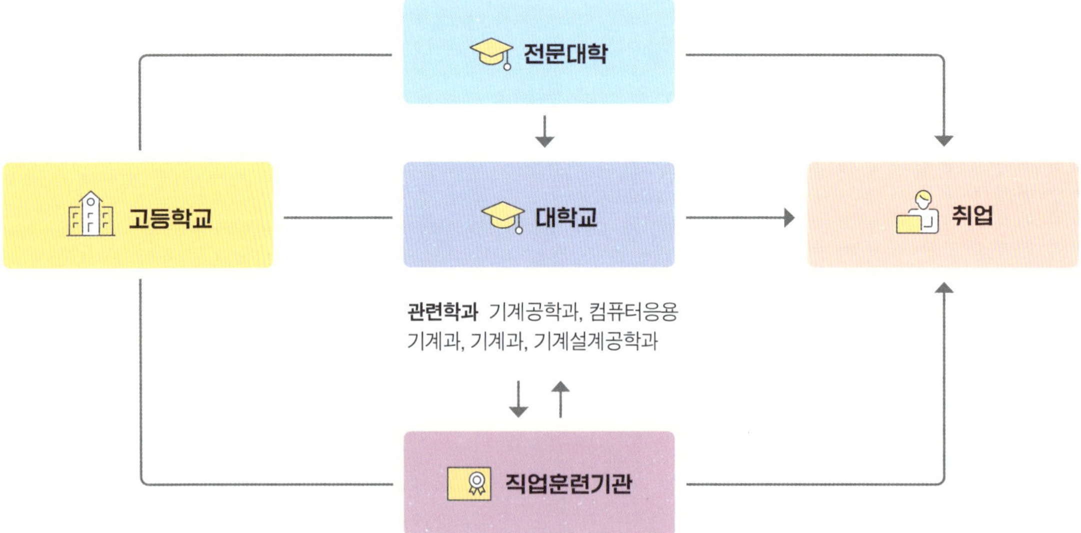

진로 탐색과 준비, 이렇게 하세요

1. 공업계 고등학교의 기계, 금속 관련학과를 졸업하는 것이 유리합니다. 직업전문학교의 자동조립 관련 훈련 과정을 이수하거나 숙련공을 보조하면서 업무와 관련된 지식과 기술을 배울 수 있습니다.
2. 전문가 멘토의 자료, 영상을 통하여 산업용로봇 관련업무를 알아볼 수 있습니다.
3. 한국로봇융합연구원 로보라이프뮤지엄(포항), 로봇박물관(고양) 등 체험형 로봇박물관 견학을 통해 산업용로봇 조종 체험을 할 수 있습니다. 또한 한국로봇산업진흥원에서 실시하는 로봇창의교육사업을 알아보고 신청해 로봇 체험 활동을 할 수 있습니다.

2025 고교학점제 준비, 이렇게 하세요

기계공학과/컴퓨터응용기계과/기계과/기계설계공학과

[일반선택] 수학(미적분 I ++, 확률과 통계+), 과학(물리학++), 기술·가정/정보(기술·가정, 정보)

[진로선택] 수학(미적분 II ++, 기하++), 과학(역학과 에너지++, 전자기와 양자++), 기술·가정/정보(로봇과 공학세계, 인공지능 기초)

[융합선택] 기술·가정/정보(창의 공학설계)

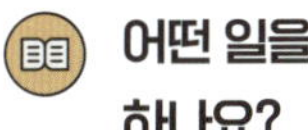

어떤 일을 하나요?

① 생산 현장에서 자동 또는 반자동 조립라인을 컴퓨터시스템, 피지컬시스템 등을 이용해 조작하거나 산업용로봇을 조작하는 일을 담당합니다.
② 자동차 등의 기업체 생산 현장에서 자동, 반자동 조립라인을 제어하고 조작합니다.
③ 로봇의 수행 작업 프로그램을 만들고 관리합니다.
④ 로봇의 움직임을 관찰하고 작업을 정확하게 수행하는지 점검합니다.

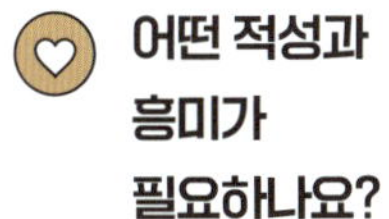

어떤 적성과 흥미가 필요하나요?

① 자동조립라인과 산업용로봇을 조작하는 일을 담당하므로 기계를 정교하게 다룰 수 있는 손재능이 필요합니다.
② 로봇의 움직임이나 수행 작업을 면밀하게 분석해야 하므로 특정 대상을 분석하는 것을 좋아하는 사람에게 적합합니다.
③ 기계나 도구를 다루는 것에 익숙하고 이를 좋아하는 사람에게 적합합니다.

직업 전망은 어떤가요?

향후 자동조립라인 및 산업용로봇조작원의 일자리 규모는 현 상태를 유지할 것으로 전망됩니다. 기업들이 생산 자동화를 통해 인건비를 줄이고 생산성을 높이고자 자동조립라인이나 산업용로봇을 많이 도입하고 있기 때문입니다.

관련기관

한국로봇산업협회 https://www.korearobot.or.kr

PART 03

게임

055

게임감시관 및 조사관

게임장 관리, 안전요원의 역할을 수행한다

한눈에 보는 진학 로드맵

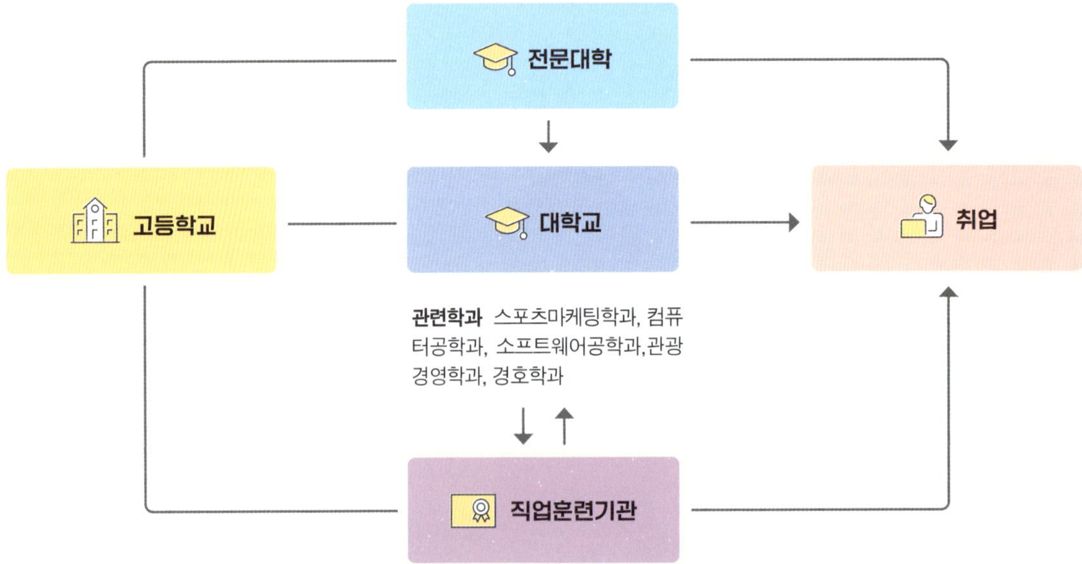

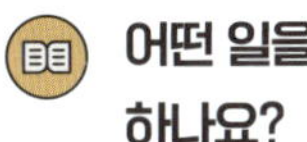

진로 탐색과 준비, 이렇게 하세요

1. 특별히 요구되는 학력 조건은 없습니다.
2. 직무를 수행하는 장소에 따라 경기장, 유기장, 유원지, 도박장, 전망대 등과 운동 설비를 갖춘 장소 등에 취업할 수 있습니다.

2025 고교학점제 준비, 이렇게 하세요

스포츠마케팅학과

| 일반선택 | 수학(확률과 통계), 예술(체육1, 체육2), 기술·가정/정보(정보) |

| 진로선택 | 예술(운동과 건강, 스포츠 문화, 스포츠 과학), 기술·가정/정보(인공지능 기초, 데이터 과학) |

| 융합선택 | 예술(스포츠 생활1, 스포츠 생활2), 기술·가정/정보(소프트웨어와 생활) |

컴퓨터공학과/소프트웨어공학과

| 일반선택 | 수학(미적분 I ++, 확률과 통계++), 기술·가정/정보(정보) |

| 진로선택 | 수학(미적분 II ++, 인공지능 수학), 기술·가정/정보(인공지능 기초, 데이터 과학) |

| 융합선택 | 기술·가정/정보(소프트웨어와 생활) |

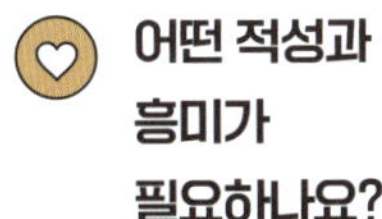

어떤 일을 하나요?

① 직원이나 고객의 부정행위 또는 도난 등과 같은 카지노 호텔의 비정상적인 활동을 CCTV 등 각종 첨단장비를 이용해 감시하고 사전에 예방하는 역할을 수행합니다.

② 카지노하우스 룰, 주정부와 연방정부 규정 준수, 직원의 빠르고 정중한 서비스 제공 여부 등 게임 활동 전반을 분석하고 모니터링합니다.

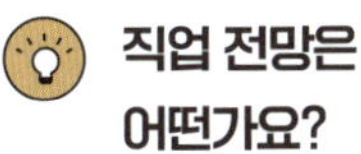

어떤 적성과 흥미가 필요하나요?

① 매장의 직원이나 고객들의 행동을 감시하는 역할을 주로 하기에 대상의 형태와 특징을 포착할 수 있는 예술시각능력이 필요합니다.

② 다양한 방법으로 문제를 해결할 수 있는 창의력이 필요합니다.

③ 어떤 일에 미리 준비하고 대비하는 성향이 강한 사람에게 적합합니다.

④ 현실적이고 실제적인 것에 영향을 받는 사람에게 적합합니다.

직업 전망은 어떤가요?

국내에도 외국인과 내국인을 대상으로 하는 카지노가 운영되고 있습니다. 이에 따라 게임감시관 및 조사관이라는 세분화된 직업의 일자리도 조금씩 늘어날 것으로 전망됩니다.

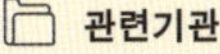

📁 **관련기관**

미국게임협회 http://www.americangaming.org   국제보호관리자재단 http://www.ifpo.org
게임장비제조협회 http://www.agem.org   북미게임규제협회 http://www.nagra.org

056

게임기획자

누구나 쉽게 즐길 수 있는 게임을 만든다

#게임디렉터 #웹기획자 #VR게임
#게임프로그래머 #모바일게임

예술
시각능력

창의력

대인관계능력

한눈에 보는 진학 로드맵

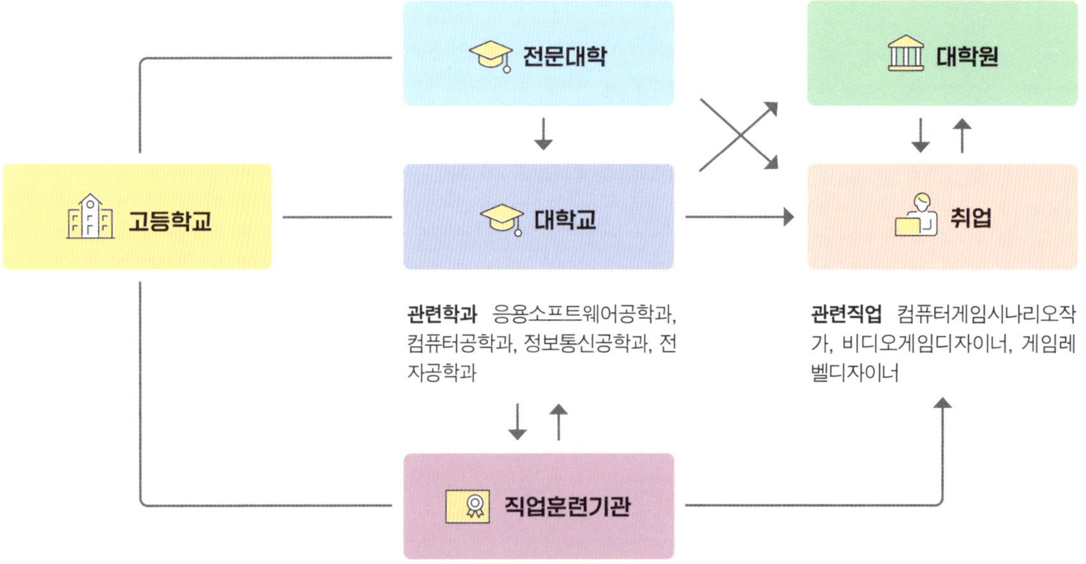

| 진로 탐색과
준비,
이렇게 하세요 | 1. 모바일·PC게임 개발업체, VR/AR게임 개발업체 등 기업마다 요구 조건이 다르며 특별히 요구되는 학력이나 전공 조건은 없지만 일반적으로 고등학교에서 관련과목을 수강하고 전문대학이나 대학에서 관련학과를 졸업하면 유리합니다.
2. 게임 인력을 전문적으로 양성하는 사설 교육기관이나 대학의 평생교육원에서 교육과 훈련을 받을 수 있습니다.
3. 한국과학창의재단, 청소년직업체험센터를 통해 직접 게임을 기획하면서 창의력, 발표 능력, 의사소통 등을 훈련할 수 있습니다. |

| 2025 고교학점제
준비,
이렇게 하세요 | **응용소프트웨어공학과/컴퓨터공학과**
일반선택 수학(미적분 I ++, 확률과 통계++), 기술·가정/정보(정보)
진로선택 수학(미적분 II ++, 인공지능 수학), 기술·가정/정보(인공지능 기초, 데이터 과학)
융합선택 기술·가정/정보(소프트웨어와 생활) |

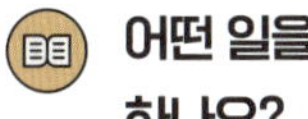

어떤 일을 하나요?

① 게임 시장조사를 통해 PC게임, 모바일게임, 콘솔게임 등 게임용 소프트웨어 제작과 관련된 모든 사항을 기획하고 감독합니다.

② 새로운 게임 제작을 위한 아이디어를 내거나 게임의 장르와 이용 연령층, 난이도, 각종 캐릭터 역할과 특징, 기본 스토리 흐름을 설정해 기획서를 작성하고 그래픽디자이너, 컴퓨터프로그래머 등과 함께 게임 소프트웨어를 제작합니다.

③ 공개 전 테스트를 하고 시연회에 참여하는 등 홍보와 마케팅 업무를 기획합니다.

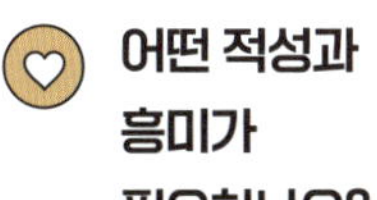

어떤 적성과 흥미가 필요하나요?

① 게임 시나리오를 토대로 게임을 시각화하는 예술시각능력이 필요합니다.

② 게임 개발 과정과 기기에 대한 이해를 바탕으로 게임을 기획하고 새로운 방식의 게임 전개 방식이나 소재를 발굴하는 창의력이 필요합니다.

③ 게임 개발은 보통 팀 단위로 이루어지기 때문에 게임디자이너, 게임프로그래머 등 여러 사람과 원만하게 잘 지낼 수 있는 사람에게 적합합니다.

④ 난이도, 게임 방식, 게임 내 아이템, 캐릭터 특징, 캐릭터와 아이템 능력치 등 게임의 전체 균형이 잘 잡힌 상태로 운영될 수 있도록 탐구하는 것을 좋아하는 사람에게 적합합니다.

📁 **관련기관**

한국콘텐츠진흥원 http://www.kocca.kr　　　(사)한국게임개발자협회 http://www.kgda.or.kr
한국게임산업협회 http://www.gamek.or.kr

057

게임방송프로듀서

게임방송 프로그램을 만든다

#e스포츠 #게임크리에이터
#게임대회 #방송연출

예술
시각능력

창의력

대인관계능력

한눈에 보는 진학 로드맵

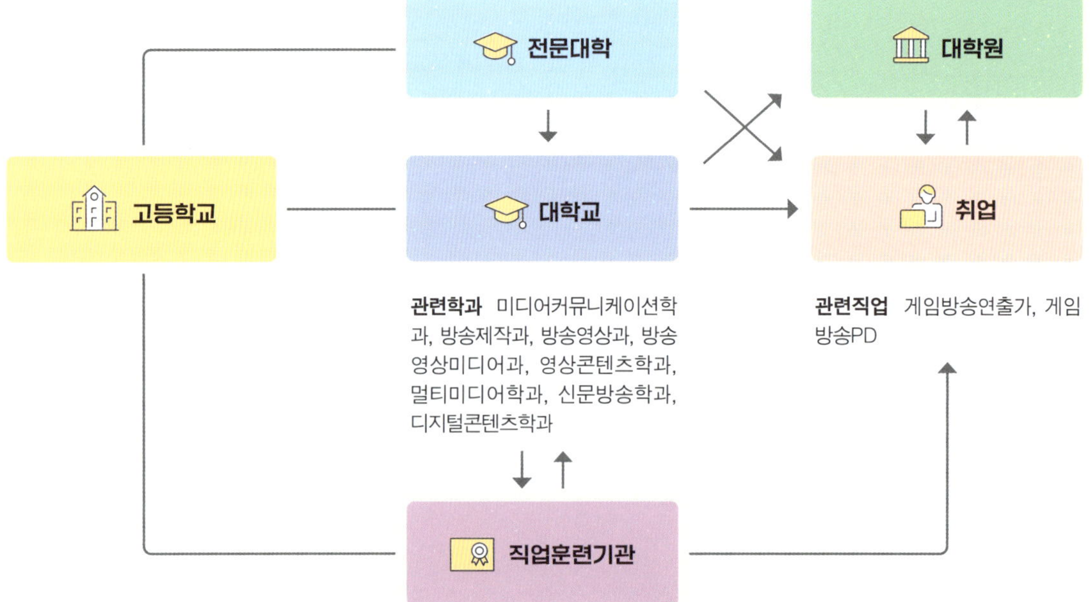

관련학과 미디어커뮤니케이션학과, 방송제작과, 방송영상과, 방송영상미디어과, 영상콘텐츠학과, 멀티미디어학과, 신문방송학과, 디지털콘텐츠학과

관련직업 게임방송연출가, 게임방송PD

진로 탐색과 준비, 이렇게 하세요

1. 고등학교에서 관련과목을 수강하고 전문대학과 대학에서 관련학과를 졸업하면 유리합니다. 방송 연출과 제작 전문성을 키우기 위해 보통 전문대학 졸업 이상의 학력이 요구됩니다. 방송제작과에서는 방송 프로그램 제작에 필요한 카메라 촬영, 영상 편집, 조명 등의 이론과 실기 교육을 받을 수 있고, 스튜디오나 야외 제작 등 다양한 환경에서의 제작 기법을 습득할 수 있습니다.
2. 대학 부설이나 민간기업의 평생교육기관에서 방송 연출 과정, 미디어 영상제작 과정을 이수하거나 민간 훈련기관의 방송제작 과정을 통해 관련 교육을 받을 수 있습니다.
3. 방송PD 등 관련 직종에서 일하는 사람의 동영상을 보거나 게임방송을 보면서 업무를 알아볼 수 있다.

2025 고교학점제 준비, 이렇게 하세요

미디어커뮤니케이션학과/방송제작과/방송영상과/방송영상미디어과

일반선택	국어(문학), 사회(사회와 문화), 기술·가정/정보(정보)
진로선택	국어(문학과 영상), 사회(인문학과 윤리), 기술·가정/정보(인공지능 기초, 데이터 과학)
융합선택	국어(매체 의사소통), 영어(미디어 영어), 기술·가정/정보(소프트웨어와 생활)

영상콘텐츠학과/멀티미디어학과

일반선택	예술(미술), 기술·가정/정보(정보)
진로선택	예술(미술 창작,미술 감상과 비평), 기술·가정/정보(인공지능 기초)
융합선택	예술(미술과 매체), 기술·가정/정보(소프트웨어와 생활)

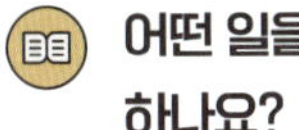

어떤 일을 하나요?

① 게임대회 방송이나 게임방송 프로그램을 기획하고 제작하는 일을 합니다.
② 게임대회 방송이나 프로그램을 위한 장소 섭외, 무대 구성, 일정 관리, 스태프와 출연진 섭외 등을 합니다.
③ 게임의 특성을 파악하여 연출 방향을 설정하고 방송 촬영과 편집 등 방송을 총지휘합니다.

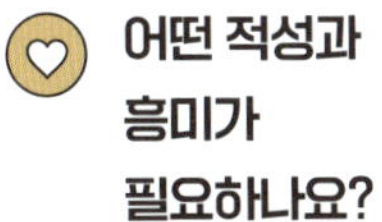

어떤 적성과 흥미가 필요하나요?

① 게임방송과 관련하여 무대나 영상을 조화롭게 재구성할 수 있는 예술시각능력이 필요합니다.
② 다양한 아이디어를 내고 구체화할 수 있는 창의력이 요구됩니다.
③ 게임방송 프로그램을 만들기 위해 여러 사람과 함께 일하는 것을 즐기고, 도전정신이 강하며 리더십을 가진 사람에게 적합합니다.
④ 평소 다양한 게임을 즐기고 문화, 예술, 언어 등 사회 전반에 흥미가 있는 사람에게 적합합니다.

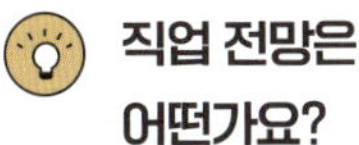

직업 전망은 어떤가요?

앞으로 게임 전문 방송 채널과 지상파방송이나 케이블방송에서 게임 리그 중계를 비롯한 게임 관련 프로그램을 더욱 많이 만들 것으로 예상되어 게임방송프로듀서의 일자리도 늘어날 것입니다.

📁 **관련기관** 한국콘텐츠진흥원 https://www.kocca.kr   한국게임산업협회 http://www.gamek.or.kr
한국케이블TV방송협회 http://www.kcta.or.kr

058

메타버스크리에이터

메타버스 내에서 다양한 3D 창작물을 제작한다

#가상공간 #제페토 #로블록스 #플랫폼

예술
시각능력

창의력

한눈에 보는 진학 로드맵

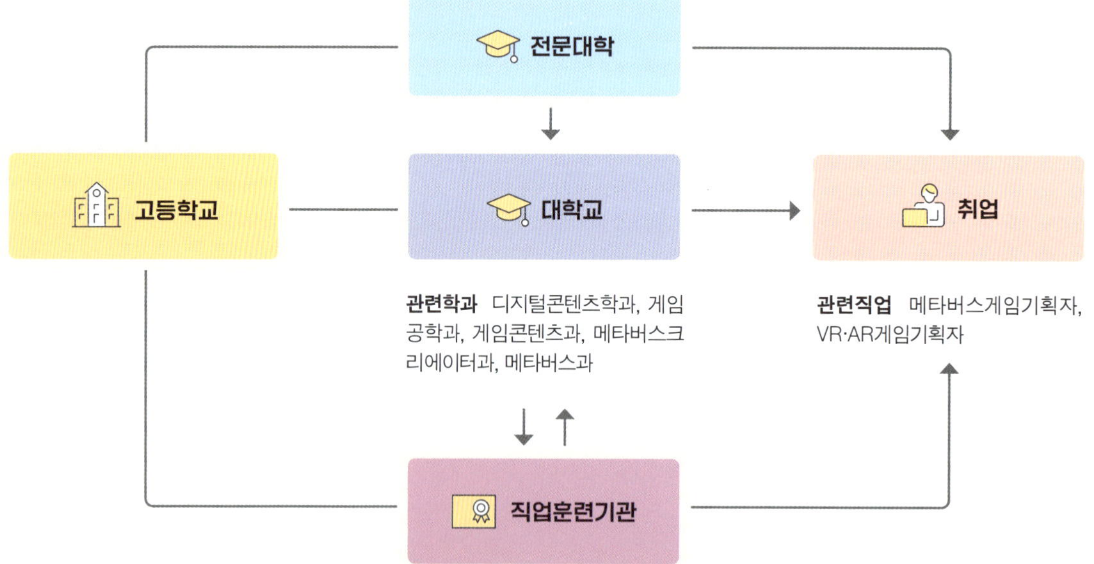

<table>
<tr><td>

**진로 탐색과
준비,
이렇게 하세요**

</td><td>

1. 반드시 관련학과를 전공할 필요는 없으나 고등학교에서 관련과목을 수강하고 전문대학이나 대학에서 관련학과를 졸업하면 체계적으로 학습을 할 수 있습니다. 메타버스게임과와 같이 특성화 고등학교에서 메타버스를 전문적으로 교육시키기도 합니다. 공공기관에서 제공하는 메타버스크리에이터 양성 과정에서 훈련을 받을 수 있습니다.
2. 메타버스 관련 자격을 취득하거나 지식과 기술을 연마해서 메타버스 플랫폼이나 아이템을 제작하는 회사에 취업할 수 있습니다.
3. 제페토, 로블록스 등 메타버스 플랫폼에 가입하여 친구를 사귀고 아이템을 거래·활용하는 등 다양한 활동을 해봅니다. 메타버스 플랫폼에서 자신이 제작한 아이템을 판매해볼 수도 있습니다.
4. 블렌더(Blender), 유니티(Unity), 3DMAX 등 3D 그래픽 프로그램을 배우고 작품을 만들어봅니다.

</td></tr>
<tr><td>

**2025 고교학점제
준비,
이렇게 하세요**

</td><td>

디지털콘텐츠학과

일반선택	예술(미술), 기술·가정/정보(정보)
진로선택	예술(미술 창작,미술 감상과 비평), 기술·가정/정보(인공지능 기초)
융합선택	예술(미술과 매체), 기술·가정/정보(소프트웨어와 생활)

게임공학과/게임콘텐츠과/메타버스크리에이터과/메타버스과

일반선택	수학(미적분 I ++, 확률과 통계++), 기술·가정/정보(정보)
진로선택	수학(미적분 II ++, 인공지능 수학), 기술·가정/정보(인공지능 기초, 데이터 과학)
융합선택	기술·가정/정보(소프트웨어와 생활)

</td></tr>
</table>

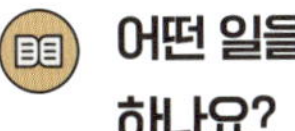 **어떤 일을
하나요?**

① 메타버스 플랫폼에서 제공하는 제작 툴을 사용하여 아이템을 제작하고 판매합니다.
② 메타버스의 가상공간에 메타버스 사용자들을 위한 건축물, 아바타 등의 서비스를 설계하고 구현합니다.
③ 메타버스 가상공간에서 사용자들을 위한 맵을 만들고 맵 내부에서 건축물, 팝업 스토어, 전시전 등 가상공간 전용 콘텐츠를 디자인하고 구현합니다.

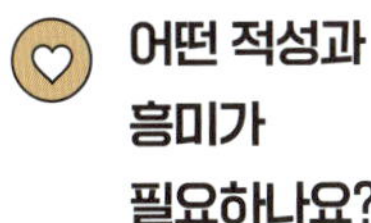 **어떤 적성과
흥미가
필요하나요?**

① 선·색·공간·영상 등에 민감하게 반응하고, 조화롭게 재구성할 수 있는 예술시각능력이 필요합니다.
② 새롭고 독특한 방식으로 문제를 해결하고, 새로운 아이디어를 낼 수 있는 창의력이 필요합니다.
③ 남다른 시각으로 독창적인 아이템 만들기를 즐기는 사람에게 적합합니다.
④ 창조적인 분야에서 활동하기를 좋아하는 사람에게 적합합니다.

**직업 전망은
어떤가요?**

가상세계의 발전 가능성은 무궁무진하여 메타버스크리에이터의 일자리도 증가할 것으로 전망됩니다. 가상세계가 놀이터이자 콘서트장, 사람들이 일하는 직장이 될 것으로 예상합니다.

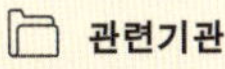 **관련기관**

한국메타버스협회 https://kma2021.imweb.me 한국메타버스산업협회 https://www.k-meta.or.kr

059

비디오게임디자이너

게임을 영화처럼 연출한다

#게임기 #캐릭터 #롤플레잉
#게임줄거리 #인터랙티브시네마

예술
시각능력

창의력

📖 한눈에 보는 진학 로드맵

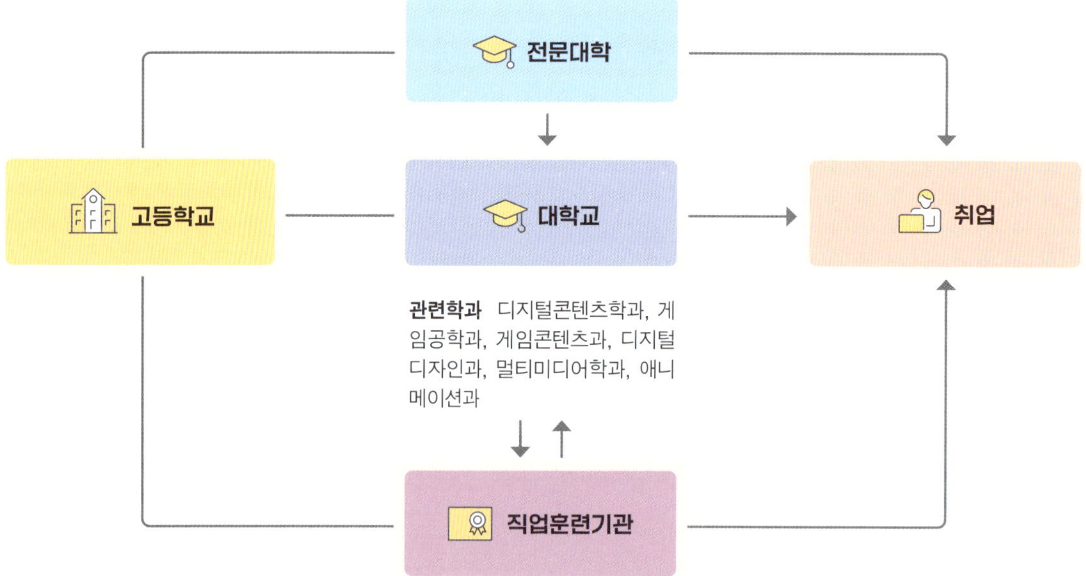

<table>
<tr><td>

**진로 탐색과
준비,
이렇게 하세요**

</td><td>

1. 특별히 요구되는 학력 조건은 없지만 예술대학이나 기술대학에서는 컴퓨터 기술과 디자인을 결합한 전문적인 수업을 제공하고 있습니다.
2. 프로그래머, 아티스트와 함께 작업하면서 게임 콘셉트, 캐릭터, 줄거리, 게임 방식 등을 디자인하는 비디오게임 관련 회사에 취업할 수 있습니다.
3. 게임을 설치하고 직접 게임을 하면서 스토리, 규칙, 디자인을 생각하고 게임 제작에 관심을 가질 수 있습니다.
4. 게임, VR, AR, 게임 개발, 게임 기획, 게임디자이너 등과 관련 있는 영상 시청을 통해 지식을 얻을 수 있습니다.

</td></tr>
<tr><td>

**2025 고교학점제
준비,
이렇게 하세요**

</td><td>

디지털콘텐츠학과

일반선택	예술(미술), 기술·가정/정보(정보)
진로선택	예술(미술 창작,미술 감상과 비평), 기술·가정/정보(인공지능 기초)
융합선택	예술(미술과 매체), 기술·가정/정보(소프트웨어와 생활)

게임공학과/게임콘텐츠과

일반선택	수학(미적분 I++, 확률과 통계++), 기술·가정/정보(정보)
진로선택	수학(미적분 II ++, 인공지능 수학), 기술·가정/정보(인공지능 기초, 데이터 과학)
융합선택	기술·가정/정보(소프트웨어와 생활)

</td></tr>
</table>

**어떤 일을
하나요?**

① 게임 줄거리, 등장인물 캐릭터, 행적의 틀을 잡고 하나 또는 다수의 캐릭터 입장에서 진행되는 이야기인 롤플레잉 방법(role-play mechanics)을 구체화합니다.
② 구체화된 게임 기획안에 따라 프로그래머, 작가, 애니메이터 등의 개발 팀원들과 함께 소프트웨어를 제작합니다.
③ 계획된 제작 일정에 맞추어 프로토타입을 개발하고 재미 요소나 구현 가능성을 검증한 후 게임의 다양한 콘텐츠를 균형 있게 경험할 수 있도록 조정합니다.

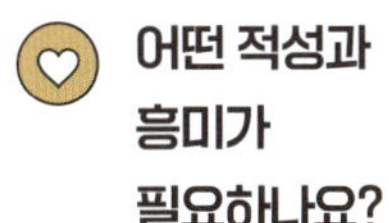

**어떤 적성과
흥미가
필요하나요?**

① 색상의 조화를 잘 알고, 생각과 느낌을 시각적으로 표현할 수 있는 예술시각능력이 필요합니다.
② 아이디어를 구체화하고 나만의 상상력으로 콘텐츠를 만들 수 있는 창의력이 필요합니다.
③ 새로운 것에 호기심이 많고, 깊게 탐구하는 과정을 즐기는 사람에게 적합합니다.
④ 감수성이 풍부하고, 예술 분야에 관심이 많은 사람에게 적합합니다.

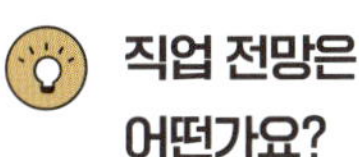

**직업 전망은
어떤가요?**

최근 게임 사용자가 게임의 줄거리를 따라가다가 대화를 통해 다음 진행을 선택하는, 일종의 영화와 같은 게임인 인터랙티브 시네마(interactive cinema) 등의 다양한 게임 장르가 등장하고 있습니다. 따라서 비디오게임디자이너의 역할이 더욱 중요해질 것으로 예측됩니다.

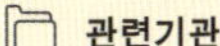 **관련기관**

사단법인 한국e스포츠협회 http://www.e-sports.or.kr　　(사)한국게임개발자협회 http://www.kgda.or.kr
한국게임산업협회 http://www.gamek.or.kr　　차세대융합콘텐츠산업협회 http://www.game.or.kr

060

컴퓨터게임시나리오작가

게임 개발에 필요한 시나리오를 구성하고 개발한다

#게임작가 #게임전문가 #비디오게임
#PC게임 #콘솔게임

언어능력 창의력

한눈에 보는 진학 로드맵

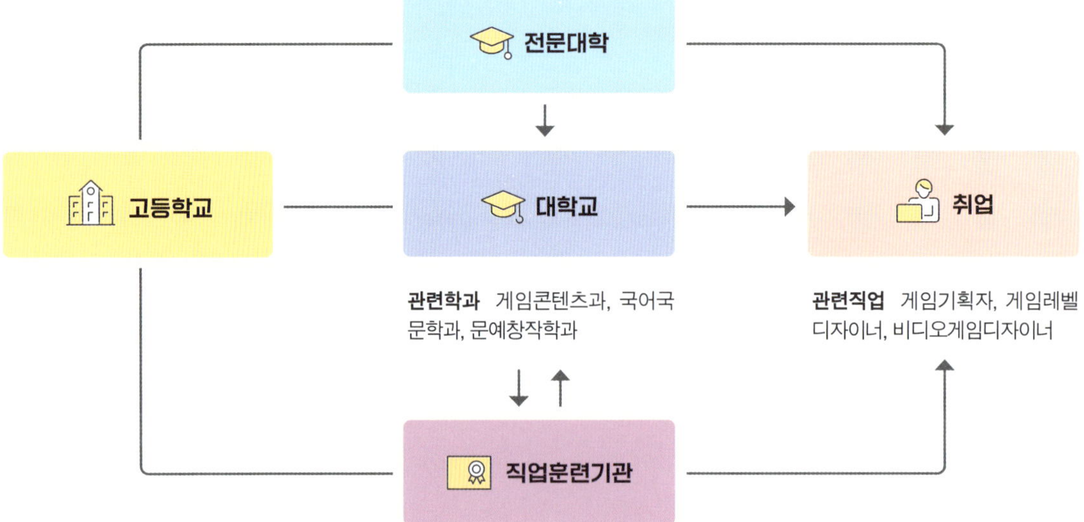

<table>
<tr><td>

**진로 탐색과
준비,
이렇게 하세요**

</td><td>

1. 게임 시나리오나 게임 스토리를 작성하는 분야는 특별히 요구되는 학력이 없으나 기업의 채용 조건에 따라서 실무 경력이 필요한 경우도 있습니다. 민간 교육기관에서 관련 교육을 받을 수 있습니다.
2. 각 지역의 한국과학창의재단, 청소년직업체험센터에서 주관하는 게임 관련 프로그램에 참여하여 창의력, 발표 능력, 의사소통 등을 훈련하고 관련 업무를 알아볼 수 있습니다.
3. 전문가 멘토의 영상을 통하여 어떤 일을 하는지 탐색할 수 있습니다. 또한 스토리텔링과 독서 활동으로 인문학, 사회, 문화, 신화, 역사, 공상과학 등 다양한 분야의 지식과 창의력을 키울 수 있습니다.

</td></tr>
</table>

**2025 고교학점제
준비,
이렇게 하세요**

게임콘텐츠과

일반선택	수학(미적분 I ++, 확률과 통계++), 기술·가정/정보(정보)
진로선택	수학(미적분 II ++, 인공지능 수학), 기술·가정/정보(인공지능 기초, 데이터 과학)
융합선택	기술·가정/정보(소프트웨어와 생활)

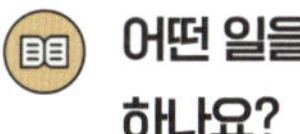 **어떤 일을
하나요?**

① 게임 개발에 필요한 시나리오를 구성하고 개발하는 일을 합니다.
② 다양한 자료를 읽고 조사하며, 게임 시장의 흐름을 파악하여 새로운 게임 소재를 발굴합니다.
③ 게임의 주제나 장르를 결정하고 이에 따라 게임 시나리오를 창작합니다.
④ 게임의 스토리 전개를 구성하며, 게임의 개발 과정을 관리하고 감독합니다.

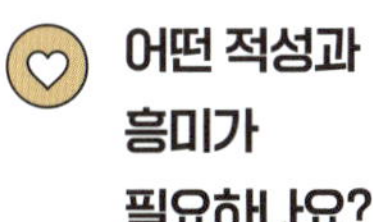 **어떤 적성과
흥미가
필요하나요?**

① 컴퓨터 게임에 대한 높은 이해와 사람들이 좋아할 만한 것들을 게임의 이야기로 만들어내는 언어능력이 필요합니다.
② 인간의 역사와 사회, 과학, 문화, 신화와 SF 등 다방면의 지식과 교양이 요구되며 이를 바탕으로 새로운 이야기를 만들 수 있는 창의력이 필요합니다.
③ 평소 자기 생각을 게임화하여 표현하는 것을 즐기고 좋아하는 사람에게 적합합니다.
④ 콘텐츠 제작에 필요한 아이디어를 얻기 위해 사람들이 이야기하는 여러 주제에 관심을 가지고 문화예술 분야에 폭넓은 이해가 있는 사람에게 적합합니다.

📁 **관련기관**   한국게임산업협회 http://www.gamek.or.kr   (사)한국게임개발자협회 http://www.kgda.or.kr

061

프로게이머

한눈에 보는 진학 로드맵

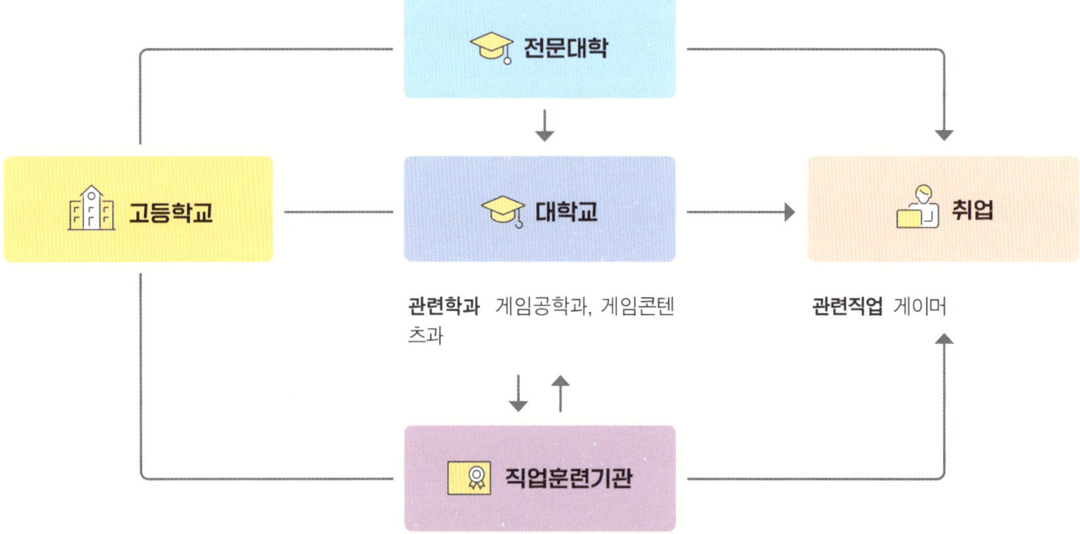

진로 탐색과 준비, 이렇게 하세요

1. 특별히 요구되는 학력 조건은 없습니다. 공인된 게임 대회에서 연 2회 이상 입상을 하면 프로게이머로 등록할 자격이 주어지고 프로게임단과 계약을 통해 프로게이머로 활동할 수 있습니다. 대회에서 입상하지 못하더라도 실력을 인정받은 사람은 프로게임단에서 연습생 신분으로 들어가 대회를 준비할 수 있습니다.
2. 게임 동아리 활동을 하면서 친구들과 함께 다양한 게임을 해볼 수 있습니다.
3. 게임 대회에 참여해 프로게이머가 어떤 일을 하는지 직접 체험해볼 수 있습니다.

2025 고교학점제 준비, 이렇게 하세요

게임공학과/게임콘텐츠과

일반선택	수학(미적분 I ++, 확률과 통계++), 기술·가정/정보(정보)
진로선택	수학(미적분 II ++, 인공지능 수학), 기술·가정/정보(인공지능 기초, 데이터 과학)
융합선택	기술·가정/정보(소프트웨어와 생활)

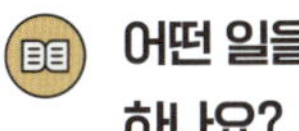

어떤 일을 하나요?

① 각종 컴퓨터게임 대회에 참가하여 게임을 합니다.
② 게임감독, 팀원들과 함께 전략시뮬레이션, 롤플레잉, 액션게임, 온라인게임 등 컴퓨터게임 기술과 전략을 익히고 꾸준히 연습합니다.
③ 소속 회사에서 개발한 새로운 게임소프트웨어를 테스트하며, 새 게임소프트웨어가 출시되면 시연회와 홍보를 하기도 합니다.

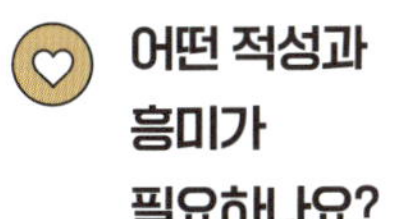

어떤 적성과 흥미가 필요하나요?

① 게임 속 다양한 현상이 어떠한 영향을 미칠지를 예측하기 위하여 머릿속으로 어떤 물체나 현상을 떠올릴 수 있는 공간지각력이 필요합니다.
② 컴퓨터 등 전자기기를 정교하고 빠르게 조작할 수 있는 손재능이 필요합니다.
③ 다른 사람들의 생각이나 관점에 영향을 주고 싶어 하는 사람에게 적합합니다.
④ 손이나 도구를 사용하는 조작을 즐겨 하는 사람에게 적합합니다.

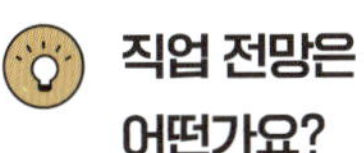

직업 전망은 어떤가요?

국내 e-스포츠는 지난 10년간 게임 대회 개최와 게임방송 출범 등 발전을 거듭하며 문화콘텐츠 산업의 큰 축으로 성장했습니다. e-스포츠가 많은 이들이 함께 즐길 수 있는 문화로 자리 잡고 있음에 따라 프로게이머의 고용은 다소 증가할 것으로 예측됩니다.

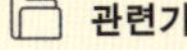

관련기관   사단법인 한국e스포츠협회 http://www.e-sports.or.kr

우주/항공/환경

062

기후변화대응전문가

기후변화를 예측하고 대응하기 위한 대책을 세운다

#온난화 #태풍 #환경
#자연 #온실가스

수리논리력 공간지각력 자연 친화력

📖 **한눈에 보는 진학 로드맵**

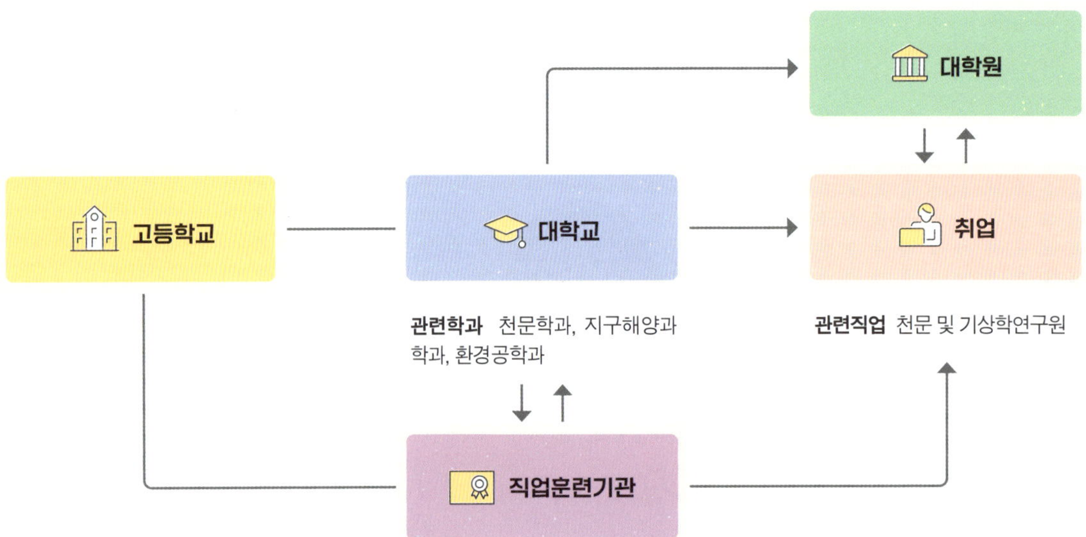

<table>
<tr><td>

진로 탐색과
준비,
이렇게 하세요

</td><td>

1. 대학원에서 관련학과를 전공하고 석사학위나 박사학위를 받으면 유리합니다. 연구소에 서 연구원으로 일하기 위해서는 석사학위 이상의 학력이 요구됩니다.
2. 기후변화 정책이나 기후변화와 관련한 새로운 연구의 흐름을 배울 수 있는 과정을 한국 에너지공단, 한국환경공단에서 개설하고 있으며, 환경 관련 단체에도 기후변화 내용을 배울 수 있는 과정이 있습니다.
3. 지역의 청소년직업진로체험지원센터, 미래교육센터, 민간기업에서 운영하는 기후변화 전문가 진로체험 프로그램에 참여하여 업무를 알아볼 수 있습니다.

</td></tr>
</table>

2025 고교학점제 준비, 이렇게 하세요

천문학과

`일반선택` 수학(미적분 I++, 확률과 통계-), 과학(물리학-, 지구과학++), 기술·가정/정보(정보)

`진로선택` 수학(미적분 II++, 기하++), 과학(역학과 에너지+, 전자기와 양자+, 지구시스템과학+, 행성우주과학+), 기술·가정/정보(인공지능 기초, 데이터 과학)

`융합선택` 과학(기후변화와 환경생태, 융합과학 탐구), 기술·가정/정보(소프트웨어와 생활)

지구해양과학과

`일반선택` 수학(미적분 I++, 확률과 통계+), 과학(물리학++, 지구과학), 기술·가정/정보(기술·가정, 정보)

`진로선택` 수학(미적분 II++, 기하++), 과학(역학과 에너지+, 전자기와 양자+, 지구시스템과학, 행성우주과학), 기술·가정/정보(로봇과 공학세계, 인공지능 기초, 데이터 과학)

`융합선택` 과학(기후변화와 환경생태), 기술·가정/정보(소프트웨어와 생활)

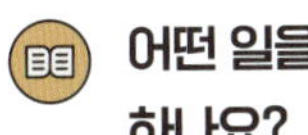 어떤 일을 하나요?

① 기후변화가 기업이나 정부 정책에 미치는 영향을 분석하고 대응방안을 제시합니다.
② 기후변화에 따라서 농산물이나 수산물, 우리 생활이 어떻게 달라지는지 분석합니다.
③ 기후에 부정적인 영향을 미치는 온실가스를 줄이기 위한 대책을 세웁니다.
④ 기후변화에 대응하기 위한 교육 자료를 만들고 사람들에게 알립니다.

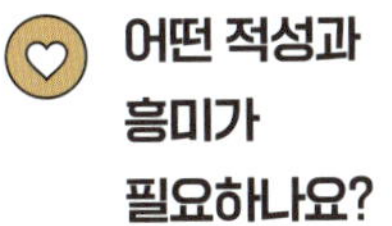 어떤 적성과 흥미가 필요하나요?

① 기후변화 영향, 온실가스 배출량, 기후변화 대응효과 등을 객관적으로 이해하고 계산해야 하기에 수학적인 지식과 수리논리력이 필요합니다.
② 기후변화로 인해 발생하는 다양한 현상을 고려해야 하므로 머릿속으로 어떤 물체나 현상을 떠올릴 수 있는 공간지각력이 필요합니다.
③ 평상시 문제를 깊이 있게 탐구하는 것을 즐기며 수학과 통계자료 다루는 것을 좋아하는 사람들에게 적합합니다.
④ 자연의 변화를 직접 느끼고 자연을 체험하는 일을 좋아하는 사람에게 적합합니다.

직업 전망은 어떤가요?

중국을 비롯한 개발도상국들이 산업화를 추진하면서 기후변화는 세계적으로 더욱 큰 문제가 되고 있습니다. 기후 문제가 갈수록 중요 쟁점이 되면서 기후변화대응전문가의 역할이 더욱 커질 것입니다.

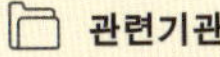 관련기관

기후정보포털 http://www.climate.go.kr   기상청 http://www.kma.go.kr
한국환경공단 http://www.keco.or.kr

063

대기환경기술자

한눈에 보는 진학 로드맵

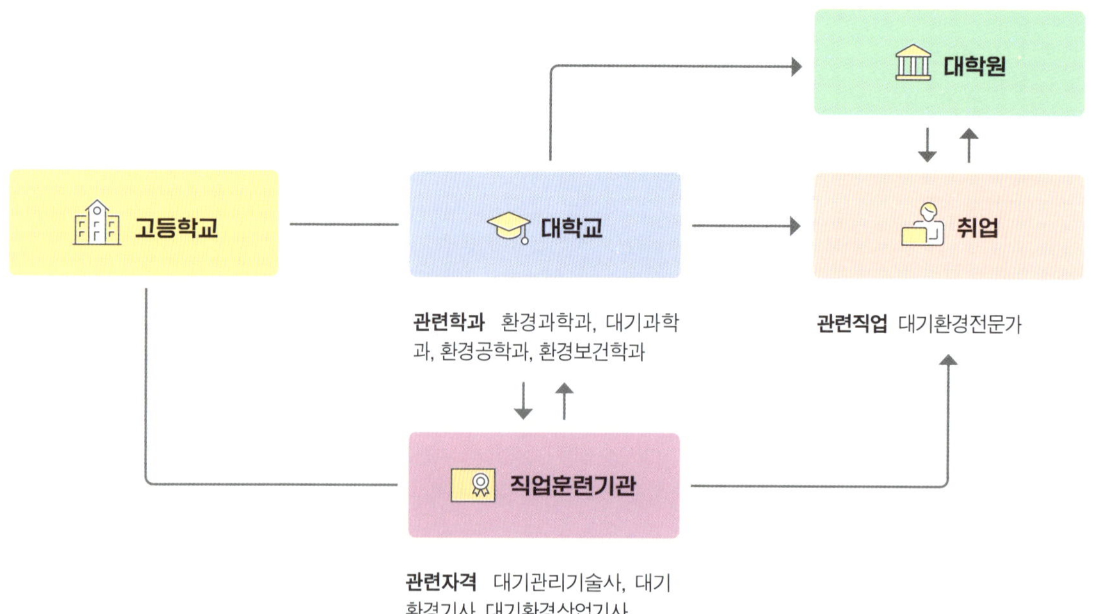

진로 탐색과 준비, 이렇게 하세요

1. 대학의 관련학과를 졸업해야 합니다. 연구소에 따라서는 대기과학 분야의 석사학위 이상의 학력이 필요하기도 합니다.
2. 미세먼지, 초미세먼지, 오존, 자외선, 황사와 같은 다양한 대기오염 지표와 알림, 국내외 관련 지표를 확인해보는 활동을 통해 대기오염의 심각성과 개선의 중요성을 알아볼 수 있습니다.
3. 대기환경을 주제로 한 공모전 참여를 통해 환경보호의 중요성을 상기할 수 있습니다.

2025 고교학점제 준비, 이렇게 하세요

환경과학과/대기과학과/환경공학과/환경보건학과

`일반선택` 수학(미적분 I, 확률과 통계), 과학(생명과학, 화학), 기술·가정/정보(기술·가정, 정보)

`진로선택` 수학(미적분 II, 기하), 과학(세포와 물질대사, 생물의 유전, 물질과 에너지, 화학 반응의 세계), 기술·가정/정보(로봇과 공학세계, 인공지능 기초, 데이터 과학)

`융합선택` 과학(기후변화와 환경생태), 기술·가정/정보(소프트웨어와 생활)

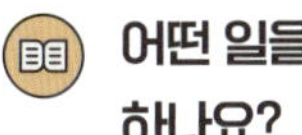 어떤 일을 하나요?

① 대기오염 상태를 측정·분석하고, 대기오염을 방지할 방법을 연구·실험하며 대기오염 방지시설과 장치 등을 설계하는 업무를 담당합니다.
② 지역의 대기오염 상태를 측정하고 분석합니다. 환경보호, 환경통제 분야를 전문적으로 연구하고 개발하기도 합니다.
③ 대기오염을 최소화하거나 제거할 수 있는 새로운 대기오염 방지시설과 장치를 연구합니다.
④ 대기오염 방지시설의 타당성을 검토하고, 운전상의 문제점 등을 점검합니다.

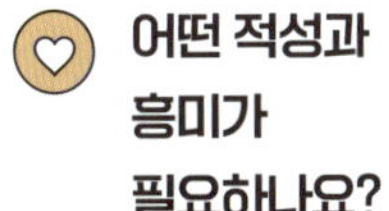 어떤 적성과 흥미가 필요하나요?

① 대기오염, 환경보호, 환경통제 분야 등을 연구해야 하므로 자연현상의 특징을 알 수 있는 자연 친화력이 필요합니다.
② 대기오염 같은 환경 현상에 관심이 있고, 깊게 탐구하는 과정을 즐기는 사람에게 적합합니다.
③ 장시간의 실험과 자료 분석을 좋아하고, 세심하고 꼼꼼한 사람에게 적합합니다.

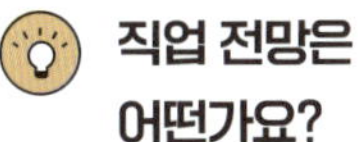 직업 전망은 어떤가요?

환경오염 문제로 인해 국민이 체감하는 안전 위협이 커지고 있어 정부에서는 관련 기술을 개발하고 환경안전 대책을 수립하는 등의 노력을 기울일 것으로 보입니다. 따라서 대기환경기술자의 역할이 향후 더욱 커질 것으로 예측됩니다.

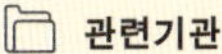 **관련기관**

(사)한국대기환경학회 http://kosae.or.kr
국립환경과학원 http://www.nier.go.kr

사단법인 한국환경기술인협회 http://www.keef.or.kr

064

대체에너지개발연구원

한눈에 보는 진학 로드맵

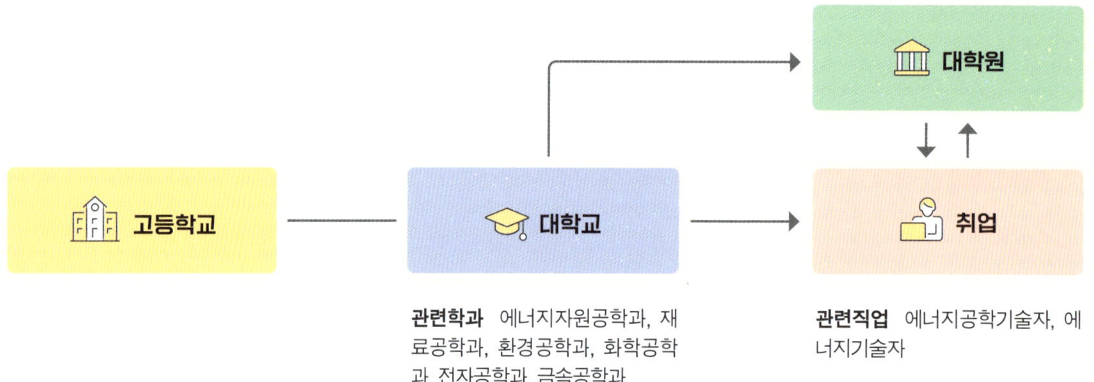

관련학과 에너지자원공학과, 재료공학과, 환경공학과, 화학공학과, 전자공학과, 금속공학과

관련직업 에너지공학기술자, 에너지기술자

1. 일반적으로 대학 졸업 이상의 학력이 요구됩니다. 대학의 에너지자원공학과에서는 한정된 에너지를 합리적·경제적으로 사용하는 방법을 다루며, 에너지 생산 과정과 변환 과정, 에너지의 종류와 특성을 배웁니다. 일부 연구소에서는 채용 시 석사 이상의 학위를 요구하기도 합니다.
2. 에너지공사에서 주관하는 에너지 관련 진로체험 프로그램에 참여하여 에너지 관련직업의 정보를 탐색해볼 수 있습니다.
3. 에너지 실험 키트, 전기 키트를 통해 각종 장치의 작동 원리를 이해할 수 있습니다.

2025 고교학점제 준비, 이렇게 하세요

에너지자원공학과

일반선택 수학(미적분 I++, 확률과 통계+), 과학(물리학++), 기술·가정/정보(기술·가정, 정보)

진로선택 수학(미적분 II++, 기하++), 과학(역학과 에너지++, 전자기와 양자++), 기술·가정/정보(로봇과 공학세계, 인공지능 기초, 데이터 과학)

융합선택 과학(기후변화와 환경생태)

재료공학과

일반선택 수학(미적분 I++, 확률과 통계+), 과학(물리학+, 화학+), 기술·가정/정보(기술·가정, 정보)

진로선택 수학(미적분 II++, 기하++), 과학(역학과 에너지+, 전자기와 양자+, 물질과 에너지+, 화학 반응의 세계+), 기술·가정/정보(로봇과 공학세계, 인공지능 기초, 데이터 과학)

융합선택 기술·가정/정보(창의 공학설계, 소프트웨어와 생활)

어떤 일을 하나요?

① 태양열, 태양광, 조력, 풍력, 바이오매스 등의 대체에너지를 연구·개발합니다.
② 에너지 사용으로 배출되는 환경오염 물질을 줄이고 화석연료를 효율적으로 이용하기 위하여 신재생에너지의 안정적인 공급과 관련된 연구·개발을 수행합니다.
③ 에너지 기술 자립을 위하여 저공해, 고효율의 대체에너지 기술을 연구·개발합니다.
④ 연구 과제의 생성, 진행, 완료까지 전체적인 과정을 관리합니다.
⑤ 연구 성과가 상업화될 수 있도록 합니다.

어떤 적성과 흥미가 필요하나요?

① 과학의 원리를 잘 이해하고, 까다롭고 복잡한 계산도 잘할 수 있는 수리논리력이 필요합니다.
② 머릿속으로 어떤 물체나 현상을 떠올릴 수 있는 공간지각력이 필요합니다.
③ 새로운 에너지를 개발하기 위한 탐구 자세가 필요하며 자료를 수집하고 분석하는 것을 좋아하는 사람에게 적합합니다.
④ 환경과 미래에너지에 관심이 많은 사람에게 적합합니다.

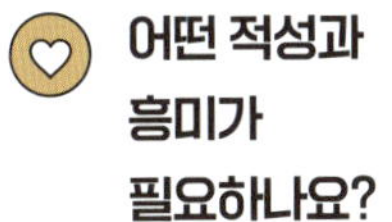
직업 전망은 어떤가요?

관련직업인 바이오에너지연구·개발자의 일자리 규모는 대체에너지 개발의 중요성 확대로 증가할 전망입니다. 연구를 통해 바이오에너지 관련 원천 기술력 확보와 수출에 주력한다면 유망 분야로 성장할 가능성이 높습니다.

📁 관련기관

한국에너지공단 신·재생에너지센터 https://www.knrec.or.kr
한국핵융합에너지연구원 https://www.kfe.re.kr

드론전문가

원격 조종으로 촬영하고 운송까지 한다

#무인항공장비 #지상통제장비 #원격조정

수리논리력 공간지각력

📖 한눈에 보는 진학 로드맵

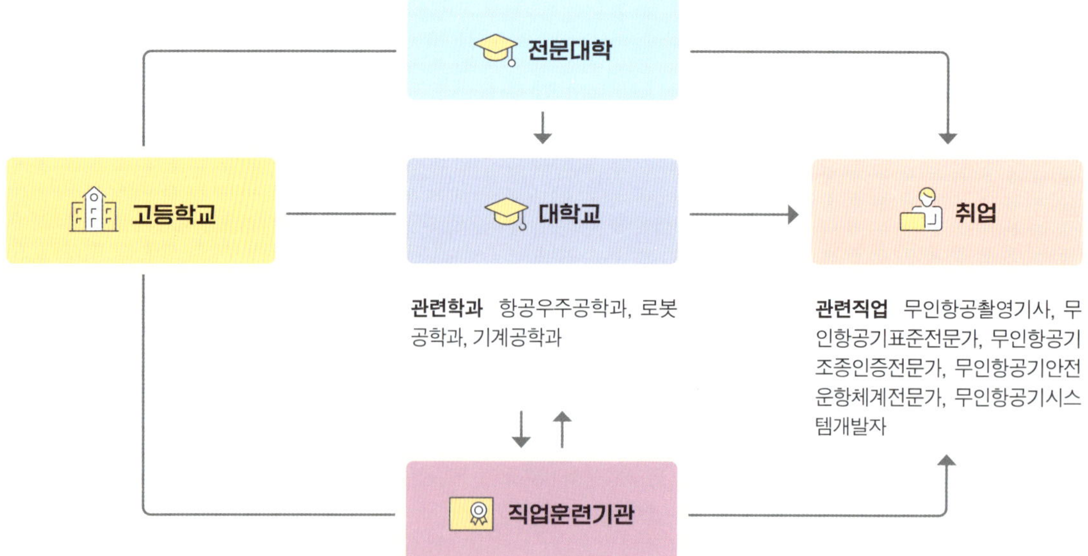

관련학과 항공우주공학과, 로봇공학과, 기계공학과

관련직업 무인항공촬영기사, 무인항공기표준전문가, 무인항공기조종인증전문가, 무인항공기안전운항체계전문가, 무인항공기시스템개발자

관련자격 초경량비행장치조종자

<table>
<tr><td>

진로 탐색과 준비, 이렇게 하세요

</td><td>

1. 고등학교나 대학 졸업 정도의 학력이 요구되며 항공 관련 지식이 있어야 하므로 항공 관련학과를 전공으로 선택하여 업무 이해 수준을 높이는 것이 유리합니다.
2. 지역의 진로교육지원센터, 청소년수련관, 대학, 개인사업장에서 운영하는 드론 진로체험 프로그램에 참여하여 관련직업을 알아볼 수 있습니다.

</td></tr>
</table>

2025 고교학점제 준비, 이렇게 하세요

항공우주공학과

일반선택 수학(미적분 I++, 확률과 통계+), 과학(물리학++, 지구과학+), 기술·가정/정보(기술·가정, 정보)

진로선택 수학(미적분 II++, 기하++), 과학(역학과 에너지++, 전자기와 양자++, 지구시스템과학+, 행성우주과학+), 기술·가정/정보(로봇과 공학세계, 인공지능 기초, 데이터 과학)

융합선택 과학(기후변화와 환경생태), 기술·가정/정보(창의 공학설계, 소프트웨어와 생활)

로봇공학과

일반선택 수학(미적분 I, 확률과 통계), 과학(물리학, 화학), 기술·가정/정보(기술·가정, 정보)

진로선택 수학(미적분 II, 기하), 과학(역학과 에너지, 전자기와 양자, 물질과 에너지, 화학 반응의 세계), 기술·가정/정보(로봇과 공학세계, 인공지능 기초, 데이터 과학)

융합선택 기술·가정/정보(창의 공학설계, 소프트웨어와 생활)

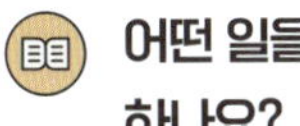 **어떤 일을 하나요?**

① 드론(drone)은 조종사 없이 무선으로 비행과 조종이 가능한 비행기나 헬리콥터 모양의 무인 항공기를 말하며, 드론전문가는 세부적으로 드론개발자와 드론조종사를 포함합니다.
② 드론을 이용해 촬영, 스포츠, 관측, 감시, 정보통신, 광고, 배달 등 다양한 응용 분야에서 임무를 수행하는 데 필요한 응용 장치를 연구·개발합니다.
③ 드론조종사는 지상에서 원격조종을 통해 미리 정해둔 대로 자동 또는 반자동으로 드론을 조종합니다. 또한 지상통제장비(GCS: Ground Control System), 통신장비, 지원장비 등의 시스템을 운영·통제합니다.

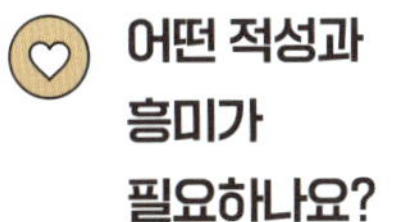 **어떤 적성과 흥미가 필요하나요?**

① 항공기 운항, 드론 관련 지식을 논리적으로 생각할 수 있는 수리논리력이 필요합니다.
② 다양하면서 변하기 쉬운 조종 환경을 파악하고 운행해야 하기에 정확한 상황 판단력과 공간지각력이 필요합니다.
③ 항공기 운항, 드론과 관련된 새로운 기술에 호기심이 많고 이를 적용하는 것을 즐기는 사람에게 적합합니다.
④ 대부분 사람이 하는 일을 대신하기에 평소 인간이 하는 일을 탐구하고, 이를 드론에 적용해볼 수 있는 도전정신이 있는 사람에게 적합합니다.

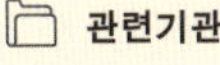 **직업 전망은 어떤가요?**

산림청은 산불을 예방하고 농작물의 병이나 해충 피해를 줄이기 위해, 한국도시가스는 기름을 옮기는 관을 점검하기 위해 드론을 활용할 예정입니다. 그 외에도 많은 공공기관과 방송 등에서 드론 도입을 본격화하고 있어 앞으로 매우 다양한 방면에서 드론전문가가 많이 필요할 것입니다.

📁 **관련기관**

사단법인 한국드론협회 http://www.kdaa.org   한국드론기술협회 http://www.kodta.org
(사)한국드론산업진흥협회 http://www.kodipa.org

IT 유망직업 100

066

드론콘텐츠전문가

드론으로 다양한 콘텐츠를 만든다

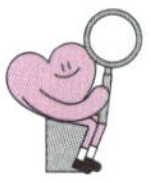

#드론교관 #드론종사자 #무인항공기 #드론개발자

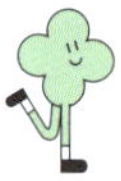

예술 시각능력

창의력

한눈에 보는 진학 로드맵

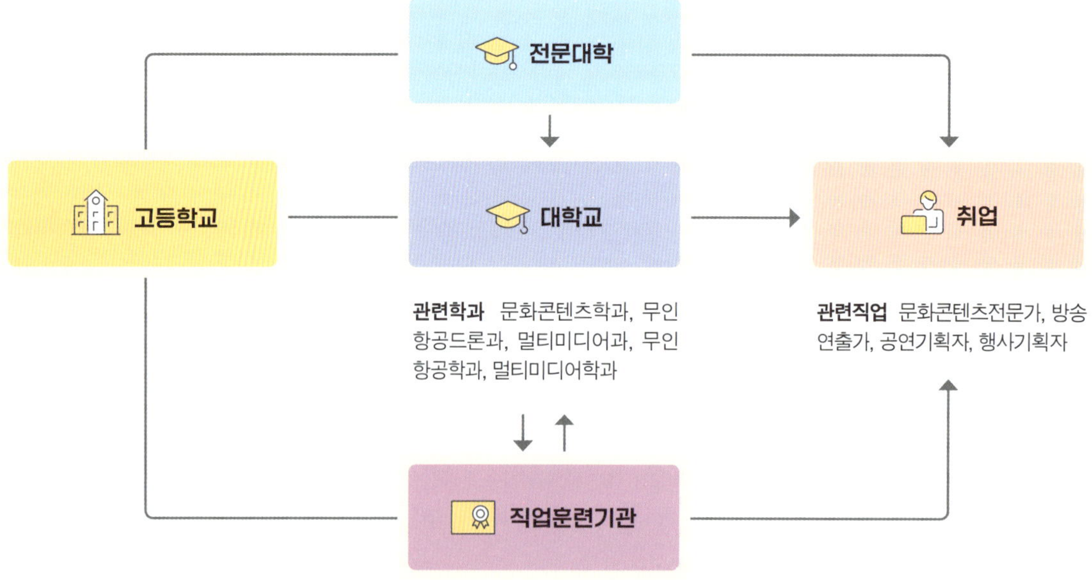

전문대학
고등학교
대학교
취업
관련학과 문화콘텐츠학과, 무인항공드론과, 멀티미디어과, 무인항공학과, 멀티미디어학과
관련직업 문화콘텐츠전문가, 방송연출가, 공연기획자, 행사기획자
직업훈련기관
관련자격 초경량비행장치조종자

진로 탐색과 준비, 이렇게 하세요

1. 고등학교에서 관련과목을 수강하고 전문대학이나 대학에서 관련학과를 졸업하면 유리합니다. 드론 콘텐츠 개발은 복합적인 전문지식이 필요하므로 보통 전문대학 졸업 이상의 학력이 요구됩니다.
2. 대학 부설 평생교육기관에서 드론 조정 과정을 이수하거나 민간 훈련기관의 드론 영상 제작 과정을 통해 훈련이나 교육을 받을 수 있습니다.
3. 지역의 진로교육지원센터, 청소년수련관, 대학, 개인사업장에서 운영하는 드론 진로체험 프로그램에 참여하여 관련직업을 알아볼 수 있습니다.

2025 고교학점제 준비, 이렇게 하세요

문화콘텐츠학과

일반선택	예술(미술), 기술·가정/정보(정보)
진로선택	예술(미술 창작, 미술 감상과 비평), 기술·가정/정보(인공지능 기초)
융합선택	예술(미술과 매체), 기술·가정/정보(소프트웨어와 생활)

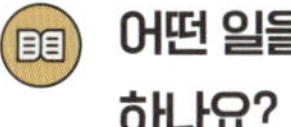

어떤 일을 하나요?

① 드론을 이용하여 다양한 콘텐츠를 만들어내는 일을 합니다.
② 다양한 자료를 조사하여 드론콘텐츠 주제를 찾아내고, 실제로 콘텐츠 제작이 가능한지 내용을 검토합니다.
③ 드론을 활용한 다양한 콘텐츠를 떠올리고 사진, 영상, 가상현실(VR: Virtual Reality) 등을 활용하기도 합니다.
④ 개발한 드론콘텐츠를 각종 문화 공연, 드론 스포츠(레이싱, 축구 등), 행사와 축제, 테마파크 등에서 선보입니다.

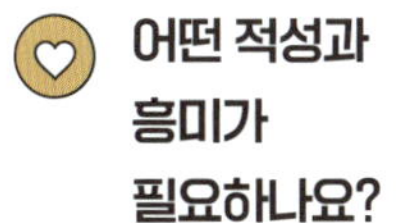

어떤 적성과 흥미가 필요하나요?

① 다양한 콘텐츠를 만들어내고 조화롭게 구성해낼 수 있는 예술시각능력이 필요합니다.
② 여러 아이디어를 내고 구체화할 수 있는 창의력이 요구됩니다.
③ 새로운 것에 호기심이 많고, 내용을 이해하기 위해 자료 수집 등을 통해 깊게 탐구하는 과정을 즐기는 사람에게 적합합니다.
④ 평소 문화와 예술 분야에 관심이 많고, 각종 전시회나 공연을 관람하는 등 국내외 사회 전반에 관심이 많은 사람에게 유리합니다.

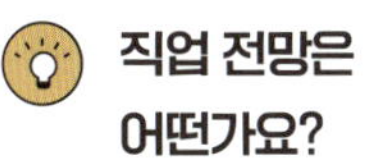

직업 전망은 어떤가요?

영화나 드라마, 문화 공연에 드론을 활용하는 경우가 늘어나고 있고 최근에는 드론 경주나 드론 축구, 드론 격투 등 새로운 콘텐츠가 제작되고 있어 향후 일자리 수요에 긍정적인 영향을 미칠 것으로 보입니다.

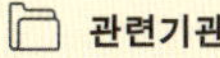

관련기관

한국콘텐츠진흥원 https://www.kocca.kr   한국교통안전공단 https://www.kotsa.or.kr

067

무인항공기시스템개발자

무인항공기시스템을 설계하고 작동시킨다

#드론 #4차산업 #UAV #무인
#항공 #개발자 #기술자 #연구원

수리논리력 공간지각력 대인관계능력

한눈에 보는 진학 로드맵

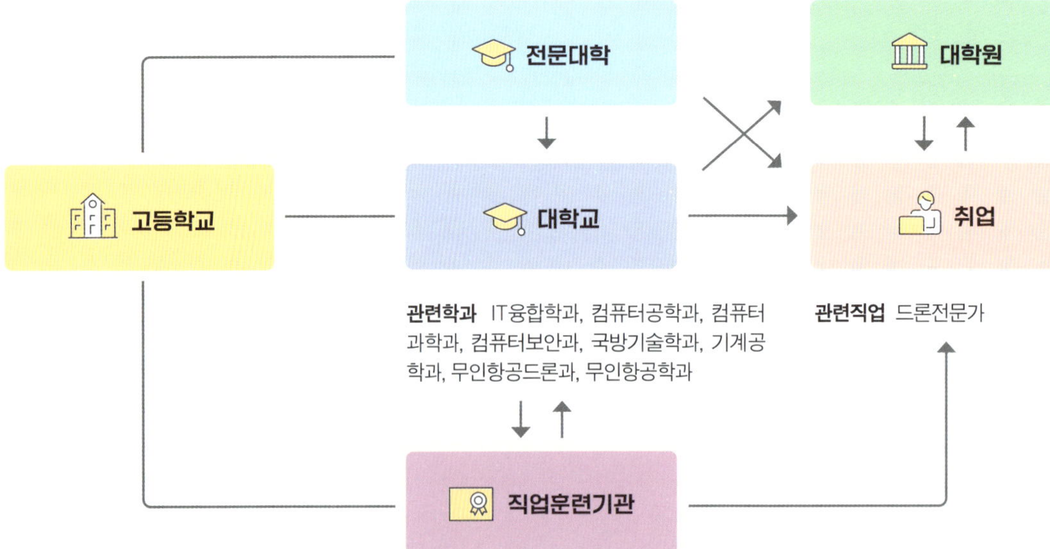

<table>
<tr><td>

**진로 탐색과
준비,
이렇게 하세요**

</td><td>

1. 고등학교에서 관련과목을 수강하고 전문대학이나 대학의 관련학과를 졸업하면 유리합니다. 연구나 개발 업무 분야에 입사할 경우 석사학위 이상의 학력이 필요합니다. 사설 교육기관을 통해 드론조종, 드론조정면허, 드론모델링 교육과 훈련을 받을 수 있습니다.
2. 지역의 대학에서 운영하는 무인항공기시스템개발자 진로체험 프로그램에 참여하여 업무를 알아볼 수 있습니다.
3. 전문가 멘토 자료, 영상 등을 통해 관련 정보를 알아볼 수 있습니다.

</td></tr>
<tr><td>

**2025 고교학점제
준비,
이렇게 하세요**

</td><td>

IT융합학과

일반선택	수학(확률과 통계), 기술·가정/정보(정보)
진로선택	기술·가정/정보(인공지능 기초, 데이터 과학)
융합선택	기술·가정/정보(소프트웨어와 생활)

컴퓨터공학과/컴퓨터과학과/컴퓨터보안과

일반선택	수학(미적분 I ++, 확률과 통계++), 기술·가정/정보(정보)
진로선택	수학(미적분 II ++, 인공지능 수학), 기술·가정/정보(인공지능 기초, 데이터 과학)
융합선택	기술·가정/정보(소프트웨어와 생활)

</td></tr>
</table>

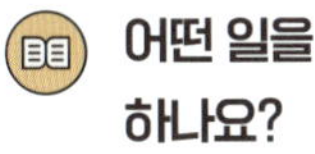 **어떤 일을
하나요?**

① 무인항공기시스템의 설계, 제조, 작동, 유지에 필요한 활동을 합니다.
② 무인항공기(UAV: Unmanned Aerial Vehicle)의 정교한 자동 운항시스템 개발과 함께 무인기의 정보 자료 수집 체계를 설계하고 개발합니다.
③ 무인항공기가 수집한 자료를 분석하고 체계적으로 저장할 수 있는 정보 분석, 관리 체계를 만듭니다.

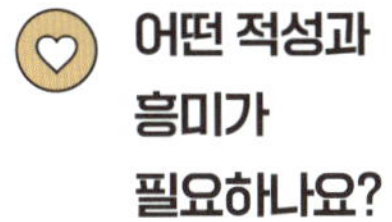 **어떤 적성과
흥미가
필요하나요?**

① 무인항공기 하드웨어나 소프트웨어 전반에 기술과 지식을 갖추고 논리적으로 개발할 수 있는 수리논리력이 필요합니다.
② 하늘이라는 3차원의 입체 공간에서 무인항공기의 작동과 움직임을 머릿속으로 상상할 수 있는 공간지각력이 필요합니다.
③ 무인항공기 기술은 새로운 융합기술 영역으로 과학과 물리, 로보틱스에 대한 지식과 관심을 가지고 탐구하기를 좋아하는 사람에게 적합합니다.
④ 센서 이미징, 로보틱스, 컴퓨터 사이언스 등 다양한 전공 분야의 협동을 통한 융합이 요구되기 때문에 원만한 의사소통 능력을 갖춘 사람에게 적합합니다.

**직업 전망은
어떤가요?**

항공우주연구원, 여러 대기업과 중소기업 등에서 무인항공기 기술개발에 적극적으로 나서고 있어 국내 무인항공기시스템개발자 및 엔지니어를 찾는 일자리 수요가 점차 늘어날 것으로 전망됩니다.

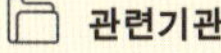 **관련기관**

국제무인기시스템협회 http://www.auvsi.org/advocacy 미연방항공청 http://www.faa.gov
국토교통부 http://www.molit.go.kr (사)한국무인기시스템협회 http://www.korea-uvs.org

068

비행기조종사

여객기와 화물운송기의 조작과 안전을 책임진다

한눈에 보는 진학 로드맵

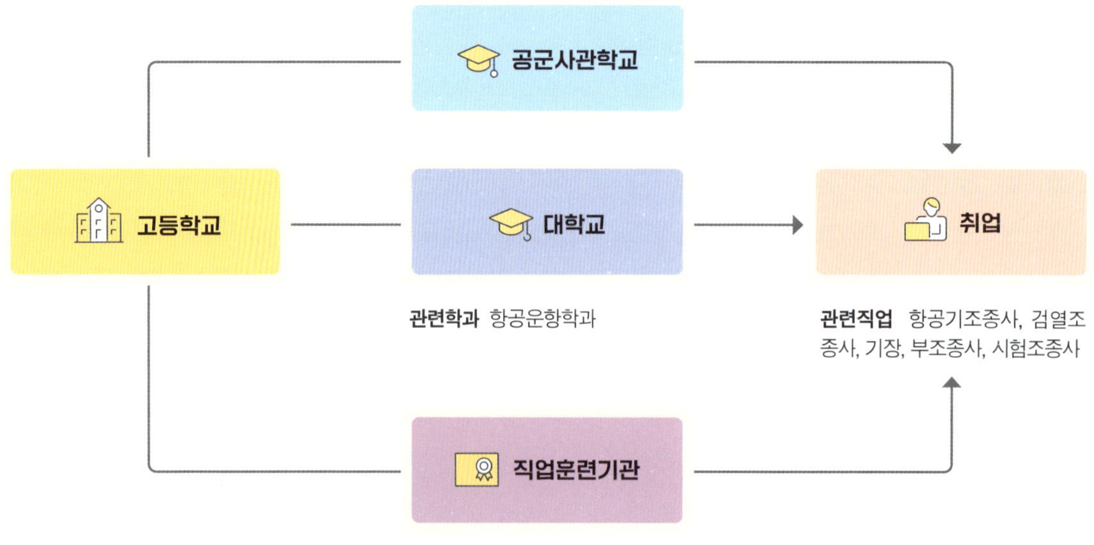

<table>
<tr><td>

**진로 탐색과
준비,
이렇게 하세요**

</td><td>

1. 공군사관학교에 입학해 생도 생활을 마치고 공군 소위로 임관하여 비행 훈련을 받은 다음 군 조종사로 의무복무 후 민간항공사에 취업할 수 있습니다.
2. 대학의 항공운항학과를 졸업하고 비행교육원에서 소정의 교육을 받기도 합니다. 또한 항공사의 조종훈련생으로 선발되어 교육받을 수도 있습니다. 항공 유학을 통해 해외에서 일정 자격을 갖춘 후 경력 조종사로 지원하기도 합니다.
3. 지역의 진로직업체험센터에서 주관하는 진로체험 프로그램에 참여하여 항공기 조종 관련직업을 알아볼 수 있습니다.
4. 비행 시뮬레이션 콘텐츠(VR 등)를 통해 이륙 준비와 절차, 이륙, 비행, 교신, 착륙 등을 간접적으로 경험해볼 수 있습니다.

</td></tr>
</table>

**2025 고교학점제
준비,
이렇게 하세요**

항공운항학과

| 일반선택 | 수학(미적분 I, 확률과 통계), 과학(물리학, 지구과학), 기술·가정/정보(정보) |

| 진로선택 | 수학(미적분 II, 기하), 과학(역학과 에너지, 전자기와 양자, 지구시스템과학, 행성우주과학), 기술·가정/정보(인공지능 기초, 데이터 과학) |

| 융합선택 | 과학(기후변화와 환경생태), 기술·가정/정보(소프트웨어와 생활) |

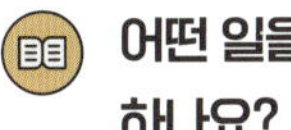 **어떤 일을
하나요?**

① 승객이나 화물을 운반하기 위해 여객기, 전투기, 경비행기, 헬리콥터 등을 조종합니다.
② 비행 일정에 따라 항로, 목적지, 연료량, 기상 조건 등을 숙지하고 항공기 상태, 조종실 시스템 등을 점검합니다.
③ 비행하는 동안 비행기의 책임자로서 항공승무원의 활동을 지휘하며 운항 일지를 기록하고 비행 중 발생한 각종 설비상의 문제나 이상 현상을 보고합니다.
④ 탐색, 구조, 항공 측량 작업을 하며 소독약의 분무, 농약 살포와 같은 일을 하기도 합니다.
⑤ 비행기 성능을 평가하기 위해 새로운 비행기를 시험합니다.

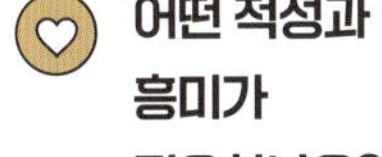 **어떤 적성과
흥미가
필요하나요?**

① 항법 항로 장치를 기반으로 위치를 파악할 수 있는 공간지각력이 필요합니다.
② 명확하고 체계적인 기계 조작 활동을 선호하는 사람에게 적합합니다.
③ 물리적, 문화적 현상들에 호기심을 가지고 관찰하는 것을 즐기는 사람에게 적합합니다.

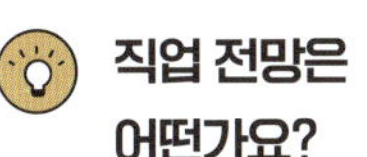 **직업 전망은
어떤가요?**

생활수준의 향상과 라이프스타일의 변화로 국내외 여행 수요가 증가하였습니다. 이에 따라 대형 항공사들은 국외 노선을 증편하거나 노선을 신설하고 있으며, 저가항공사들도 신기종 항공기를 도입하고 신규 노선에 취항하는 등 전반적인 항공 수요가 증대되고 있습니다.

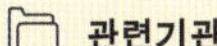 **관련기관**   한국항공협회 http://www.airtransport.or.kr   한국공항공사 https://www.airport.co.kr

069

신재생에너지전문가

지구를 살리는 착한 에너지, 자연에서 찾는다

#대체에너지　#에너지　#자원
#환경　#화학

수리논리력　공간지각력

한눈에 보는 진학 로드맵

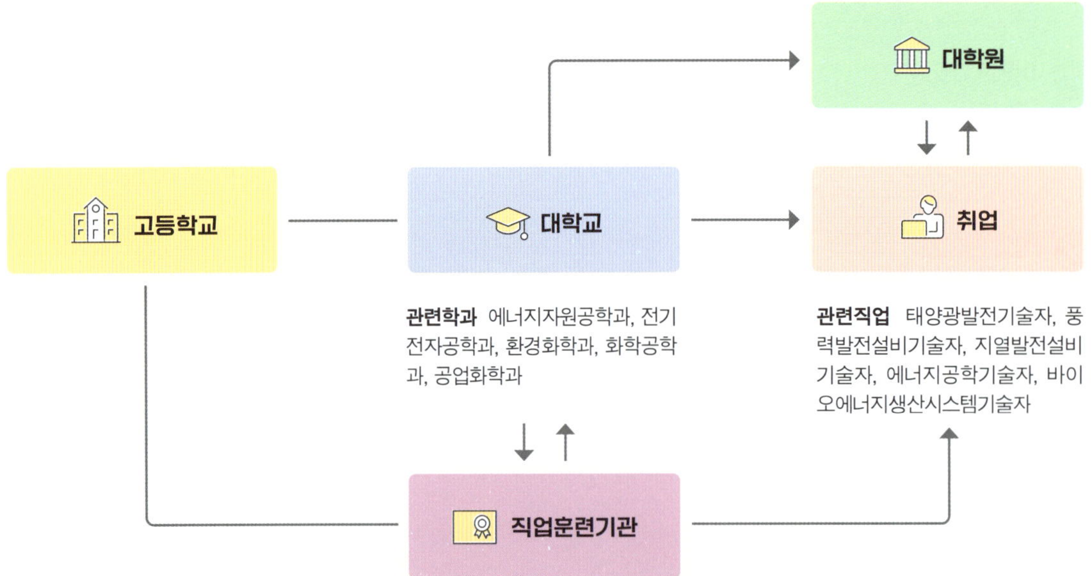

<table>
<tr><td>

**진로 탐색과
준비,
이렇게 하세요**

</td><td>

1. 보통 대학 이상의 학력이 요구되며 대학의 관련학과를 졸업하면 유리합니다.
2. 전기 관련 교육기관, 신재생에너지 관련 단체나 협회, 대학의 에너지 관련 센터 등에서 태양광, 풍력, 연료전지의 원리와 종류, 발전설비 구성과 운전, 고장 사례 등과 관련된 이론과 실무를 배울 수 있습니다.
3. 지역의 청소년진로직업체험지원센터, 미래교육센터, 민간기업에서 운영하는 진로체험 프로그램에 참여하여 업무를 알아볼 수 있습니다.
4. 에너지, 신재생에너지, 미래에너지 등에 관한 동영상 시청을 통해 지식을 쌓을 수 있습니다.

</td></tr>
</table>

**2025 고교학점제
준비,
이렇게 하세요**

에너지자원공학과

| 일반선택 | 수학(미적분 I ++, 확률과 통계+), 과학(물리학++), 기술·가정/정보(기술·가정, 정보)

| 진로선택 | 수학(미적분 II ++, 기하 ++), 과학(역학과 에너지++, 전자기와 양자++), 기술·가정/정보(로봇과 공학세계, 인공지능 기초, 데이터 과학)

| 융합선택 | 과학(기후변화와 환경생태)

전기전자공학과

| 일반선택 | 수학(미적분 I ++, 확률과 통계+), 과학(물리학++), 기술·가정/정보(기술·가정, 정보)

| 진로선택 | 수학(미적분 II ++, 기하+), 과학(역학과 에너지++, 전자기와 양자++), 기술·가정/정보(로봇과 공학세계, 인공지능 기초, 데이터 과학)

| 융합선택 | 기술·가정/정보(창의 공학설계)

 **어떤 일을
하나요?**

① 태양광, 풍력, 지열, 바이오에너지, 연료전지, 수소에너지 등을 이용하여 전기를 생산하고 이용하는 기술을 개발합니다.
② 신재생에너지를 이용하여 보다 효율적으로 전기를 생산하고 공급할 수 있는 장비를 개발하고 관리하는 일을 합니다.
③ 태양광발전, 풍력발전, 지열발전 등과 같이 신재생에너지를 생산하는 발전시스템을 설치하고 운영하는 일을 합니다.

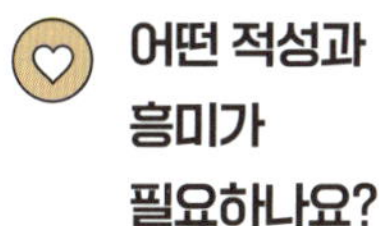 **어떤 적성과
흥미가
필요하나요?**

① 태양광이나 풍력, 지열 등을 효율적으로 이용할 수 있는 방법을 논리적으로 생각하고 문제를 해결할 수 있어야 하므로 수리논리력이 필요합니다.
② 신재생에너지를 생산하는 발전시스템 등 여러 시설물의 위치를 머릿속으로 그릴 수 있는 공간지각력이 필요합니다.
③ 전기를 만드는 기계 장비나 측정 도구를 잘 다룰 수 있어야 하므로 기계·기구를 만들고 조작하는 일을 좋아하는 사람에게 적합합니다.

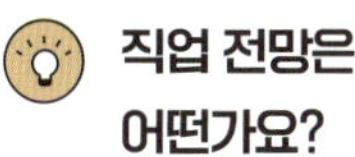 **직업 전망은
어떤가요?**

원자력 발전은 줄이고 신재생에너지 생산을 늘리려는 정책이 앞으로 이어질 것으로 보이기에 신재생에너지전문가의 일자리 전망은 긍정적으로 보입니다.

📁 **관련기관**

한국에너지기술연구원 http://www.kier.re.kr　　사단법인 한국신·재생에너지협회 http://www.knrea.or.kr
한국에너지공단 신·재생에너지센터 https://www.knrec.or.kr/biz/main/main.do

우주/항공/환경

070

인공위성개발원

우주에 띄운 인공위성을 연구 · 개발 · 설계한다

🗺 한눈에 보는 진학 로드맵

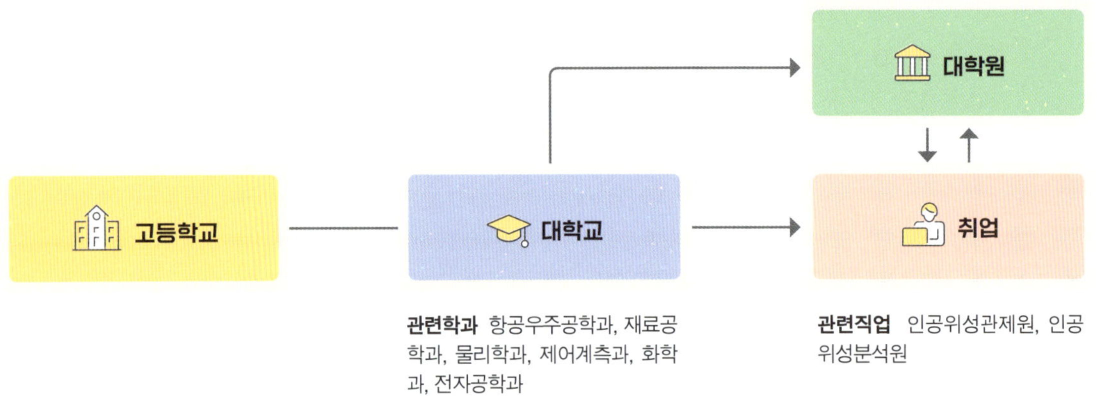

관련학과 항공우주공학과, 재료공학과, 물리학과, 제어계측과, 화학과, 전자공학과

관련직업 인공위성관제원, 인공위성분석원

<table>
<tr><td>

**진로 탐색과
준비,
이렇게 하세요**

</td><td>

1. 고등학교에서 관련과목을 수강하고 대학의 항공우주 관련학과를 졸업하는 것이 유리하며, 업계에 따라서는 석사 이상의 학위를 요구합니다.
2. 전남 고흥에 있는 나로우주센터 우주과학관을 관람하며 인공위성, 우주선 등과 관련된 전시를 볼 수 있습니다.
3. 각 지역의 천문대에 방문하여 별자리를 관찰하고, 망원경 사용방법 등을 익혀서 탐구 정신을 기를 수 있습니다.

</td></tr>
<tr><td>

**2025 고교학점제
준비,
이렇게 하세요**

</td><td>

항공우주공학과

`일반선택` 수학(미적분 I++, 확률과 통계+), 과학(물리학++, 지구과학+), 기술·가정/정보(기술·가정, 정보)

`진로선택` 수학(미적분 II++, 기하++), 과학(역학과 에너지++, 전자기와 양자++, 지구시스템과학+, 행성우주과학+), 기술·가정/정보(로봇과 공학세계, 인공지능 기초, 데이터 과학)

`융합선택` 과학(기후변화와 환경생태), 기술·가정/정보(창의 공학설계, 소프트웨어와 생활)

재료공학과

`일반선택` 수학(미적분 I++, 확률과 통계+), 과학(물리학+, 화학+), 기술·가정/정보(기술·가정, 정보)

`진로선택` 수학(미적분 II++, 기하++), 과학(역학과 에너지+, 전자기와 양자+, 물질과 에너지+, 화학 반응의 세계+), 기술·가정/정보(로봇과 공학세계, 인공지능 기초, 데이터 과학)

`융합선택` 기술·가정/정보(창의 공학설계, 소프트웨어와 생활)

</td></tr>
</table>

 **어떤 일을
하나요?**

① 우주탐사, 기상예보 등의 다양한 목적을 달성하기 위한 인공위성을 연구·개발하는 일을 담당합니다.
② 인공위성과 관련 분야의 전문지식, 기술을 활용하여 목적에 맞는 인공위성을 설계합니다.
③ 인공위성이 궤도에 도달하도록 유도하며, 위성에서 보낸 탐사 자료를 분석합니다.
④ 시장조사와 세계 인공위성 개발의 기술 변화 등을 분석하여 인공위성의 기술적 성능의 개선·개발에 참고합니다.

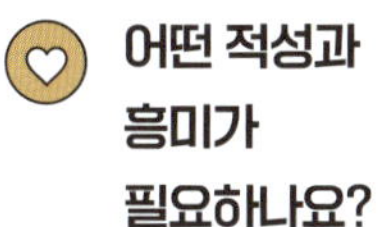 **어떤 적성과
흥미가
필요하나요?**

① 새로운 기술 정보 수집, 관리와 활용 능력, 창의성, 문제해결을 위한 수리논리력이 필요합니다.
② 인공위성과 같이 첨단기술과 복잡한 전자장비의 설계를 하기 위해 공간지각력이 필요합니다.
③ 기본적으로 수학, 확률, 물리 등 기초 과학에 흥미를 가진 사람에게 적합합니다.
④ 깊게 탐구하는 과정을 즐기고, 합리적인 사고력을 가진 사람에게 적합합니다.

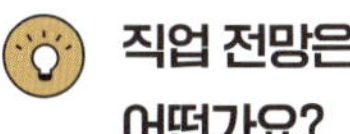 **직업 전망은
어떤가요?**

인공위성은 방송, 통신, 자원 탐사, 지리정보 수집, 기후 예측, 군사 등 다양한 목적으로 사용되며, 인공위성의 확보 여부는 국가 경쟁력과 국가 안보의 초석이기에 더욱 중요해질 것으로 보입니다. 따라서 향후 인공위성개발 인력의 수요가 증가할 것으로 전망됩니다.

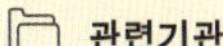 **관련기관**

인공위성연구소 http://satrec.kaist.ac.kr
정보통신기획평가원 https://www.iitp.kr

한국정보통신진흥협회 http://www.kait.or.kr

071

천문학연구원

빛나는 밤하늘의 신비를 연구한다

🗺 한눈에 보는 진학 로드맵

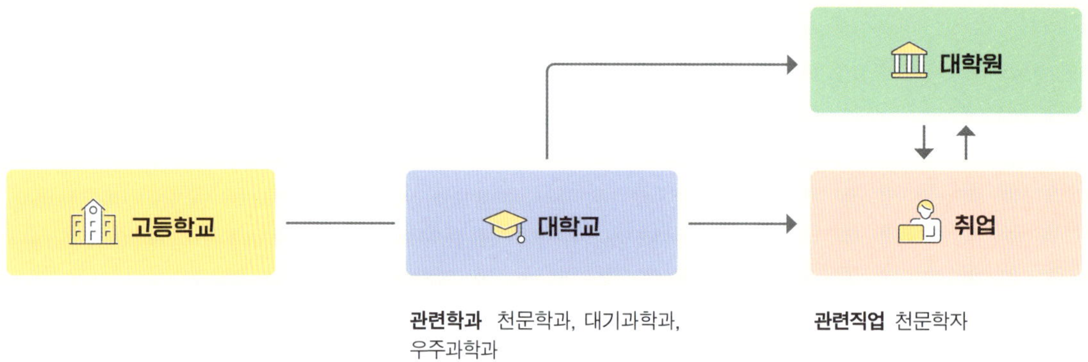

관련학과 천문학과, 대기과학과, 우주과학과

관련직업 천문학자

**진로 탐색과
준비,
이렇게 하세요**

1. 고등학교에서 관련과목을 수강하고 대학과 대학원에서 천문학 관련학과를 졸업하면 유리합니다. 또한 석박사 과정 중에 다양한 천문 연구 프로젝트에 연구보조원, 인턴연구원 등으로 근무한 경험이 있으면 좋습니다.
2. 공개채용이나 특별채용을 통해 천문대, 기상관측소, 전자통신연구소, 시스템공학연구소, 항공우주연구소 등에 취업할 수 있습니다.
3. 시민천문대와 청소년우주체험센터에서 주관하는 천문학 진로체험 프로그램에 참여해 천문학 관련직업을 알아볼 수 있습니다.
4. 각 지역의 천문대 방문을 통해 별자리를 관찰해보고 망원경 사용방법 등을 익힐 수 있습니다.

**2025 고교학점제
준비,
이렇게 하세요**

천문학과

| 일반선택 | 수학(미적분 I ++, 확률과 통계+), 과학(물리학+, 지구과학++), 기술·가정/정보(정보) |

| 진로선택 | 수학(미적분 II ++, 기하++), 과학(역학과 에너지+, 전자기와 양자+, 지구시스템과학+, 행성우주과학+), 기술·가정/정보(인공지능 기초, 데이터 과학) |

| 융합선택 | 과학(기후변화와 환경생태, 융합과학 탐구), 기술·가정/정보(소프트웨어와 생활) |

 **어떤 일을
하나요?**

① 천체를 관측하고, 천체 현상을 물리학적 지식을 적용하여 해석하며, 천체들이 생성되고 소멸하는 원리를 밝히는 연구를 수행합니다.
② 천체관측시설의 운영을 관리하고, 천체관측시설을 사용하여 천체의 현상을 연구하며, 천체관측과 관련된 시스템과 관련 장비 등을 연구·설계합니다.
③ 물리법칙을 적용하여 혹성, 항성, 성운, 은하계의 크기, 형태, 광도, 성분, 구조, 온도, 운동 등과 같은 특성을 측정합니다.
④ 우주의 탄생과 진화, 외계행성의 탐색, 우주전파수신 등 우주개발산업의 연구를 수행합니다.

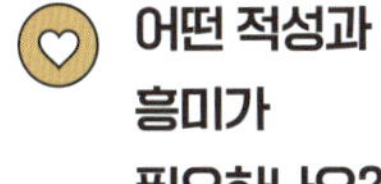 **어떤 적성과
흥미가
필요하나요?**

① 천문학, 수학, 물리학적 지식을 적용하기 위해서 논리적으로 사고하여 문제를 해결하는 수리논리력이 필요합니다.
② 별자리의 움직임을 관찰하는 것을 좋아하고, 깊게 탐구하는 과정을 즐기는 사람에게 적합합니다.
③ 천체관측시설에 관심이 있고, 기계나 기구의 조작을 즐기는 사람에게 적합합니다.

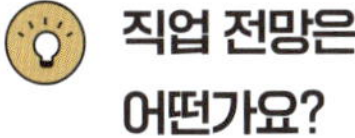 **직업 전망은
어떤가요?**

정부가 과학기술 인력의 체계적 육성과 지원을 중요한 정책적 과제로 삼고 있고, 이에 수반되는 예산을 대폭 늘릴 예정이므로 향후 자연과학 관련 인력의 수요가 증가할 것으로 판단됩니다.

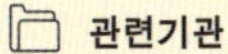 **관련기관**

사단법인 한국아마추어천문학회 http://www.kaas.or.kr   사단법인 한국천문학회 http://www.kas.org
한국천문연구원 http://www.kasi.re.kr   한국과학창의재단 http://www.kofac.re.kr

072

항공교통관제사

🗺 한눈에 보는 진학 로드맵

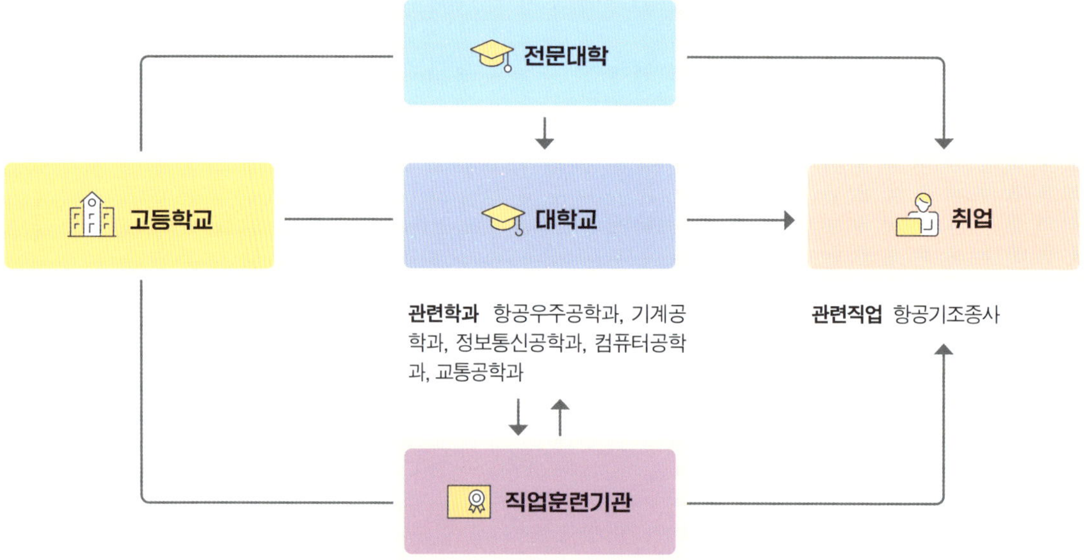

<table>
<tr><td>

**진로 탐색과
준비,
이렇게 하세요**

</td><td>

1. 전문대학 이상의 교육기관에서 관련학과를 졸업하면 유리합니다. 건설교통부 지정 전문 교육기관 등에서 항공교통관제사가 되기 위한 교육과 훈련을 받을 수 있습니다.
2. 국내 항공교통관제사로 근무하는 분들은 대부분 국토교통부 국가공무원입니다. 따라서 국가에서 채용해야 항공교통관제사로 근무할 수 있습니다.
3. 대학에서 주관하는 진로체험 프로그램에 참여하여 항공우주공학 관련직업을 알아볼 수 있습니다.

</td></tr>
<tr><td>

**2025 고교학점제
준비,
이렇게 하세요**

</td><td>

항공우주공학과

| 일반선택 | 수학(미적분 I ++, 확률과 통계+), 과학(물리학++, 지구과학+), 기술·가정/정보(기술·가정, 정보)

| 진로선택 | 수학(미적분 II ++, 기하++), 과학(역학과 에너지++, 전자기와 양자++, 지구시스템과학+, 행성우주과학+), 기술·가정/정보(로봇과 공학세계, 인공지능 기초, 데이터 과학)

| 융합선택 | 과학(기후변화와 환경생태), 기술·가정/정보(창의 공학설계, 소프트웨어와 생활)

기계공학과

| 일반선택 | 수학(미적분 I ++, 확률과 통계+), 과학(물리학++), 기술·가정/정보(기술·가정, 정보)

| 진로선택 | 수학(미적분 II ++, 기하++), 과학(역학과 에너지++, 전자기와 양자++), 기술·가정/정보(로봇과 공학세계, 인공지능 기초)

| 융합선택 | 기술·가정/정보(창의 공학설계)

</td></tr>
</table>

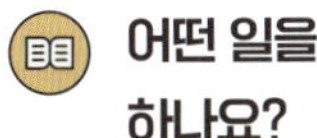 **어떤 일을
하나요?**

① 항공기의 안전한 이착륙을 돕기 위하여 비행기조종사에게 기상, 풍속 등의 정보를 제공하고 항공교통을 지휘합니다.
② 해당 항공기의 이착륙 활주로, 예정 시간, 순서 등을 배정하여 항공기를 유도하고 이착륙을 허가합니다. 항공기의 위치와 고도 등을 확인하고 항로의 상태를 파악하여 고도의 상승, 강하 수준을 지시합니다.
③ 비상상황 발생 시 관련기관에 연락을 취하고 비상 착륙 방법, 비상활주로를 안내합니다.

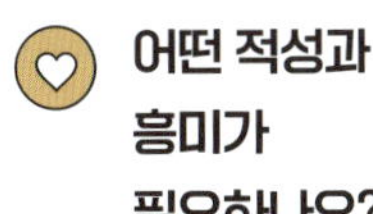 **어떤 적성과
흥미가
필요하나요?**

① 위치를 파악하거나 다른 대상이 자신을 중심으로 어디에 있는지 파악할 수 있는 공간지각력이 필요합니다.
② 사물이나 기계 등 체계적인 조작을 필요로 하는 활동을 선호하는 사람에게 적합합니다.
③ 명확한 자료 분석을 필요로 하는 활동을 선호하는 사람에게 적합합니다.

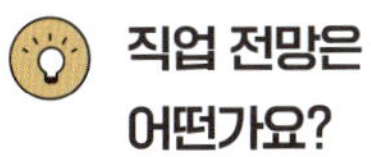 **직업 전망은
어떤가요?**

교통량을 예측·분산하여 교통혼잡과 지연 운항을 예방할 수 있도록 항공흐름관리시스템(ATFM)을 구축하고 있기에 전문 인력 수요가 증가하고 있습니다. 더불어 항공사업체 설립, 개인 레저 항공 사업 추진 등으로 항공 교통량 역시 증가할 것으로 예상됩니다.

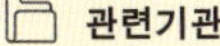 **관련기관**

서울지방항공청 http://www.molit.go.kr/sroa/intro.do   한국교통안전공단 http://www.kotsa.or.kr
항공정보포털시스템 https://www.airportal.go.kr

073

항공기·선박조립 및 검사원

항공기와 선박을 조립하고 검사한다

📖 한눈에 보는 진학 로드맵

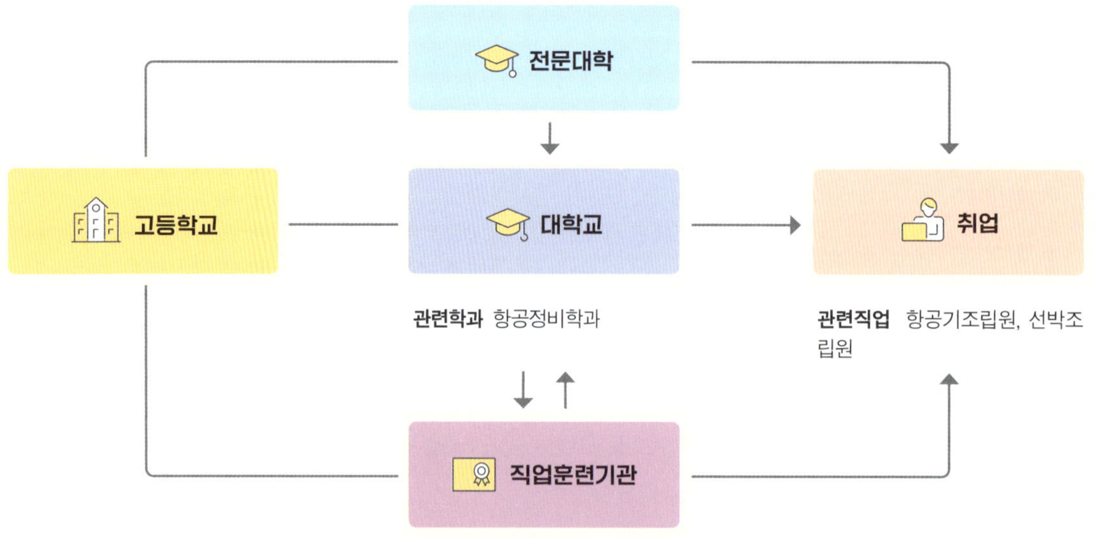

관련학과 항공정비학과

관련직업 항공기조립원, 선박조립원

관련자격 기계가공조립기능사, 기계조립산업기사

<table>
<tr><td>

**진로 탐색과
준비,
이렇게 하세요**

</td><td>

1. 특별히 요구되는 학력 조건은 없습니다. 대개(많은 경우) 현장에서 숙련공을 보조하면서 필요한 기능을 배울 수 있습니다. 자동조립이나 정밀 조립라인 등에서 일하기 위해서는 공업계 고등학교에서 기계, 전기, 전자 관련학과 등을 전공하면 유리할 수 있습니다.
2. 공군 82 항공정비창, 진로직업체험센터, 청소년/시민단체 등에서 운영하는 프로그램에 참여하여 항공기 정비 체험을 해볼 수 있습니다.

</td></tr>
<tr><td>

**2025 고교학점제
준비,
이렇게 하세요**

</td><td>

항공정비학과

| 일반선택 | 수학(미적분 I ++, 확률과 통계+), 과학(물리학++, 지구과학+), 기술·가정/정보(기술·가정, 정보)

| 진로선택 | 수학(미적분 II ++, 기하++), 과학(역학과 에너지++, 전자기와 양자++, 지구시스템과학+, 행성우주과학+), 기술·가정/정보(로봇과 공학세계, 인공지능 기초, 데이터 과학)

| 융합선택 | 과학(기후변화와 환경생태), 기술·가정/정보(창의 공학설계, 소프트웨어와 생활)

</td></tr>
</table>

어떤 일을 하나요?

① 항공기 또는 선박을 만들기 위해 외장 부분과 내부 부속품을 조립하는 일을 합니다.
② 하위 부품과 최종 완성품을 검사하고, 수행한 작업이 품질기준에 적합한지 확인합니다.
③ 엔진 등의 구성품을 용접기, 동력 공구, 기중기 등을 사용하여 항공기 또는 선박에 탑재합니다.
④ 손, 공구, 설비를 사용하며, 로봇이나 자동조립 설비를 사용하기도 합니다.

어떤 적성과 흥미가 필요하나요?

① 항공기 또는 선박조립을 위해 주로 손, 공구, 설비 등을 활용하므로 도구의 특성을 알고 정교한 작업을 할 수 있는 손재능이 필요합니다.
② 어떤 물건이나 기계, 기구 등을 조작하는 활동에 관심이 많은 사람에게 적합합니다.
③ 성실하고 안전지향적이며 정해진 계획에 따라 일하는 것을 좋아하는 사람에게 적합합니다.

직업 전망은 어떤가요?

항공기·선박조립 및 검사원의 관련직업인 선박조립원은 공정의 자동화에도 불구하고 항공, 군수 분야 등 전문 기술력이 요구되는 분야이므로 일자리 수요가 계속될 것으로 보입니다.

우주/항공/환경

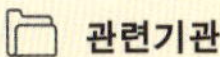 **관련기관**

항공정보포털시스템 https://www.airportal.go.kr   한국항공협회 http://www.airtransport.or.kr
한국해양수산연수원 http://www.seaman.or.kr

074

한눈에 보는 진학 로드맵

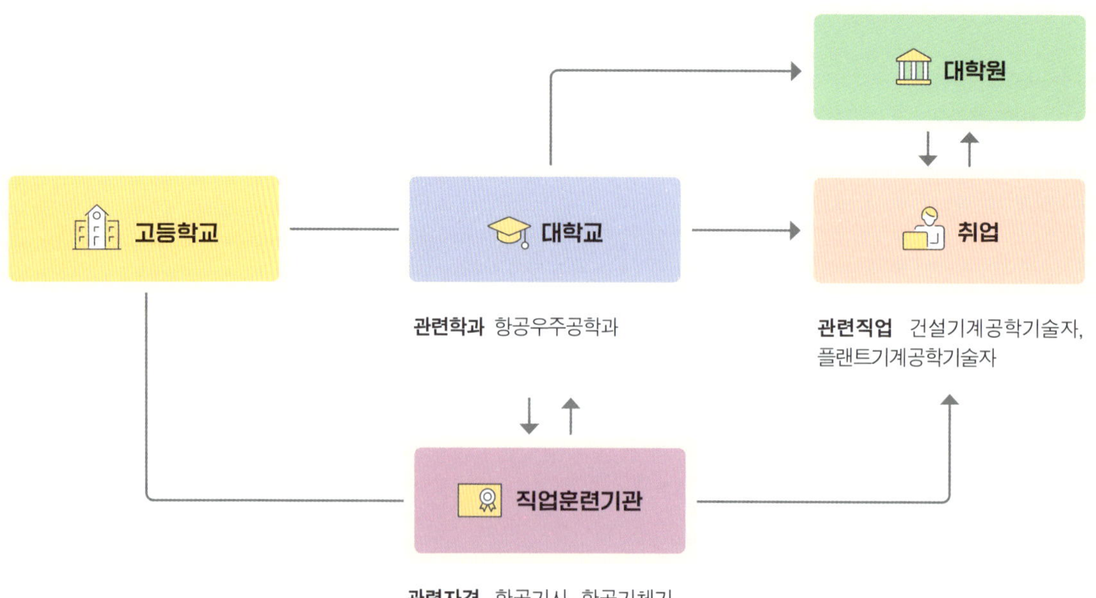

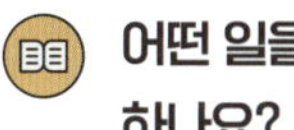

진로 탐색과 준비, 이렇게 하세요

1. 대학의 항공우주 관련학과를 졸업해야 하며, 연구소에 따라서는 항공우주공학 분야의 석사 이상 학위를 요구하기도 합니다.
2. 국내 민간항공사에서 운영하는 사내 정비직업훈련원이나 항공 정비 관련 직업훈련기관에서 기술을 배울 수 있습니다.
3. 과학창의재단, 지역 대학, 과학기술 대학에서 운영하는 진로체험 센터를 통해 항공우주공학 기술에 대한 직업 체험을 할 수 있습니다.
4. 한국항공우주연구원 견학 프로그램을 이용해 우주, 로켓, 인공위성, 첨단 항공기, 달 탐사 등을 알아볼 수 있습니다.

2025 고교학점제 준비, 이렇게 하세요

항공우주공학과

`일반선택` 수학(미적분 I++, 확률과 통계+), 과학(물리학++, 지구과학+), 기술·가정/정보(기술·가정, 정보)

`진로선택` 수학(미적분 II++, 기하++), 과학(역학과 에너지++, 전자기와 양자++, 지구시스템과학+, 행성우주과학+), 기술·가정/정보(로봇과 공학세계, 인공지능 기초, 데이터 과학)

`융합선택` 과학(기후변화와 환경생태), 기술·가정/정보(창의 공학설계, 소프트웨어와 생활)

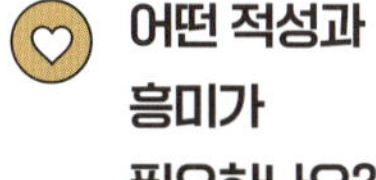

어떤 일을 하나요?

① 공기 중을 비행하는 물체, 즉 여객기, 전투기, 우주선 등의 각종 비행 물체를 설계하고 개발하는 일을 담당합니다.
② 항공기의 본체나 시스템, 전자설비(레이더 등)를 설계하고, 실험·연구를 통해 새로운 항공공학기술을 개발합니다.
③ 다목적 인공위성, 로켓 개발 등과 같은 프로젝트에 참여하여 기체나 시스템, 각종 장비를 연구하고 설계합니다.
④ 항공기 제조 공정을 감독하고 관련 기술을 지도하기도 합니다.

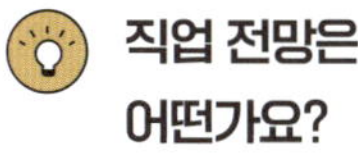

어떤 적성과 흥미가 필요하나요?

① 환경이나 조건의 변화가 어떤 영향을 미칠지 분석하고, 문제를 해결하기 위해 수학을 사용할 수 있는 수리논리력이 필요합니다.
② 새로운 방법을 고안하고 기존의 방법을 개선하기 위해서 현재 사용되는 도구와 기술을 분석하고 대상들의 위치가 어디에 있는지 파악하는 공간지각력이 필요합니다.
③ 명확하고 체계적인 조작을 필요로 하는 활동을 즐기는 사람에게 적합합니다.
④ 물리적 현상들에 호기심을 가지고 관찰하는 것을 즐기는 사람에게 적합합니다.

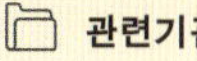

직업 전망은 어떤가요?

우리나라 항공수송은 대형 민간기의 국제 공동 개발 참여 확대, 부품의 수출 촉진, 국산 다목적 헬기 개발, 소방·의무(구급)·방제 헬기 수요 증가 등, 정부 정책과 함께 지속적인 성장이 유도될 것으로 보여 항공공학기술자 및 연구원의 수요도 꾸준히 유지될 전망입니다.

📁 **관련기관** 한국항공우주학회 http://ksas.or.kr 한국항공우주연구원 http://www.kari.re.kr

우주/항공/환경

PART 05

공학

075

개인형이동수단개발자

1인용 전기 이동수단을 연구 · 개발한다

#전기자전거 #전동킥보드 #PM
#세그웨이

수리논리력 공간지각력

한눈에 보는 진학 로드맵

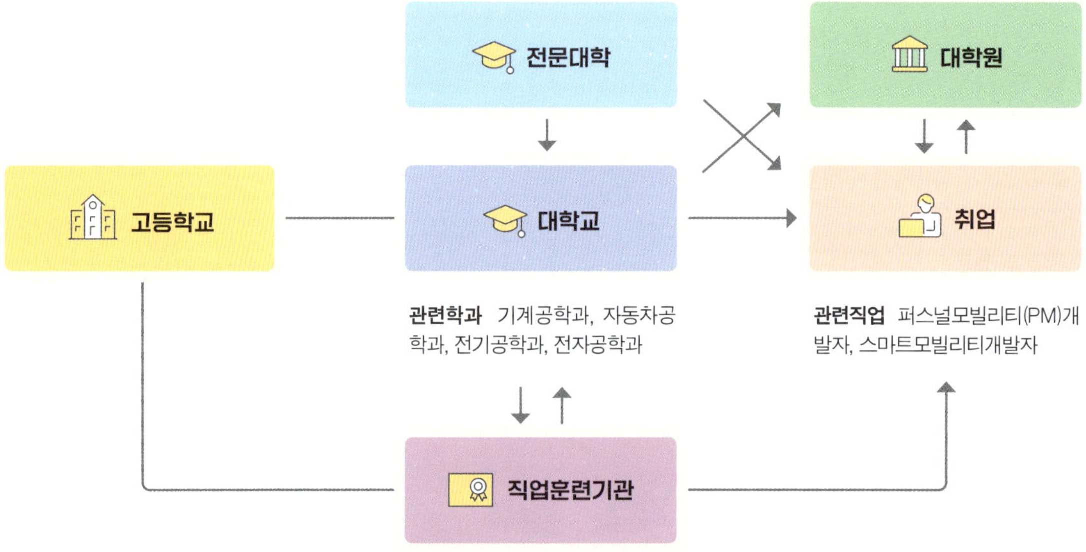

진로 탐색과 준비, 이렇게 하세요	1. 고등학교에서 관련과목을 수강하고 전문대학이나 대학에서 관련학과를 졸업하면 개인용 이동장치의 동작 원리를 이해하고 새로운 이동수단을 개발하는 데 도움이 됩니다. 그렇지만 특정 학력을 반드시 요구하지는 않습니다. 2. 고등학교나 대학 졸업 이후 개인용 이동수단 개발업체에 취업하여 경력을 쌓아 전문가로 성장할 수도 있습니다. 3. 전기자전거, 전동 킥보드, 세그웨이 등 다양한 이동수단을 관찰해봅니다. 4. 전기 동력을 사용하는 새로운 이동수단을 디자인해서 나만의 포트폴리오를 만듭니다.

2025 고교학점제 준비, 이렇게 하세요

기계공학과

- **일반선택** 수학(미적분 I ++, 확률과 통계+), 과학(물리학++), 기술·가정/정보(기술·가정, 정보)
- **진로선택** 수학(미적분 II ++, 기하++), 과학(역학과 에너지++, 전자기와 양자++), 기술·가정/정보(로봇과 공학세계, 인공지능 기초)
- **융합선택** 기술·가정/정보(창의 공학설계)

자동차공학과

- **일반선택** 수학(미적분 I, 확률과 통계), 과학(물리학), 기술·가정/정보(기술·가정, 정보)
- **진로선택** 수학(미적분 II, 기하), 과학(역학과 에너지, 전자기와 양자), 기술·가정/정보(로봇과 공학세계, 인공지능 기초, 데이터 과학)
- **융합선택** 기술·가정/정보(창의 공학설계, 소프트웨어와 생활)

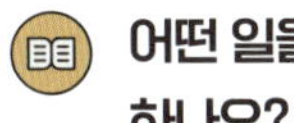 **어떤 일을 하나요?**

① 전기자동차, 전동 킥보드 등 전기를 동력으로 하는 1인용 이동수단을 연구하고 개발합니다.
② 새로운 개인용 이동수단의 동력장치와 구성품을 연구하고 설계합니다.
③ 개인용 이동수단의 디자인을 설계합니다.
④ 동력장치를 비롯하여 각종 구성품의 성능을 평가하고 개선합니다.

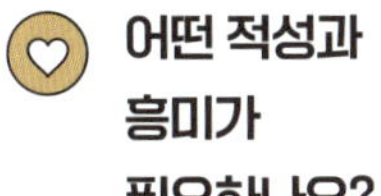 **어떤 적성과 흥미가 필요하나요?**

① 상황의 원인과 결과를 잘 이해하고, 문제를 논리적으로 해결할 수 있는 수리논리력이 필요합니다.
② 머릿속으로 입체적인 물체의 위치나 모습을 상상하고 떠올릴 수 있는 공간지각력이 필요합니다.
③ 도구나 기계 다루는 것을 좋아하고 새로운 기계장치를 만드는 것에 관심을 갖는 사람에게 적합합니다.
④ 사소한 부분까지 주의 깊게 생각하는 꼼꼼한 성격을 가진 사람에게 적합합니다.

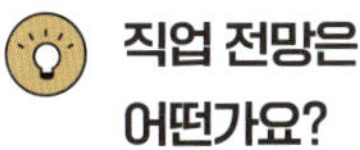 **직업 전망은 어떤가요?**

최근 우리나라에서도 전동 킥보드 등 개인용 이동수단을 이용하는 사람이 급증하고 있습니다. 앞으로 더 다양하고 편리한 개인용 이동수단이 개발될 것으로 기대되기에 개인형이동수단개발자의 일자리는 증가할 것으로 전망됩니다.

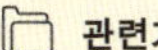 **관련기관**

한국스마트이모빌리티협회 http://kema.kr   한국퍼스널모빌리티산업협회 https://kpmia.org

076

금속공학기술자

세상을 바꾸는 금속을 재발견한다

#금속공학 #합금 #정밀기계 #제련 #제철소

수리논리력 공간지각력

한눈에 보는 진학 로드맵

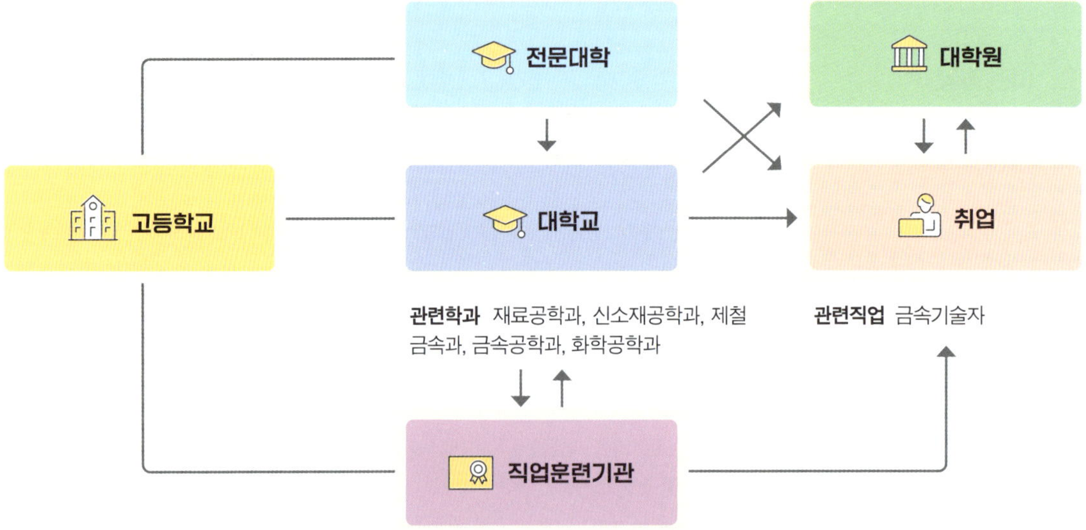

진로 탐색과 준비, 이렇게 하세요	1. 고등학교에서 관련과목을 수강하고 전문대학이나 대학에서 관련학과를 졸업하면 유리합니다. 2. 지역의 진로직업체험센터에서 주관하는 진로체험 프로그램에 참여해 금속공학 관련직업을 알아볼 수 있습니다. 3. 금속산업대전 박람회에 가면 금속산업 분야의 정보를 얻을 수 있습니다.
2025 고교학점제 준비, 이렇게 하세요	**재료공학과/신소재공학과/제철금속과/금속공학과** 일반선택 수학(미적분 I ++, 확률과 통계+), 과학(물리학+, 화학+), 기술·가정/정보(기술·가정, 정보) 진로선택 수학(미적분 II ++, 기하 ++), 과학(역학과 에너지+, 전자기와 양자+, 물질과 에너지+, 화학 반응의 세계+), 기술·가정/정보(로봇과 공학세계, 인공지능 기초, 데이터 과학) 융합선택 기술·가정/정보(창의 공학설계, 소프트웨어와 생활)

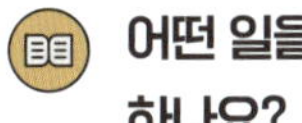

어떤 일을 하나요?

① 금속, 합금의 제조와 가공방법 개발을 위해 금속의 물리적, 조직적 특성을 실험하고 연구하며, 장단기 기술개발 계획을 수립하는 업무를 수행합니다.

② 금속제품의 제조, 가공, 합금 등 금속 분야의 자료를 수집, 분석해서 신기술을 개발하고 생산기술을 향상시키는 역할을 수행합니다.

③ 금속의 주형, 조형, 열처리를 위한 공정을 설계합니다.

④ 금속을 응집, 추출, 제련, 처리 공정을 계획하고 설계합니다.

⑤ 기존 설비를 확장, 증설하는 금속 설비 계획을 판단하여 보고합니다.

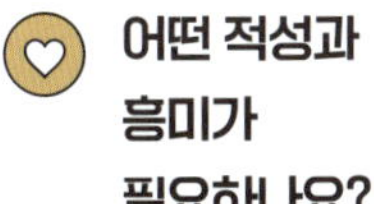

어떤 적성과 흥미가 필요하나요?

① 실험을 통해 새로운 물질을 개발해야 하므로 논리적으로 사고하여 문제를 해결할 수 있는 수리논리력이 필요합니다.

② 금속의 주형, 조형 등 공정을 설계해야 하므로 입체적인 물체의 위치나 모습을 상상하여 떠올릴 수 있는 공간지각력이 필요합니다.

③ 기초과학 분야에 관심이 있고, 깊게 탐구하는 과정을 즐기는 사람에게 적합합니다.

④ 측정, 분석 업무에 관심이 있고, 기계나 도구 조작을 즐기는 사람에게 적합합니다.

📁 **관련기관**   사단법인 대한금속·재료학회 http://www.kim.or.kr

077

도시 및 교통설계전문가

도시를 더 편리하고 안락하게 만든다

🗺 한눈에 보는 진학 로드맵

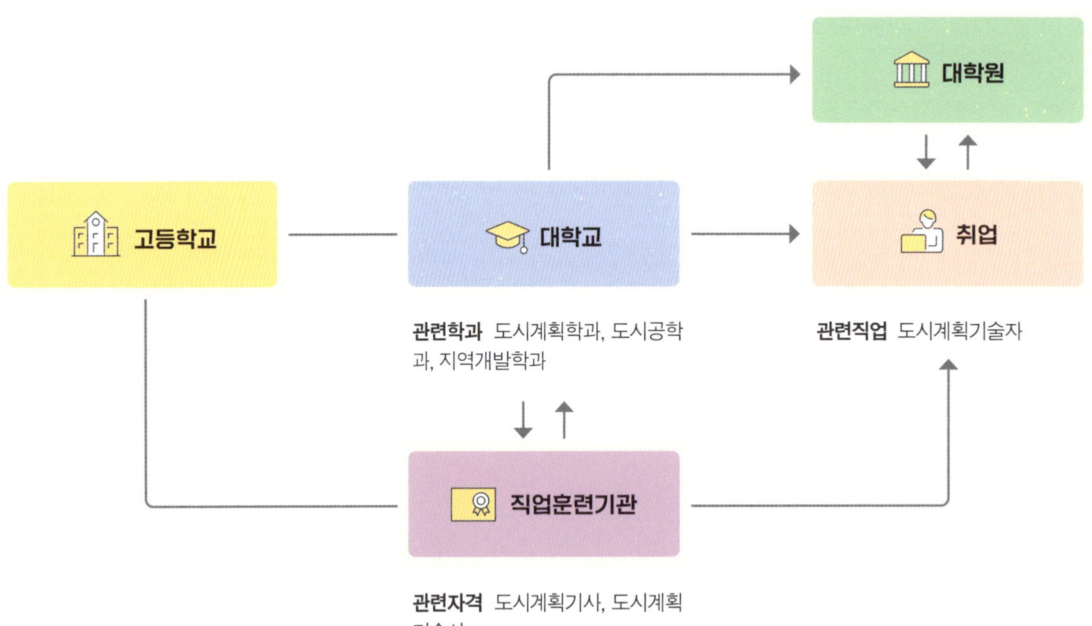

<table>
<tr><td>

**진로 탐색과
준비,
이렇게 하세요**

</td><td>

1. 고등학교에서 관련과목을 수강하고 대학과 대학원에서 관련학과를 졸업하면 유리합니다. 일반 교육훈련기관에서는 부동산공법, 도시와 주거환경정비법, 건축법 등의 교육을 제공합니다.
2. 지역 교통정보서비스센터, 지역 청소년수련관 등에서 운영하는 프로그램에 참여하여 도시와 교통설계 업무를 체험해볼 수 있습니다.

</td></tr>
<tr><td>

**2025 고교학점제
준비,
이렇게 하세요**

</td><td>

도시계획학과/도시공학과/지역개발학과

[일반선택] 수학(미적분 I, 확률과 통계), 과학(물리학), 기술·가정/정보(기술·가정, 정보)

[진로선택] 수학(미적분 II, 기하), 과학(역학과 에너지, 전자기와 양자), 기술·가정/정보(로봇과 공학세계, 인공지능 기초, 데이터 과학)

[융합선택] 기술·가정/정보(창의 공학설계, 소프트웨어와 생활)

</td></tr>
</table>

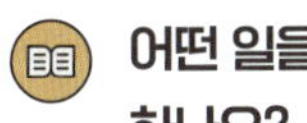 **어떤 일을
하나요?**

① 도시설계와 교통체계에 관한 지식을 바탕으로 기존 도시와 특정 단지의 재개발 또는 신도시 건설과 관련하여 도시와 단지를 계획하고 설계합니다.
② 건설될 도시와 지역의 인구, 상하수도, 도로 등의 인문환경과 지리적 위치, 기후 등 자연환경을 조사·분석하여 향후 그 지역의 발전·확장 정도를 추정합니다.
③ 계획안을 자치단체나 건설회사에 제출하고 각계 전문가와 협의하여 결정안으로 확정합니다.
④ 시공 시 발생하는 제반 사항을 확인하기 위해 현장 점검, 안전진단 등 관리·감독 업무를 합니다.

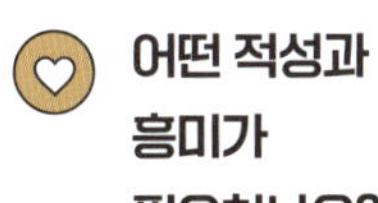 **어떤 적성과
흥미가
필요하나요?**

① 계획안을 작성하고 협의하는 과정에서 문제 파악, 원인 분석, 평가를 수행할 수 있고, 다양한 정보를 근거로 새로운 결론을 도출할 수 있는 수리논리력이 필요합니다.
② 설계를 하고 도면을 작성하거나 보수, 재건축, 도로를 계획하는 업무가 많으므로 공간지각력이 필요합니다.
③ 각계 전문가와 협의를 해야 하는 만큼 리더십을 가지고 다른 사람을 이끌 수 있는 사람에게 적합합니다.
④ 맡은 일에 책임을 가지고 시공 시 발생할 수 있는 문제에 미리 준비하고 대비하는 성향의 사람에게 적합합니다.

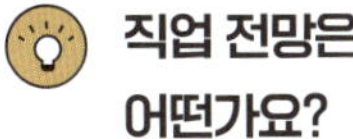 **직업 전망은
어떤가요?**

주택보급률의 증가, 저출산 고령화, 경기침체 등에 따라 신규 건축 수요는 다소 감소하지만 친환경이면서 자연재해로부터 안전한 도시에 대한 관심이 커지면서 도시환경과 경관, 도시 안전과 방재에 대한 도시계획, 컨설팅 업무는 증가할 것으로 예상됩니다.

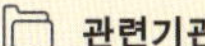 **관련기관**

(사)대한국토·도시계획학회 http://www.kpa1959.or.kr   한국엔지니어링협회 http://www.kenca.or.kr

078

도시재생전문가

낡고 오래된 도시에 새로운 생명을 불어넣는다

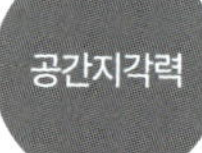

한눈에 보는 진학 로드맵

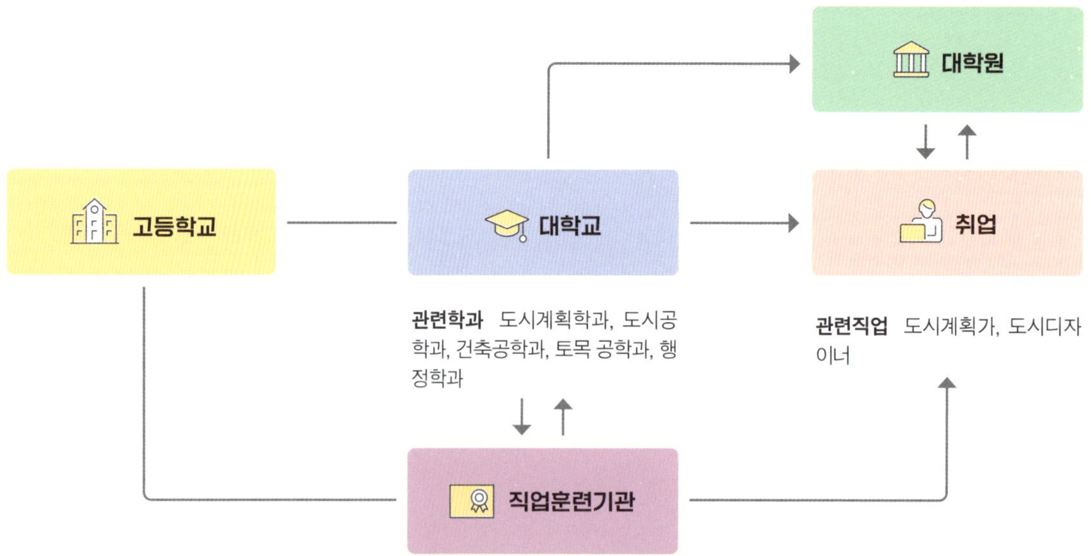

진로 탐색과 준비, 이렇게 하세요	1. 일반적으로 대학의 관련학과를 졸업하는 것이 유리합니다. 주요 대학의 산학협력단에서는 도시재생과 관련된 프로그램을 운영하고 있습니다. 지방정부에서 만든 도시재생지원센터에서도 도시재생 대학 과정을 만들어 운영합니다. 대학의 평생학습교육원 역시 도시재생전문가 양성 과정을 개설하고 있습니다.
	2. 주요 도시에서 만든 도시재생지원센터, 마을공동체지원센터, 마을만들기지원센터, 생활공동체지원센터 등에서 활동할 수 있습니다. 마을기업, 사회적기업, 협동조합뿐만 아니라 건설업체에서도 일할 수 있습니다.
	3. 정부에서 만든 도시재생 종합정보체계 사이트를 방문하여 도시재생의 개념과 여러 정보를 알아봅니다.
	4. 우리나라에서 도시재생을 성공적으로 이끈 다양한 사례를 수집하고 분석해봅니다.

**2025 고교학점제
준비,
이렇게 하세요**

도시계획학과/도시공학과

- 일반선택 : 수학(미적분 I, 확률과 통계), 과학(물리학), 기술·가정/정보(기술·가정, 정보)
- 진로선택 : 수학(미적분 II, 기하), 과학(역학과 에너지, 전자기와 양자), 기술·가정/정보(로봇과 공학세계, 인공지능 기초, 데이터 과학)
- 융합선택 : 기술·가정/정보(창의 공학설계, 소프트웨어와 생활)

건축공학과/토목공학과

- 일반선택 : 수학(미적분 I++, 확률과 통계), 과학(물리학), 기술·가정/정보(기술·가정, 정보)
- 진로선택 : 수학(미적분 II++, 기하), 과학(역학과 에너지, 전자기와 양자), 기술·가정/정보(로봇과 공학세계, 인공지능 기초, 데이터 과학)
- 융합선택 : 기술·가정/정보(창의 공학설계, 소프트웨어와 생활)

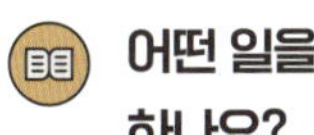 **어떤 일을
하나요?**

① 쇠퇴하거나 낙후된 도시를 되살리기 위하여 도시재생 계획을 세우는 일을 합니다.
② 도시를 되살리는 방법에 대하여 주민들의 의견을 조사하고 정리합니다.
③ 주민들에게 도시재생을 홍보, 교육하고 마을기업의 창업과 운영을 자문합니다.
④ 도시재생 사업이 잘 이루어지고 있는지 점검하고 평가합니다.

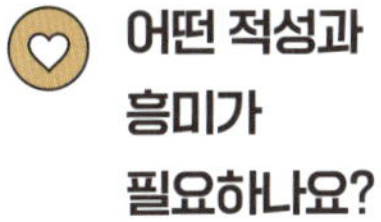 **어떤 적성과
흥미가
필요하나요?**

① 새로운 도시를 건설할 아이디어를 제시하기 위해서는 논리적으로 사고할 수 있는 수리논리력이 필요합니다.
② 머릿속으로 입체적인 물체의 위치나 모습을 상상하고 떠올릴 수 있는 공간지각력이 필요합니다.
③ 새로운 것에 호기심이 많고 논리적으로 사고하는 성향의 사람에게 적합합니다.

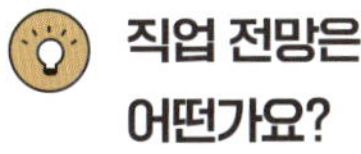 **직업 전망은
어떤가요?**

도시재생 활성화 및 지원에 관한 특별법이 시행되고 있어 국가와 지방자치단체는 도시재생에 필요한 예산을 확보하고 도시재생 사업을 하여야 합니다. 현재 많은 도시에서 도시재생을 전담하는 조직을 갖추고 있고 이는 앞으로 더욱 확대될 전망입니다.

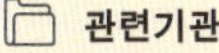 **관련기관**

도시재생종합정보체계 http://www.city.go.kr

179

079

무선주파수(RF)엔지니어

무선통신장비를 연구 · 개발 · 설계한다

#사물인터넷 #4차산업 #정보통신
#IT #무선 #라디오 #무선통신

수리논리력   공간지각력   창의력

한눈에 보는 진학 로드맵

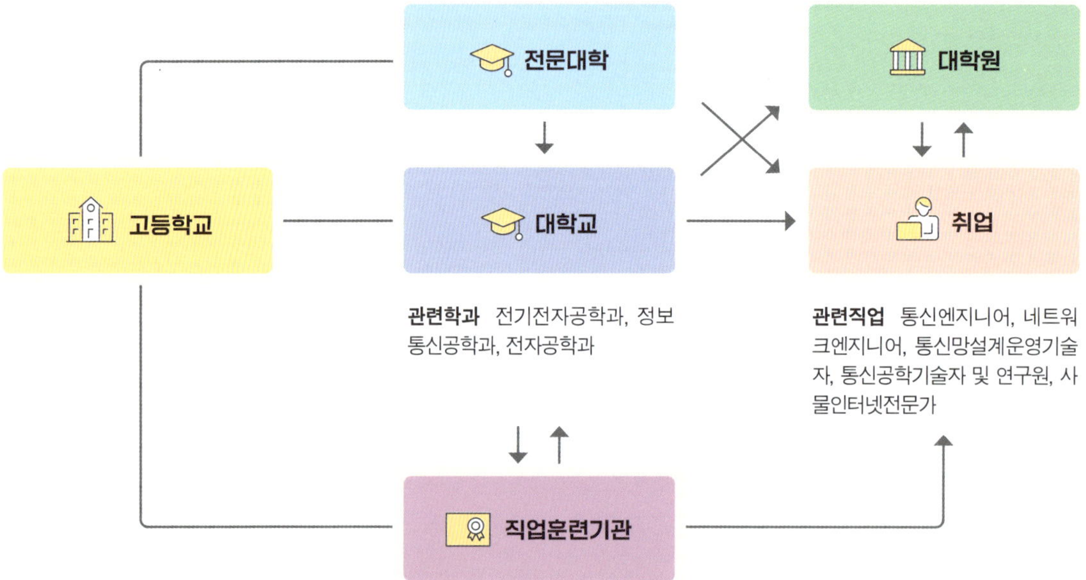

진로 탐색과 준비, 이렇게 하세요	1. 고등학교에서 관련과목을 수강하고 대학의 관련학과를 졸업하는 것이 유리합니다. 특별히 요구되는 학력 조건은 없으나 연구개발 분야의 경우 대학 졸업 이상의 학력이 필요합니다. 민간 교육기관을 통해 관련된 교육과 훈련을 받을 수 있습니다. 2. 무선라디오 수신기, 블루투스 오디오 수신기, 무선마이크 모듈 등 전기전자 키트를 만들어보는 활동을 통해 작동 원리와 기초 지식을 얻을 수 있습니다. 3. 한국전력 전기박물관, 중앙전파관리소의 전파박물관 관람을 통해 우리나라 전기, 통신 분야의 역사와 변천사를 살펴볼 수 있습니다. 4. 전기, 에너지, 전자와 관련된 동영상 시청을 통해 관련 지식을 얻을 수 있습니다.
2025 고교학점제 준비, 이렇게 하세요	**전기전자공학과/정보통신공학과** 일반선택 수학(미적분 I ++, 확률과 통계+), 과학(물리학++), 기술·가정/정보(기술·가정, 정보) 진로선택 수학(미적분 II ++, 기하+), 과학(역학과 에너지++, 전자기와 양자++), 기술·가정/정보(로봇과 공학세계, 인공지능 기초, 데이터 과학) 융합선택 기술·가정/정보(창의 공학설계)

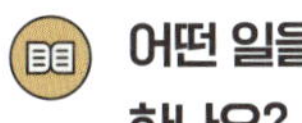

어떤 일을 하나요?

① 무선주파수(RF: Radio Frequency)를 이용하여 무선통신 장비들을 연구·개발·설계하는 일을 합니다.

② 국내외 시장을 조사하고 경쟁 기업의 제품과 무선통신 장비 관련 기술 변화 등을 분석하여, 새로운 기능과 성능을 갖춘 무선통신 장비를 기획하고 개발합니다.

③ 꾸준한 실험과 검사를 통해 새롭게 개발한 무선통신 장비의 성능과 품질을 검사하고 장비의 결함이나 불량의 원인을 분석하여 해결책을 제시합니다.

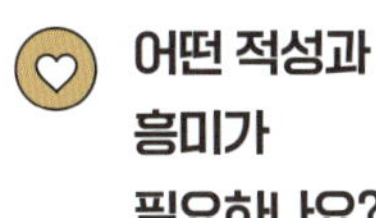

어떤 적성과 흥미가 필요하나요?

① 새로운 기술 정보 수집, 관리와 활용 능력, 창의성, 문제해결을 위한 수리논리력이 필요합니다.

② 무선주파수시스템은 다양한 장비와 장치가 입체적으로 구성되므로 각각의 장치를 입체적으로 상상하고 그릴 수 있는 공간지각력이 필요합니다.

③ 무선주파수를 효율적이면서 안정적으로 처리하는 방법과 관련된 장비나 장치를 개발하는 일을 하므로 깊이 있게 탐구할 수 있는 성격을 가진 사람에게 적합합니다.

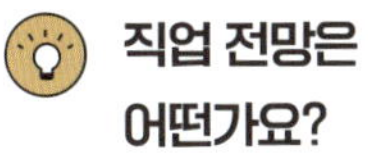

직업 전망은 어떤가요?

변화하는 기술에 발맞추어 새로운 통신 관련 기술들을 개발하고 적용하는 통신기술 관련 엔지니어의 일자리 수요가 지속적으로 있을 것으로 보입니다.

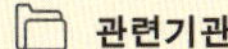

관련기관

한국정보통신공사협회 http://www.kica.or.kr
전파방송통신교육원 http://www.atic.ac
정보통신기획평가원 https://www.iitp.kr
방송통신위원회 http://www.kcc.go.kr
한국정보통신진흥협회 http://www.kait.or.kr

080

반도체공학기술자

반도체의 기능과 성능을 개선한다

#전자공학 #통신업체 #휴대폰
#시스템개발

수리논리력 공간지각력 창의력

한눈에 보는 진학 로드맵

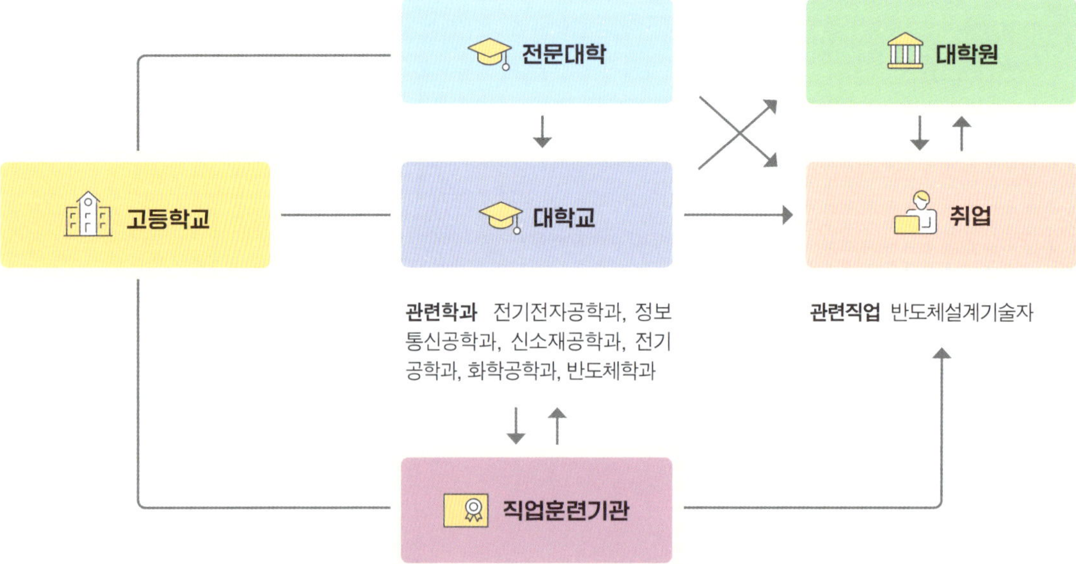

<table>
<tr><td>

**진로 탐색과
준비,
이렇게 하세요**

</td><td>

1. 대학의 반도체 관련학과를 졸업하는 것이 유리하며, 연구소나 업체에 따라서는 반도체 관련 분야의 석사 이상 학위를 요구하기도 합니다.
2. 대학에서 주관하는 진로체험 프로그램에 참여하여 반도체공학 관련직업을 알아볼 수 있습니다.
3. 전자 키트 조립을 통해 각종 전자부품의 작동 원리를 이해할 수 있습니다.

</td></tr>
<tr><td>

**2025 고교학점제
준비,
이렇게 하세요**

</td><td>

전기전자공학과/정보통신공학과

`일반선택` 수학(미적분 I ++, 확률과 통계+), 과학(물리학++), 기술·가정/정보(기술·가정, 정보)

`진로선택` 수학(미적분 II ++, 기하+), 과학(역학과 에너지++, 전자기와 양자++), 기술·가정/정보(로봇과 공학세계, 인공지능 기초, 데이터 과학)

`융합선택` 기술·가정/정보(창의 공학설계)

신소재공학과

`일반선택` 수학(미적분 I ++, 확률과 통계+), 과학(물리학+, 화학+), 기술·가정/정보(기술·가정, 정보)

`진로선택` 수학(미적분 II ++, 기하++), 과학(역학과 에너지+, 전자기와 양자+, 물질과 에너지+, 화학 반응의 세계+), 기술·가정/정보(로봇과 공학세계, 인공지능 기초, 데이터 과학)

`융합선택` 기술·가정/정보(창의 공학설계, 소프트웨어와 생활)

</td></tr>
</table>

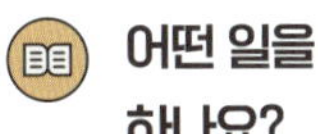 **어떤 일을
하나요?**

① 냉장고, 텔레비전, 세탁기 등의 가전제품과 의료기기, 컴퓨터, 휴대폰 등 전자제품에 사용되는 반도체의 기술적 성능을 개선하거나 새로운 기능과 성능을 갖춘 반도체를 개발합니다.

② 전반적인 반도체 기술 지식을 활용하여 반도체의 제조·조립을 위한 공정별 최적 조건을 설정합니다.

③ 반도체 제조에 필요한 설비와 장비를 시운전하여 조작·운영방법을 규정해 작업자에게 지시하고, 불량제품의 원인을 분석하고 그 대책을 수립합니다.

④ 기술적 성능을 개선하고 부품, 제품, 시스템에 사용되는 전자적 특성의 변형과 응용을 계획하고 개발합니다.

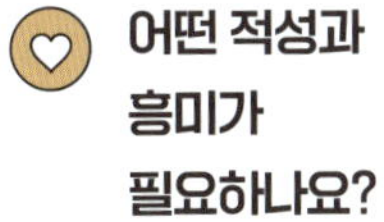 **어떤 적성과
흥미가
필요하나요?**

① 새로운 기술 개발을 위한 창의력, 문제 해결을 위한 분석적 사고능력, 판단력 등의 수리논리력이 필요합니다.

② 정밀한 장비나 시스템 구조를 이해하거나 설계할 수 있는 공간지각력이 필요합니다.

③ 기본적으로 수학과 물리학과 같은 이공계 과목을 좋아하고, 복잡한 수식을 잘 이해하고 계산할 수 있는 사람에게 적합합니다.

④ 새로운 것에 호기심이 많고, 전자제품이나 전자기기를 좋아하는 사람에게 적합합니다.

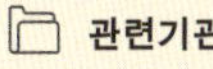 **직업 전망은
어떤가요?**

4차산업혁명으로 인하여 반도체 시장이 구조적으로 성장할 것으로 예상되어 고급 전문기술을 가진 인력의 수요가 더욱 늘어날 것입니다.

📁 `관련기관` 한국반도체산업협회 https://www.ksia.or.kr

081

발명가

상상하는 것을 현실로 만들어낸다

#발명품 #과학 #창작 #특허 #아이디어 #벤처회사

예술
시각능력

창의력

한눈에 보는 진학 로드맵

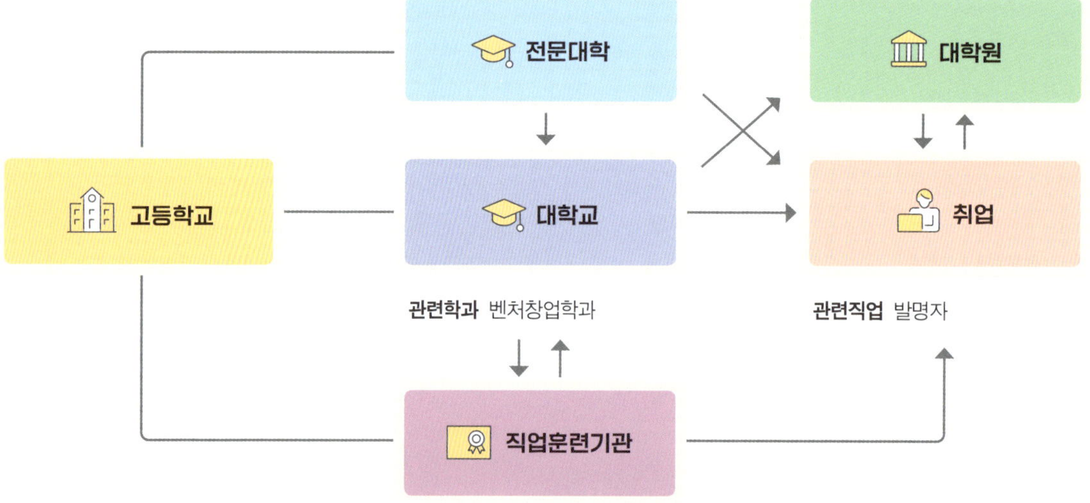

<table>
<tr><td>

진로 탐색과 준비, 이렇게 하세요

</td><td>

1. 특별히 요구되는 학력 조건은 없습니다. 개인 발명가와 기업 소속 발명가로 나뉘는데, 개인 발명가는 자신의 집이나 개인 연구소에서 활동하며, 기업 소속 발명가는 공개채용이나 특별채용을 통해 기업의 연구소에 입사합니다.
2. 초중고교생의 경우 한국학교발명협회, 한국발명진흥회 등 관련기관에서 운영하는 발명교실이나 발명캠프 등에서 교육을 받을 수 있습니다.
3. 한국발명진흥회에서 주관하는 발명 대회에 참여하거나 대전의 발명교육센터 내 창의발명체험관을 관람하면 호기심을 키우는 데 도움이 될 수 있습니다.

</td></tr>
<tr><td>

2025 고교학점제 준비, 이렇게 하세요

</td><td>

벤처창업학과

일반선택	기술·가정/정보(정보)
진로선택	기술·가정/정보(인공지능 기초, 데이터 과학)
융합선택	기술·가정/정보(소프트웨어와 생활)

</td></tr>
</table>

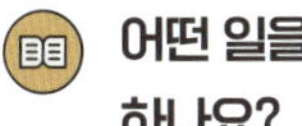 어떤 일을 하나요?

① 지금까지 없던 기술이나 물건을 새로 생각하여 만들어내는 일을 전문적으로 하는 사람으로, 새로운 아이디어를 떠올리고 시제품을 만듭니다.

② 생각해낸 발명품의 개요를 적어 개인이 직접 특허청에 특허출원을 신청하거나 특허사무소 또는 변리사를 통하여 특허를 신청하기도 합니다.

③ 중소기업이나 대기업 등에 발명 특허권을 팔기도 합니다.

④ 발명한 특허기술을 바탕으로 벤처회사를 설립하거나 상품화하여 팔기도 합니다.

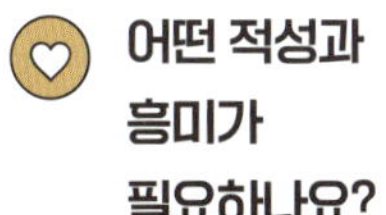 어떤 적성과 흥미가 필요하나요?

① 새로운 물건이나 제품을 만들기 위한 다양한 아이디어를 구체적으로 표현할 수 있고, 조화롭게 재구성할 수 있는 예술시각능력이 필요합니다.

② 새롭고 독특한 방식으로 문제를 해결하고 아이디어를 내는 창의력이 필요합니다.

③ 호기심이 많고 일상생활과 자연을 세심하게 관찰하는 것을 좋아하는 사람에게 적합합니다.

④ 수학·과학·물리 등의 과목을 좋아하며 특정 대상을 탐구하고 분석하는 것을 즐기는 사람에게 적합합니다.

📁 **관련기관**

특허청 http://www.kipo.go.kr   (사)한국학교발명협회 http://www.kasi.org

한국발명진흥회 http://www.kipa.org

082

산업공학기술자

경영을 과학적으로 분석한다

#산업공학 #기업경영 #신뢰성공학
#경영정보시스템

수리논리력   공간지각력

📖 한눈에 보는 진학 로드맵

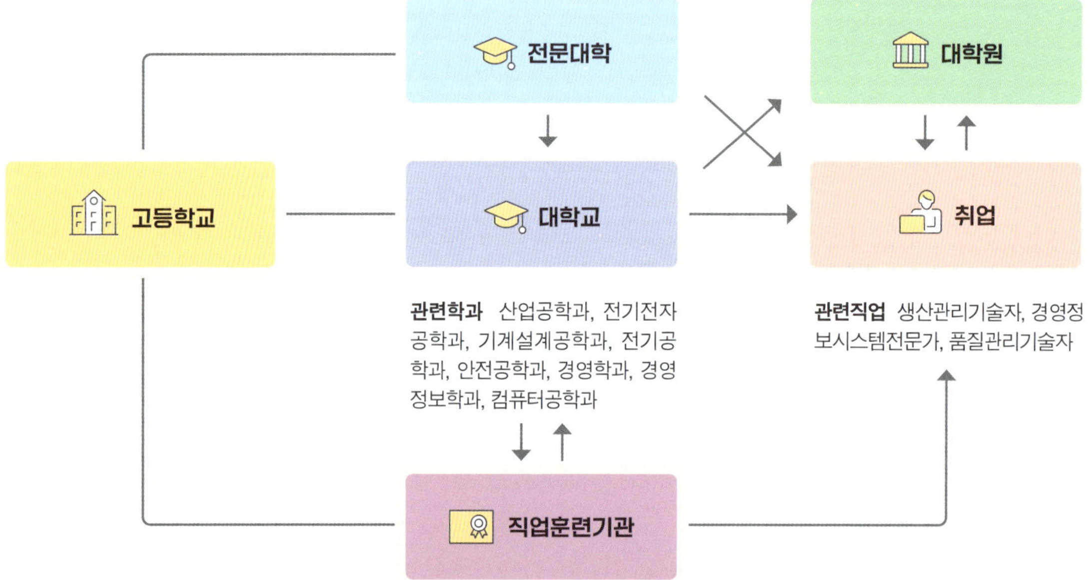

관련학과 산업공학과, 전기전자공학과, 기계설계공학과, 전기공학과, 안전공학과, 경영학과, 경영정보학과, 컴퓨터공학과

관련직업 생산관리기술자, 경영정보시스템전문가, 품질관리기술자

관련자격 산업안전기사, 산업안전지도사, 공장관리기술사, 품질경영기사

<table>
<tr><td>

**진로 탐색과
준비,
이렇게 하세요**

</td><td>

1. 전문대학과 대학에서 관련학과를 졸업하면 유리합니다. 연구개발과 컨설팅 분야에서는 자격증이 큰 영향을 주지 않지만, 일부 기업에서는 자격증을 요구할 수 있습니다.
2. 한국산업대전이나 국제기계박람회 관람을 통해 산업, 기계공학 분야의 정보를 얻을 수 있습니다.
3. 각종 코딩 사이트나 엔트리 웹사이트 등 코딩 프로그램 연습을 통해 문제해결을 위한 논리적 사고 능력을 향상하고, 프로그래밍 기초 지식과 원리를 이해할 수 있습니다.

</td></tr>
<tr><td>

**2025 고교학점제
준비,
이렇게 하세요**

</td><td>

산업공학과

일반선택	수학(미적분 I ++, 확률과 통계+), 기술·가정/정보(기술·가정, 정보)
진로선택	수학(미적분 II ++), 기술·가정/정보(로봇과 공학세계, 데이터 과학)
융합선택	사회(금융과 경제 생활), 기술·가정/정보(창의 공학설계, 소프트웨어와 생활)

전기전자공학과

일반선택	수학(미적분 I ++, 확률과 통계+), 과학(물리학++), 기술·가정/정보(기술·가정, 정보)
진로선택	수학(미적분 II ++, 기하+), 과학(역학과 에너지++, 전자기와 양자++), 기술·가정/정보(로봇과 공학세계, 인공지능 기초, 데이터 과학)
융합선택	기술·가정/정보(창의 공학설계)

</td></tr>
</table>

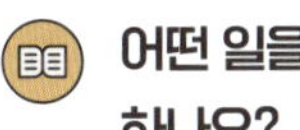 **어떤 일을
하나요?**

① 사회과학적 전문지식과 자연과학적 원리를 응용하여 경영의 여러 요소를 과학적으로 분석하고 조정하는 업무를 수행합니다.
② 생산을 위한 최적의 수준을 결정하고 기계, 원자재, 자원의 최적 활용을 위한 프로그램을 실행합니다.
③ 경영 기획, 기술 전략, 경영정보시스템 분야 등에서 회사에 영향을 끼치는 다양한 요인들을 분석하고 사업전략과 경영관리 방법을 모색합니다.
④ 시설을 계획하고 설계하며 새로운 기계, 설비를 연구하고 적용합니다.

**어떤 적성과
흥미가
필요하나요?**

① 각 산업 조직의 특성을 파악하기 위해서 논리적으로 사고하여 문제를 해결하는 수리논리력이 필요합니다.
② 시설을 계획하고 설계해야 하므로 입체적인 물체의 위치나 모습을 상상하여 떠올릴 수 있는 공간지각력이 필요합니다.
③ 사회과학과 컴퓨터, 공학적 지식에 관심이 있고, 깊게 탐구하는 과정을 즐기는 사람에게 적합합니다.
④ 생산기술과 생산공정에 관심이 있고, 기계나 도구 조작을 즐기는 사람에게 적합합니다.

**직업 전망은
어떤가요?**

산업현장에서 근로자의 안전이 강조되고 설비의 자동화, 디지털화, 고도화 등으로 위험 요소가 더욱 커지고 있어 작업장 설계 등 산업안전과 위험 분야, 설비, 장비, 부품의 적절한 교체 등 신뢰성 공학 분야에서 산업공학기술자의 역할이 커질 것으로 예측되고 있습니다.

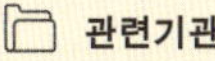 **관련기관**

대한산업공학회 http://www.kiie.org

083

섬유공학기술자

첨단섬유 소재를 연구·개발한다

#섬유제품 #동물섬유 #식물섬유
#합성섬유

수리논리력 공간지각력

한눈에 보는 진학 로드맵

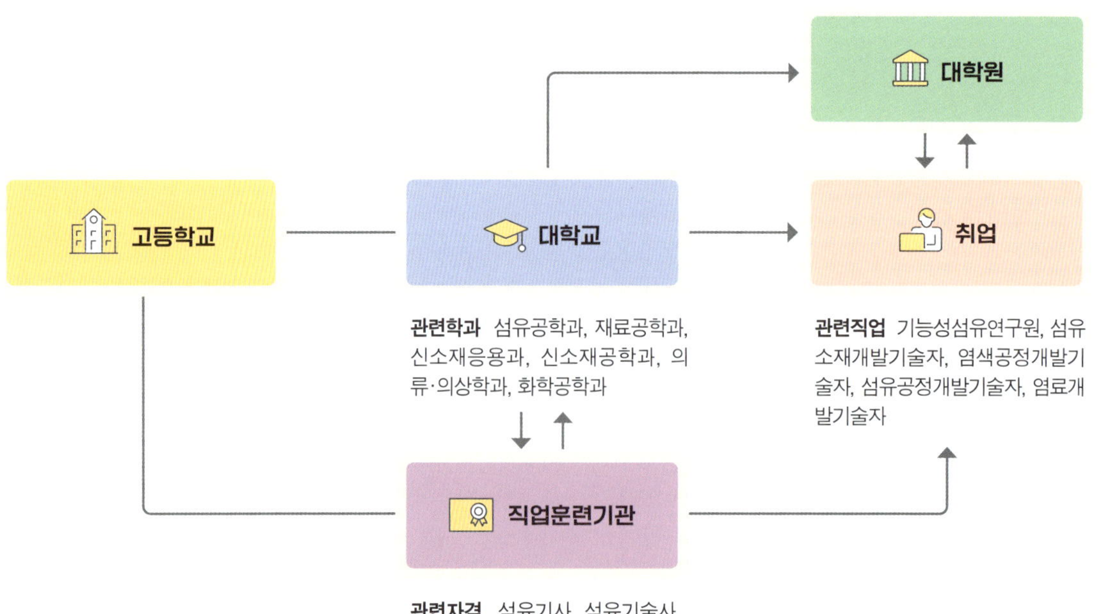

<table>
<tr><td>

**진로 탐색과
준비,
이렇게 하세요**

</td><td>

1. 고등학교에서 관련과목을 수강하고 대학의 관련학과를 졸업하면 유리합니다. 연구, 설계 분야에 따라서는 석사학위 이상의 학력이 필요하기도 합니다.
2. 지역의 진로직업체험센터에서 주관하는 진로체험 프로그램에 참여해 관련직업을 알아볼 수 있습니다.
3. 화학 동아리에 들어가 활동하면 화학 관련 정보를 얻고 화학 실험 등을 경험해볼 수 있습니다.

</td></tr>
<tr><td>

**2025 고교학점제
준비,
이렇게 하세요**

</td><td>

섬유공학과/재료공학과/신소재응용과/신소재공학과

| 일반선택 | 수학(미적분 I ++, 확률과 통계+), 과학(물리학+, 화학+), 기술·가정/정보(기술·가정, 정보)

| 진로선택 | 수학(미적분 II ++, 기하++), 과학(역학과 에너지+, 전자기와 양자+, 물질과 에너지+, 화학 반응의 세계+), 기술·가정/정보(로봇과 공학세계, 인공지능 기초, 데이터 과학)

| 융합선택 | 기술·가정/정보(창의 공학설계, 소프트웨어와 생활)

</td></tr>
</table>

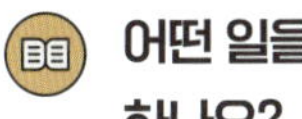 **어떤 일을
하나요?**

① 공학 기술을 기반으로 섬유제품의 품질을 연구하고, 새로운 첨단섬유 소재를 연구·개발하는 업무를 수행합니다.
② 새로운 섬유 소재 제품을 개발하며, 섬유 소재의 품질 향상을 위한 연구를 수행합니다.
③ 섬유제품을 위한 공정, 장비, 절차를 설계하는 등 가공 공정을 개선합니다.
④ 동물섬유, 식물섬유, 합성섬유를 분석하고, 제조된 섬유제품 또한 분석합니다.
⑤ 섬유 소재의 염색 기법 등을 개발하고, 섬유 소재에 대한 품질관리, 생산관리 업무를 수행하기도 합니다.

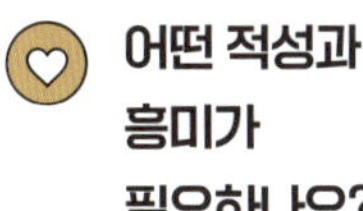 **어떤 적성과
흥미가
필요하나요?**

① 화학, 물리, 수학과 같은 기초과학 과목의 이해를 바탕으로 과학실험 과정의 인과관계를 파악할 수 있는 수리논리력이 필요합니다.
② 섬유제품 생산을 위한 공정, 장비 설계 등 가공 공정 개선을 위해서 입체적인 물체의 위치나 모습을 상상하여 떠올릴 수 있는 공간지각력이 필요합니다.
③ 옷 디자인이나 재질에 관심이 있고, 새로운 것에 호기심이 많은 사람에게 적합합니다.
④ 지속적으로 연구하고 실험하는 것을 좋아하고, 기계나 도구 조작 활동에 관심이 있는 사람에게 적합합니다.

📁 **관련기관**

한국섬유산업연합회 http://www.kofoti.or.kr   KOTITI 시험연구원 http://www.kotiti.re.kr
한국의류산업학회 http://www.sfti.or.kr

084

생물공학연구원

생명체를 이해하고 분석한다

#유전자 #바이오 #줄기세포
#생명공학

수리논리력 자연 친화력

📖 한눈에 보는 진학 로드맵

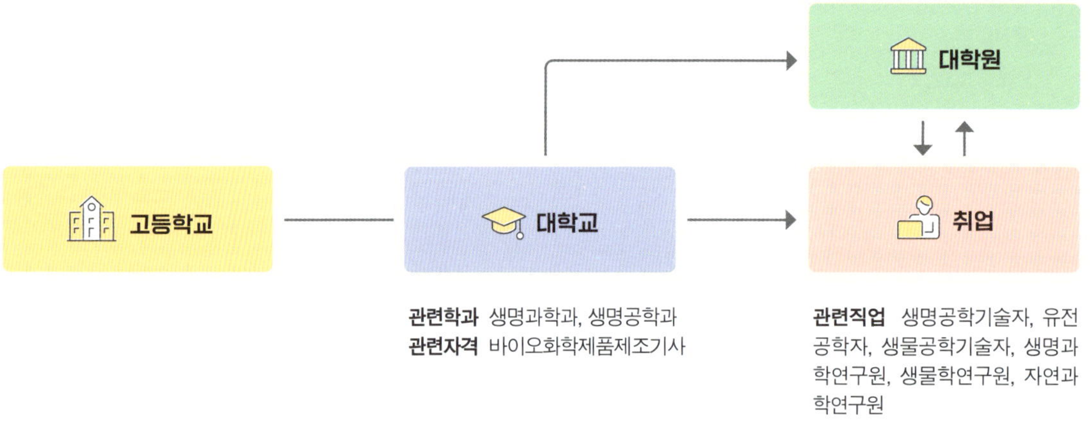

관련학과 생명과학과, 생명공학과
관련자격 바이오화학제품제조기사

관련직업 생명공학기술자, 유전공학자, 생물공학기술자, 생명과학연구원, 생물학연구원, 자연과학연구원

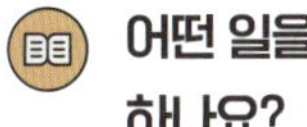

| 진로 탐색과 준비, 이렇게 하세요 | 1. 고등학교에서 관련과목을 수강하고 대학에서 관련 분야를 전공한 다음 대학원에 진학하여 같은 분야의 석사 또는 박사학위를 취득하는 것이 유리합니다. 대학이나 기업에서 바이오의약 제조와 품질 분석전문가 과정이나 첨단바이오의약품 개발 연구 과정을 제공하고 있습니다.
2. 지역의 진로체험지원센터에서 주관하는 생명공학 관련 진로체험 프로그램에 참여하여 관련직업을 알아볼 수 있습니다. |

2025 고교학점제 준비, 이렇게 하세요

생명과학과/생명공학과

일반선택	수학(미적분 Ⅰ++, 확률과 통계+), 과학(생명과학++, 화학+), 기술·가정/정보(정보)
진로선택	수학(미적분 Ⅱ++, 기하+), 과학(세포와 물질대사++, 생물의 유전++, 물질과 에너지+, 화학 반응의 세계+), 기술·가정/정보(인공지능 기초, 데이터 과학)
융합선택	과학(융합과학 탐구), 기술·가정/정보(소프트웨어와 생활)

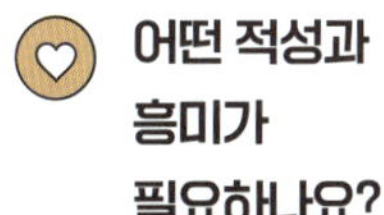

어떤 일을 하나요?

① 미생물, 동식물, 효소를 이용하여 물질을 생산, 분해, 변환하고 이를 통해 얻은 지식과 기술을 인간 생활에 응용하는 연구를 담당합니다.

② 의학, 약학, 화공, 환경공학 등의 전문가들과 협동하여 유전자 재조합, 생물 공정 등 이미 개발된 기술을 습득하고 새로운 생물공학기술을 개발하는 연구를 수행합니다.

③ DNA 조작을 통해 신물질 개발 실험을 하거나, 실험동물의 체세포나 혈액을 분리·조작하는 실험을 통해 새로운 생물의약품, 생물화학제품, 바이오식품 등의 신제품을 개발합니다.

어떤 적성과 흥미가 필요하나요?

① 생물에 대한 깊은 이해와 공학적인 실습과 실험을 수행하기 위해 논리적으로 분석하고 문제를 해결할 수 있는 수리논리력이 필요합니다.

② 생물, 화학, 물리학 등 과학 과목을 좋아하고, 호기심이 생긴 일에 끝까지 답을 찾는 활동을 즐기는 사람에게 적합합니다.

③ 자연현상에 관심이 많으며 특정 대상을 분석·연구하는 것을 좋아하는 사람에게 적합합니다.

직업 전망은 어떤가요?

생명공학산업의 기반이 되는 각종 기초연구와 응용연구를 수행하기에 향후 생명공학 산업의 성장과 함께 인력 수요가 증가할 수 있습니다. 특히 줄기세포 연구, 뇌 연구, 신약 개발과 관련한 인력이 집중적으로 많이 필요할 것으로 예측됩니다.

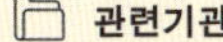

관련기관

한국생명공학연구원 http://www.kribb.re.kr
생물학연구정보센터 http://bric.postech.ac.kr
한국생물공학회 http://www.ksbb.or.kr

사단법인 한국미생물·생명공학회 http://www.kormb.or.kr
사단법인 한국생명과학회 http://www.jls.or.kr

085

스마트그리드엔지니어

값비싼 전기를 효율적으로 생산하고 소비하는 일을 책임진다

 #기술자 #전력망 #스마트그리드 #한국전력

 수리논리력 공간지각력

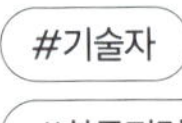 한눈에 보는 진학 로드맵

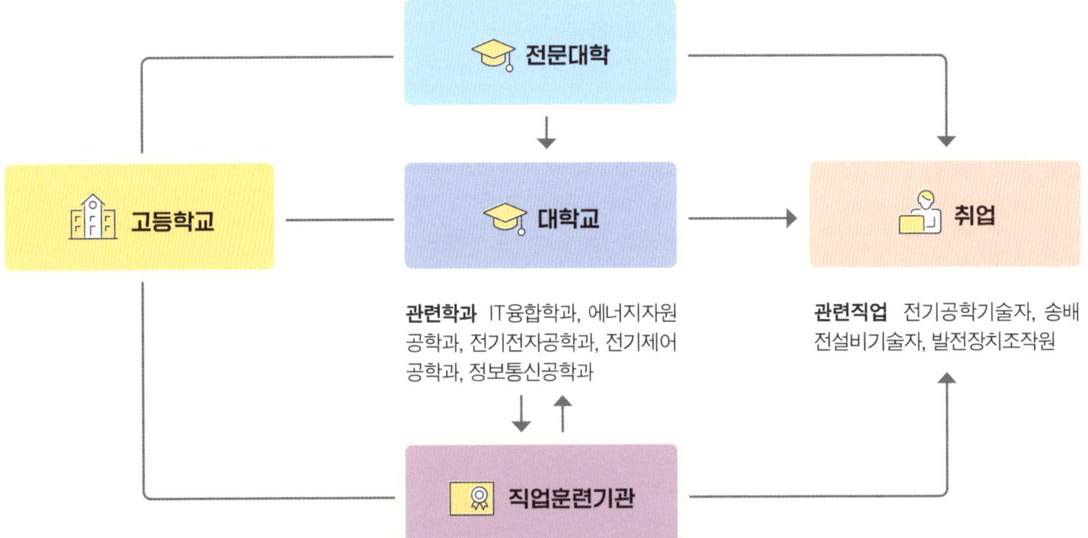

<table>
<tr><td>

**진로 탐색과
준비,
이렇게 하세요**

</td><td>

1. 전문대학 이상의 학력이 요구되며 전기, 통신과 관련된 학과를 전공하면 유리합니다. 스마트그리드 관련 협회, 대학, 연구소 등에서 스마트그리드 인력을 양성하기 위한 훈련 과정을 개설하고 있습니다.
2. 전기박물관 관람을 통해 관련 분야를 살펴보고 흥미와 관심을 넓힐 수 있습니다.

</td></tr>
<tr><td>

**2025 고교학점제
준비,
이렇게 하세요**

</td><td>

IT융합학과

일반선택	수학(확률과 통계), 기술·가정/정보(정보)
진로선택	기술·가정/정보(인공지능 기초, 데이터 과학)
융합선택	기술·가정/정보(소프트웨어와 생활)

에너지자원공학과

일반선택	수학(미적분 I++, 확률과 통계+), 과학(물리학++, 화학+), 기술·가정/정보(기술·가정, 정보)
진로선택	수학(미적분 II++, 기하++), 과학(역학과 에너지++, 전자기와 양자++, 물질과 에너지+, 화학 반응의 세계+), 기술·가정/정보(로봇과 공학세계, 인공지능 기초, 데이터 과학)
융합선택	과학(융합과학 탐구), 기술·가정/정보(창의 공학설계, 소프트웨어와 생활)

</td></tr>
</table>

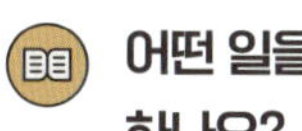 **어떤 일을
하나요?**

① 전기를 생산, 운반, 소비하는 과정을 정보통신 기술과 결합하여 지능형 전력망(스마트그리드)을 개발합니다.
② 효율적으로 전력을 관리하는 지능형 전력망을 운영합니다.
③ 지능형 전력망에 필요한 전기기기, 각종 전력 제어용 센서, 네트워크 장비, 데이터 처리 장비 등을 개발합니다.

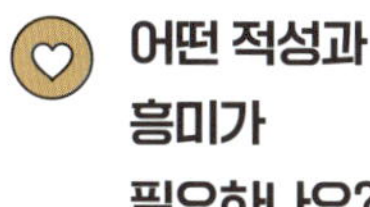 **어떤 적성과
흥미가
필요하나요?**

① 전기의 생산, 운반, 소비 과정을 정밀하게 파악하고 효율적으로 전력을 관리할 수 있는 방안을 제시할 수 있어야 하므로 수학적 지식과 더불어 논리적으로 사고할 수 있는 수리논리력이 필요합니다.
② 전력을 생산하고 보내는 여러 시설물의 위치를 머릿속으로 상상할 수 있는 공간지각력이 필요합니다.
③ 전기를 보다 효율적으로 생산하고 보급하는 방법을 깊이 있게 탐구할 수 있는 사람에게 적합합니다.
④ 전기를 공급하고 다른 곳으로 보내는 각종 장비를 다루는 일이기 때문에 기계를 다루는 데 흥미가 있는 사람에게 적합합니다.

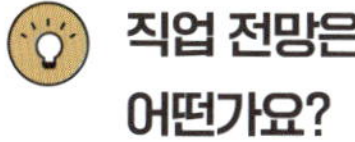 **직업 전망은
어떤가요?**

전기를 생산할 수 있는 발전소는 정해져 있는데 전기를 점점 많이 사용하게 되면서 보다 효율적으로 전기 생산자와 소비자를 연결할 필요성이 높아지고 있습니다. 계획을 세워 지능형 전력망을 설치해야 하기에 스마트그리드엔지니어는 앞으로 더욱 주목받는 직업으로 성장할 것입니다.

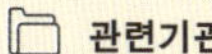 **관련기관**

한국스마트그리드협회 http://www.ksga.org

086

스마트도시전문가

시민이 편하게 생활할 수 있는 똑똑하고 효율적인 도시를 만든다

#스마트도시 #도시재생

#사물인터넷

수리논리력 공간지각력

한눈에 보는 진학 로드맵

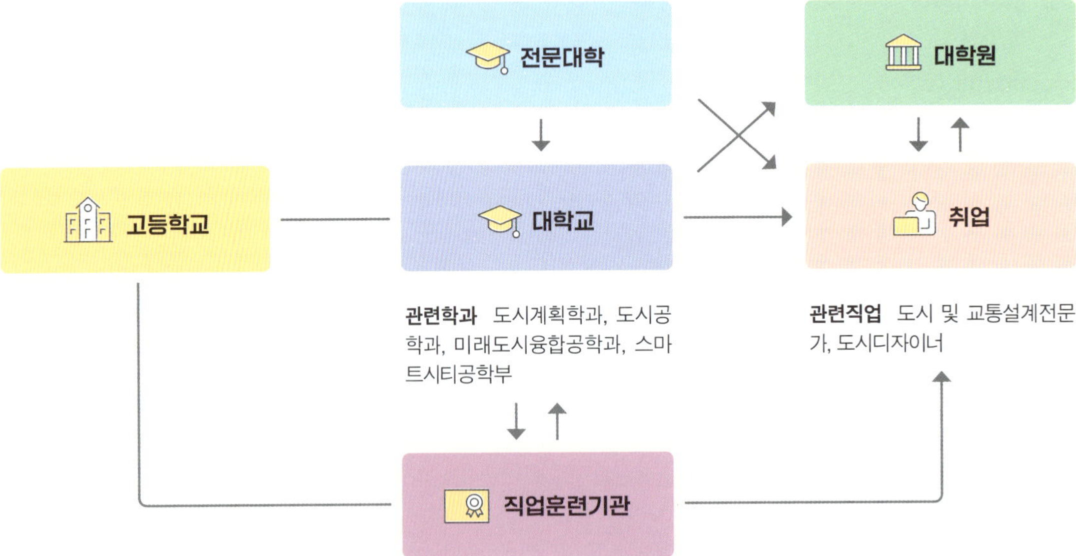

| 진로 탐색과
준비,
이렇게 하세요 | 1. 대학의 도시 관련학과나 정보통신 관련전공을 한 사람들이 유리합니다. 최근에는 일부 대학에서 미래도시융합공학과, 스마트시티공학부 등과 같이 스마트도시를 전문적으로 공부하는 전공이 등장하였습니다.
2. 정부가 지원하고 민간 연구원이 주관하는 스마트시티 전문 인력 양성 과정이 개설되어 있습니다. 이 과정에서 스마트도시 계획, 스마트도시 정보통신 기술과 솔루션, 스마트도시 수행과 운영 사례 등의 교육을 받을 수 있습니다.
3. 정부에서 운영하는 스마트시티 종합포털을 방문하면 스마트도시에 관한 여러 정보를 알아볼 수 있습니다. |

2025 고교학점제 준비, 이렇게 하세요

도시계획학과/도시공학과

일반선택	수학(미적분Ⅰ, 확률과 통계), 과학(물리학), 기술·가정/정보(기술·가정, 정보)
진로선택	수학(미적분Ⅱ, 기하), 과학(역학과 에너지, 전자기와 양자), 기술·가정/정보(로봇과 공학세계, 인공지능 기초, 데이터 과학)
융합선택	기술·가정/정보(창의 공학설계, 소프트웨어와 생활)

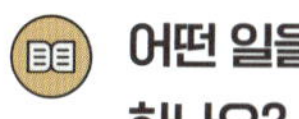

어떤 일을 하나요?

① 정보통신 기술을 이용하여 정보를 수집하고 자원을 효율적으로 관리하는 스마트도시를 계획합니다.

② 도시 지역의 교통, 에너지, 수도, 하수, 폐기물, 학교, 병원 등에 관한 전반적인 데이터를 수집하고 분석합니다.

③ 사물인터넷과 인공지능 기술을 적용하여 도시 문제를 분석하고 해결책을 내놓는 일을 합니다.

④ 스마트도시를 만들기 위해 필요한 각종 설비나 시스템을 설치하고 관리하는 일을 합니다.

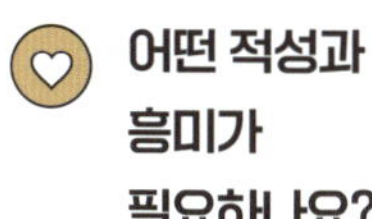

어떤 적성과 흥미가 필요하나요?

① 에너지 소비량, 교통량, 수도와 하수 양, 폐기물 양 등을 체계적으로 이해하고 분석하기 위해 수리논리력이 필요합니다.

② 입체도형을 보고 전개도를 떠올릴 수 있는 공간지각력이 필요합니다.

③ 새로운 것에 호기심이 많고 논리적·합리적으로 사고하는 성향의 사람에게 적합합니다.

④ 다른 사람의 생각이나 행동에 영향을 주고 싶어 하는 사람에게 적합합니다.

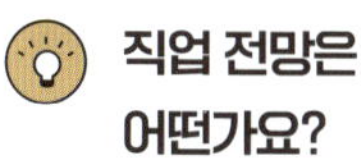

직업 전망은 어떤가요?

스마트도시를 건설하려는 시도가 다양하게 시도될 것으로 보입니다. 서울과 같이 오래된 도시의 경우 낡고 비효율적인 지역이 많아 정보통신 기술의 힘을 이용하여 스마트도시로 거듭나게 하려는 시도가 앞으로 계속 이어질 것으로 보입니다.

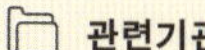 **관련기관** 스마트도시협회 http://www.smartcity.or.kr   인천스마트시티 http://www.ismartcity.co.kr

087

에너지공학기술자

광산, 석유, 가스 등을 비롯한 다양한 에너지 자원을 조사하고 연구한다

#에너지사업　#광산개발　#재활용
#광산시설　#신재생에너지

수리논리력　공간지각력

📖 한눈에 보는 진학 로드맵

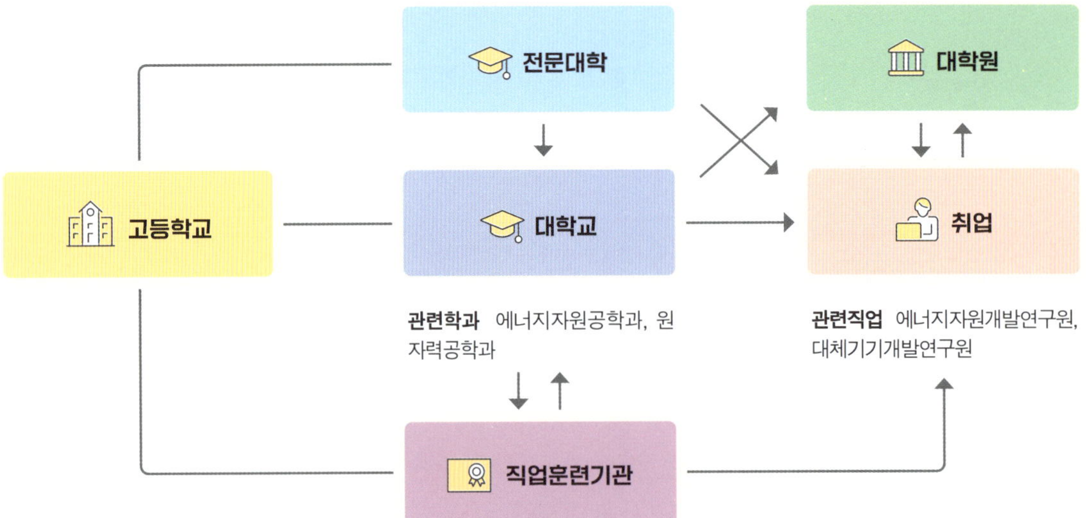

<table>
<tr><td>

**진로 탐색과
준비,
이렇게 하세요**

</td><td>

1. 전문대학 이상의 학력이 필요합니다. 대학에서 관련학과를 졸업하면 유리합니다.
2. 에너지공사에서 주관하는 에너지 관련 진로체험 프로그램에 참여하여 에너지 관련직업의 정보를 탐색해볼 수 있습니다.
3. 에너지 실험 키트, 전기 키트를 조립해보면서 각종 장치의 작동 원리를 이해해볼 수 있습니다.

</td></tr>
<tr><td>

**2025 고교학점제
준비,
이렇게 하세요**

</td><td>

에너지자원공학과

`일반선택` 수학(미적분 I ++, 확률과 통계+), 과학(물리학++, 화학), 기술·가정/정보(기술·가정, 정보)

`진로선택` 수학(미적분 II ++, 기하 ++), 과학(역학과 에너지++, 전자기와 양자++, 물질과 에너지, 화학 반응의 세계), 기술·가정/정보(로봇과 공학세계, 인공지능 기초, 데이터 과학)

`융합선택` 과학(융합과학 탐구), 기술·가정/정보(창의 공학설계, 소프트웨어와 생활)

</td></tr>
</table>

어떤 일을 하나요?

① 에너지 사업을 위한 기술상의 조건을 분석하며 이에 필요한 시스템 장비를 설계·계획·조직화합니다.

② 광산 개발 관련 업무를 수행하고 광산 시설, 시스템과 장비를 설계하며 지하의 금속 또는 비금속광물, 광석의 추출을 계획·조직합니다.

③ 석유와 가스 매장량의 탐사, 개발, 추출과 관련된 연구를 수행하며, 광석 매장량과 보유량 추정뿐 아니라 탄광 설계에 관한 측량과 연구를 합니다.

어떤 적성과 흥미가 필요하나요?

① 과학의 원리를 이해하고, 실생활에서 문제 해결을 단계적으로 할 수 있는 수리논리력이 필요합니다.

② 머릿속으로 물체의 위치나 모습을 상상하여 떠올릴 수 있는 공간지각력이 필요합니다.

③ 직접 느끼고 움직이는 체험을 중시하는 사람에게 적합합니다.

④ 깊게 탐구하는 과정을 즐기는 사람에게 적합합니다.

직업 전망은 어떤가요?

최근 우리 사회는 에너지 경제위기에 이어 미세먼지, 지구온난화 등의 환경문제 개선과 극복에 관심을 기울이고 있습니다. 이에 따라 정부는 신재생에너지와 친환경에너지를 개발하여 보급할 계획이어서 신재생·친환경 분야에서 에너지공학기술자의 일자리 규모가 다소 증가할 전망입니다.

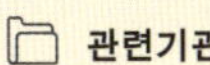

관련기관

한국에너지기술연구원 http://www.kier.re.kr   한국에너지공단 http://www.kemco.or.kr
한국원자력연구원 http://www.kaeri.re.kr

088

원자력연구원

안전한 원자력 이용법을 연구한다

#핵연료 #에너지 #방사선 #폐기물

수리논리력 공간지각력

한눈에 보는 진학 로드맵

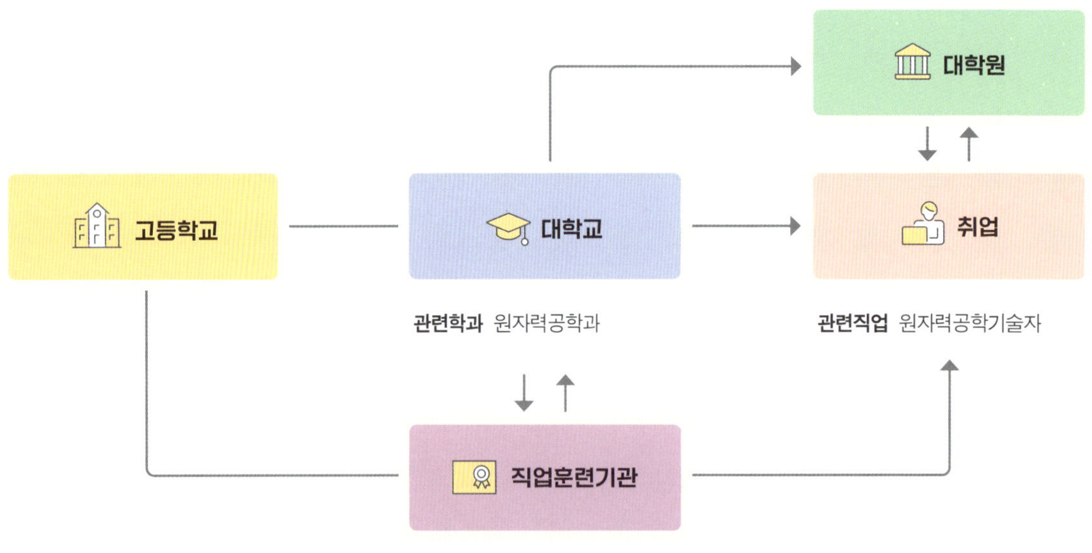

<table>
<tr>
<td>진로 탐색과
준비,
이렇게 하세요</td>
<td>

1. 대학의 원자력 관련학과를 졸업해야 하며, 연구소나 업체에 따라서는 석사 이상의 학위를 요구하기도 합니다.
2. 에너지공사에서 주관하는 에너지 관련 진로체험 프로그램에 참여하여 관련직업 정보를 탐색해볼 수 있습니다.
3. 에너지 실험 키트, 전기 키트를 통해 각종 장치의 작동 원리를 이해해볼 수 있습니다.

</td>
</tr>
<tr>
<td>2025 고교학점제
준비,
이렇게 하세요</td>
<td>

원자력공학과

`일반선택` 수학(미적분 I ++, 확률과 통계), 과학(물리학++, 화학), 기술·가정/정보(기술·가정, 정보)

`진로선택` 수학(미적분 II ++, 기하), 과학(역학과 에너지++, 전자기와 양자++, 물질과 에너지, 화학 반응의 세계), 기술·가정/정보(로봇과 공학세계, 인공지능 기초, 데이터 과학)

`융합선택` 과학(융합과학 탐구), 기술·가정/정보(창의 공학설계, 소프트웨어와 생활)

</td>
</tr>
</table>

어떤 일을 하나요?

① 사람들과 산업체에 에너지를 제공하기 위해 사용되는 원자력의 안전한 이용 방법을 연구하고 개발합니다.
② 안전성과 경제성을 지닌 새로운 원자력 에너지를 연구·개발하며, 원자력 발전소의 안전성을 평가합니다.
③ 방사선 폐기물의 안전한 처리 방법을 연구하고, 방사선을 의학용, 농업용 등으로 이용할 수 있는 기술을 개발합니다.
④ 여러 기초 분야와 인공지능, 신소재 개발과 같은 여러 분야에 원자력 기술을 접목하는 연구를 수행합니다.

어떤 적성과 흥미가 필요하나요?

① 수학이나 화학 등 기초과학의 이해와 기술개발 과정에서의 문제해결을 단계적으로 할 수 있는 수리논리력이 필요합니다.
② 원자력 발전장치와 시스템 전반을 구조적으로 이해할 수 있는 공간지각력이 필요합니다.
③ 수학, 물리학 등 기초과학 과목에 흥미를 가진 사람에게 적합합니다.
④ 깊게 탐구하는 것을 즐기고, 논리적이고 분석적인 사고를 하는 사람에게 적합합니다.

📁 **관련기관**

사단법인 한국원자력학회 http://www.kns.org	한국에너지정보문화재단 http://www.keia.or.kr
한국수력원자력(주) http://www.khnp.co.kr	한국원자력연구원 http://www.kaeri.re.kr
한국원자력안전기술원 http://www.kins.re.kr	한국원자력산업협회 http://www.kaif.or.kr

089

자동차공학기술자

도로를 누비는 자동차의 모든 것을 분석한다

#엔진 #제동장치 #바이오디젤
#수리작업 #전기자동차

 수리논리력

 공간지각력

📖 한눈에 보는 진학 로드맵

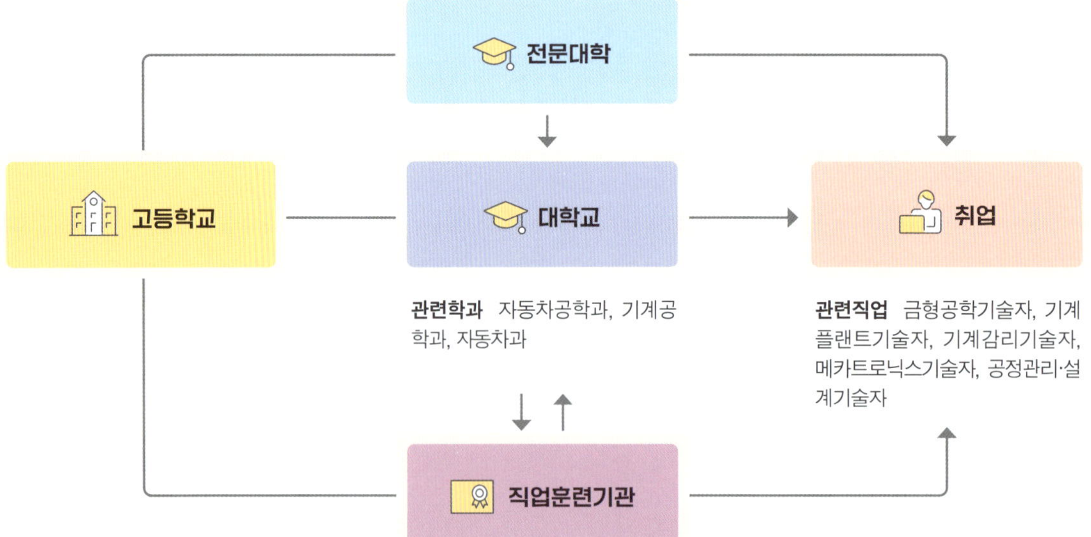

2025 고교학점제 준비, 이렇게 하세요

자동차공학과

`일반선택` 수학(미적분 I, 확률과 통계), 과학(물리학), 기술·가정/정보(기술·가정, 정보)

`진로선택` 수학(미적분 II, 기하), 과학(역학과 에너지, 전자기와 양자), 기술·가정/정보(로봇과 공학세계, 인공지능 기초, 데이터 과학)

`융합선택` 기술·가정/정보(창의 공학설계, 소프트웨어와 생활)

기계공학과

`일반선택` 수학(미적분 I++, 확률과 통계+), 과학(물리학++), 기술·가정/정보(기술·가정, 정보)

`진로선택` 수학(미적분 II++, 기하++), 과학(역학과 에너지++, 전자기와 양자++), 기술·가정/정보(로봇과 공학세계, 인공지능 기초)

`융합선택` 기술·가정/정보(창의 공학설계)

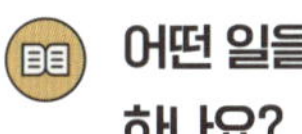

어떤 일을 하나요?

① 각종 차량의 차체, 엔진, 제동장치, 기타 구성품의 개발과 제조를 계획·감독합니다.

② 새로운 자동차의 기계, 전기, 기관을 개발하기 위해 관련 자료를 검토하고 분석합니다.

③ 구성부품과 기관을 설계하고, 공학기술상의 설계와 일치 여부를 확인하기 위하여 부품, 차량의 제조, 개조, 수리 작업을 감독·조정합니다.

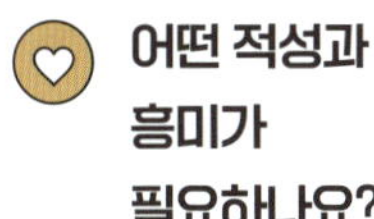

어떤 적성과 흥미가 필요하나요?

① 자동차의 성능을 시험, 평가해 문제점의 원인을 분석하고 이에 따른 해결책을 제시할 수 있는 수리논리력이 필요합니다.

② 입체 구조의 보이지 않는 부분도 파악할 수 있는 공간지각력이 필요합니다.

③ 현실적이고 실제적인 것에 영향을 받는 사람에게 적합합니다.

④ 협동심, 꼼꼼함, 인내력, 분석적 사고 등의 성격을 가진 사람에게 적합합니다.

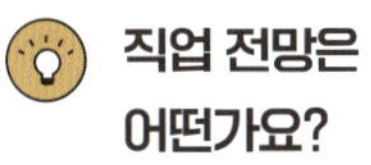

직업 전망은 어떤가요?

기존의 충돌 안전, 차체 설계, 내연기관에 대한 기계공학 관련 자동차기술자보다 무인자동차, 연료전지자동차 등 친환경 자동차와 같은 전기전자 관련 자동차공학기술자에 대한 인력을 중심으로 수요가 늘어날 것으로 예측됩니다.

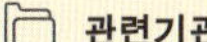 **관련기관**　　사단법인 대한기계학회 http://ksme.or.kr　　　　한국자동차산업협회 http://www.kama.or.kr

전기공학기술자

일상과 미래를 밝히는 힘, 전기를 분석한다

#전기 #공학 #무인화시스템 #자동차

수리논리력 공간지각력 손재능

📖 한눈에 보는 진학 로드맵

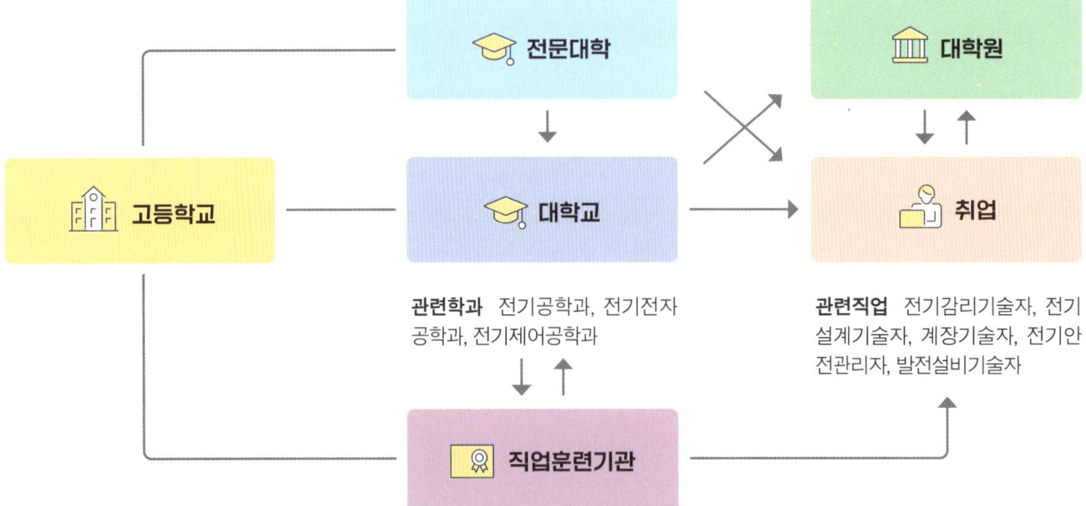

<table>
<tr><td>진로 탐색과
준비,
이렇게 하세요</td><td>
1. 고등학교에서 관련과목을 수강하고 전문대학이나 대학, 대학원에서 관련학과를 졸업하는 것이 유리합니다. 연구개발 업무를 하는 경우 석사 이상의 학위와 그에 걸맞은 전문지식이 필요합니다. 폴리텍대학, 관련 협회, 사설학원에서 자격증 취득과 기술 교육 훈련을 받을 수 있습니다.
2. 전자, 정보통신과 접목된 전기 분야의 확장으로 인해 전문대학, 대학에서 전기공학, 원자력공학 등을 전공한 사람뿐만 아니라 전자공학, 정보통신공학, 재료공학(반도체, 소자 등), 기계공학 등을 전공한 사람도 많이 진출하고 있습니다.
3. 한국전력공사에서 주관하는 전기공학 진로체험 프로그램에 참여하여 관련직업을 알아볼 수 있고 전기박물관 관람을 통해 전기 분야의 흥미와 관심도를 넓힐 수 있습니다.
</td></tr>
<tr><td>2025 고교학점제
준비,
이렇게 하세요</td><td>
전기공학과/전기전자공학과/전기제어공학과
[일반선택] 수학(미적분 I++, 확률과 통계+), 과학(물리학++), 기술·가정/정보(기술·가정, 정보)
[진로선택] 수학(미적분 II++, 기하+), 과학(역학과 에너지++, 전자기와 양자++), 기술·가정/정보(로봇과 공학세계, 인공지능 기초, 데이터 과학)
[융합선택] 기술·가정/정보(창의 공학설계)
</td></tr>
</table>

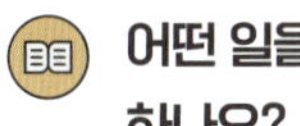 **어떤 일을 하나요?**

① 전력, 자동화, 제어 시스템, 엔지니어링, 건설, 전기 설비 등의 분야에서 계획 설계 시공과 감리 업무, 전력시설물의 유지 보수, 안전관리 업무를 합니다.

② 과학기술정보를 수집·조사하여 생산, 설비 기술 향상을 위한 방안을 연구합니다.

③ 공업 표준화, 사내 기술 규격 표준 등의 제정·조정 업무를 수행합니다.

④ 전기 부문의 각종 기술적 조정 업무를 수행하며, 기존 설비의 시설용량, 규격, 형식 등을 검토하여 설비 개선방안을 연구합니다.

⑤ 전기 관련 제조업 분야에서는 제품 개발, 설계, 소프트웨어 개발, 공장 자동화 시스템 개발 업무뿐만 아니라 전자제품, 기기 제조업 분야 등에서 연구·개발, 설계와 감독 업무를 합니다.

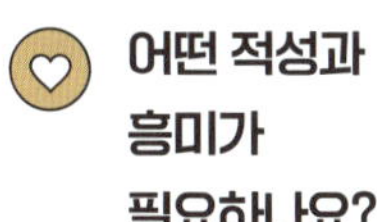 **어떤 적성과 흥미가 필요하나요?**

① 문제 해결을 위한 분석적 사고능력과 판단력이 요구되므로 수리논리력이 필요합니다.

② 제품의 설계 및 개발 업무를 위한 공간지각력이 필요합니다.

③ 다른 영역과 상호 협력해야 하는 일이 많아 리더십, 협동심이 있는 사람에게 적합합니다.

④ 손이나 도구로 기계장치를 만들거나 조작하는 것을 즐기는 사람에게 적합합니다.

직업 전망은 어떤가요?

매년 전력 사용량이 꾸준히 늘고 있어 필요한 발전설비와 관련 인력 수요가 지속될 것으로 보입니다. 최근 환경에 대한 관심 증가로 신재생 대체에너지 수요가 향후에도 계속 증가할 것으로 보여 관련 설비와 기술개발에 대한 기술자의 진출이 늘어날 것입니다.

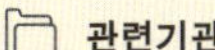 **관련기관**

한국전기공업협동조합 http://www.kemc.co.kr
한국전기공사협회 http://www.keca.or.kr
한국전기기술인협회 http://www.keea.or.kr
대한건축사협회 http://www.kira.or.kr

091

조선공학기술자

해양구조물을 연구하고 선박을 설계한다

#배기술자 #선박제조 #선박기계

수리논리력 공간지각력 창의력

한눈에 보는 진학 로드맵

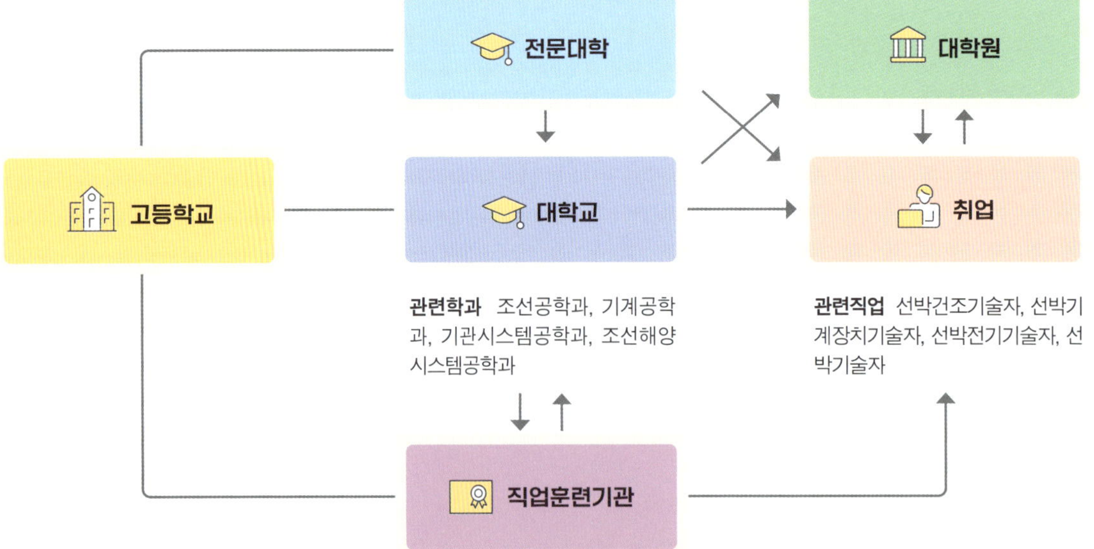

관련학과 조선공학과, 기계공학과, 기관시스템공학과, 조선해양시스템공학과

관련직업 선박건조기술자, 선박기계장치기술자, 선박전기기술자, 선박기술자

관련자격 조선산업기사, 조선기사, 선체건조기능사, 조선기술사

<table>
<tr><td>

**진로 탐색과
준비,
이렇게 하세요**

</td><td>

1. 전문대학이나 대학의 조선공학 관련학과를 졸업해야 하며, 연구소에 따라서는 조선공학 분야의 석사 이상의 학위를 요구하기도 합니다.
2. 조선소 견학을 통해 기초 지식을 얻을 수 있습니다.
3. 조선해양문화관 관람을 통해 선박 기술 정보를 얻을 수 있습니다.

</td></tr>
<tr><td>

**2025 고교학점제
준비,
이렇게 하세요**

</td><td>

조선공학과

일반선택 수학(미적분 I++, 확률과 통계+), 과학(물리학++, 지구과학), 기술·가정/정보(기술·가정, 정보)

진로선택 수학(미적분 II++, 기하++), 과학(역학과 에너지+, 전자기와 양자+, 지구시스템과학, 행성우주과학), 기술·가정/정보(로봇과 공학세계, 인공지능 기초, 데이터 과학)

융합선택 과학(기후변화와 환경생태), 기술·가정/정보(소프트웨어와 생활)

기계공학과

일반선택 수학(미적분 I++, 확률과 통계+), 과학(물리학++), 기술·가정/정보(기술·가정, 정보)

진로선택 수학(미적분 II++, 기하++), 과학(역학과 에너지++, 전자기와 양자++), 기술·가정/정보(로봇과 공학세계, 인공지능 기초)

융합선택 기술·가정/정보(창의 공학설계)

</td></tr>
</table>

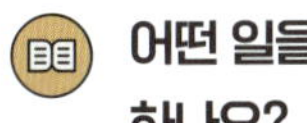 **어떤 일을
하나요?**

① 선박과 해저자원의 탐사, 채굴을 목적으로 하는 해양구조물을 연구하고 해양구조물의 시공, 관리 등과 관련된 일을 담당합니다.
② 선박설계의 원리, 환경조건 등의 조선공학기술을 바탕으로 선박과 해양구조물을 설계하고 건조합니다.
③ 선박의 기본적인 특성, 구조 등을 개발·연구하고 선박과 해양구조물을 설치하기 위하여 설계 계획안, 설계서 등의 관련 자료를 검토하고 분석합니다.
④ 새로운 선박과 해양구조물의 설계, 선박 생산 과정의 고능률화와 자동화를 위한 시스템 시뮬레이션 기술을 개발하고 실제 적용하기 위한 연구를 합니다.

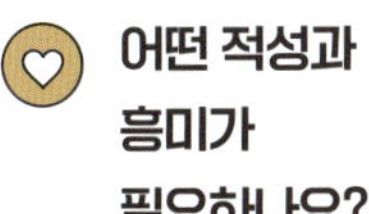 **어떤 적성과
흥미가
필요하나요?**

① 각종 선박의 개발, 설계, 제조, 설치, 운용, 유지, 보수의 공학적 원리와 개념 이해를 위해 수리 논리력이 필요합니다.
② 선박의 설계도를 보고 입체적으로 구상할 수 있는 공간지각력이 필요합니다.
③ 새로운 것에 대한 탐구 정신, 호기심, 창의성이 있는 사람에게 적합합니다.
④ 문제해결을 위한 논리적 사고, 분석력, 판단력이 있는 사람에게 적합합니다.

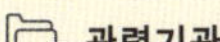 **관련기관**

중소조선연구원 http://www.rims.re.kr   한국해양교통안전공단 https://www.komsa.or.kr
해양시스템공학연구소 http://rimse.snu.ac.kr

092

지리정보시스템기사

지리정보시스템 자료를 설계한다

한눈에 보는 진학 로드맵

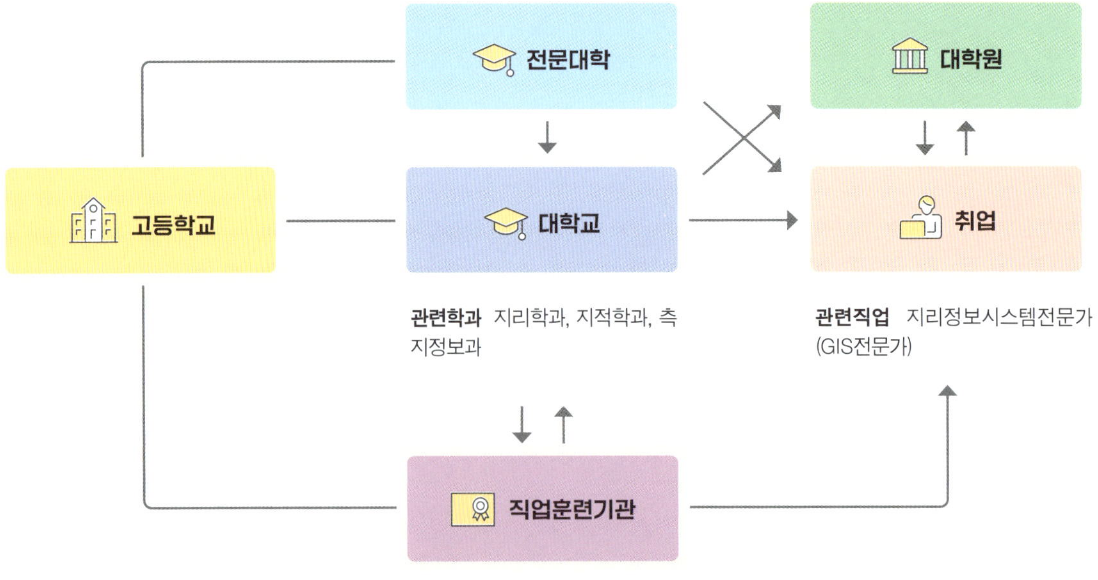

<table>
<tr><td>

진로 탐색과 준비, 이렇게 하세요

</td><td>

1. 고등학교에서 관련과목을 수강하고 대학의 지리학 관련학과를 졸업하면 유리합니다. 연구 업무 분야에 입사할 경우 대학 졸업 또는 석사학위 이상의 학력이 필요합니다. 비정기적으로 지리정보시스템이나 지리정보와 관련된 교육과 훈련이 실시되는 경우가 있습니다.
2. 지역의 공공기관/공기업, 대학에서 운영하는 지리정보시스템 진로체험 프로그램에 참여하여 관련직업을 알아볼 수 있습니다.

</td></tr>
<tr><td>

2025 고교학점제 준비, 이렇게 하세요

</td><td>

지리학과/지적학과/측지정보과

일반선택	수학(미적분 I, 확률과 통계), 기술·가정/정보(정보)
진로선택	사회(한국지리 탐구), 기술·가정/정보(인공지능 기초, 데이터 과학)
융합선택	사회(여행지리), 과학(기후변화와 환경생태), 기술·가정/정보(소프트웨어와 생활)

</td></tr>
</table>

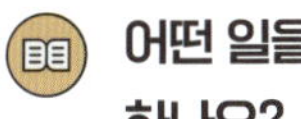 **어떤 일을 하나요?**

① 지리정보시스템(GIS: Geographic Information System) 자료를 설계, 유지, 수정 또는 사용하여 과학자, 기술자, 관련 전문가들에게 필요한 지원을 합니다.
② 고급 공간 분석, 데이터 조작 또는 지도 제작 소프트웨어를 사용하여 지리 공간 데이터를 구축하거나 모델링하고 전문적인 분석을 수행합니다.
③ 통합 지리정보시스템의 공간 또는 비공간 데이터베이스 개발을 설계 또는 조정하는 일을 하거나 효과적으로 정보를 보여주는 데 필요한 지도 제작 요소를 선택합니다.

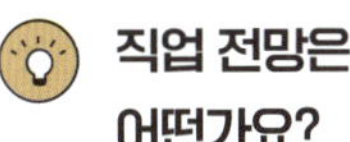 **어떤 적성과 흥미가 필요하나요?**

① 지리 관련 컴퓨터 소프트웨어 사용 방법, 측정된 지리 정보 수집과 분석 등을 논리적으로 할 수 있는 수리논리력이 필요합니다.
② 지표면과 지상, 지하에 입체적으로 존재하는 자연환경과 인공 건축물의 위치, 지리 정보를 컴퓨터로 데이터화하여 분석과 판단을 할 수 있는 공간지각력이 필요합니다.
③ 각기 다른 분야의 사람들과 협의를 해 작업하기에 대인관계능력을 가진 사람에게 적합합니다.

직업 전망은 어떤가요?

측량과 IT 기술이 융합된 공간 정보의 활용 분야가 다양해지고 관련 시장도 커지고 있어 이제는 건설, 국방, 안전 등 거의 모든 분야에서 이용됩니다. 이러한 상황을 종합하면 향후 활동 영역이 더욱 넓어지고, 이에 따라 일자리 증가가 예측됩니다.

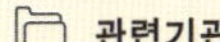 **관련기관**

지리정보시스템인증연구소 http://www.gisci.org　　지리공간정보기술협회 https://www.gita.org
도시및지역정보시스템협회 http://www.urisa.org　　일리노이GIS협회 http://www.ilgisa.org
뉴욕주지리정보시스템협회 http://www.nysgis.net

093

토목공학기술자

다리, 도로, 터널, 댐 등을 건설한다

#대형공사 #공학
#토목구조 #건설

수리논리력 공간지각력

한눈에 보는 진학 로드맵

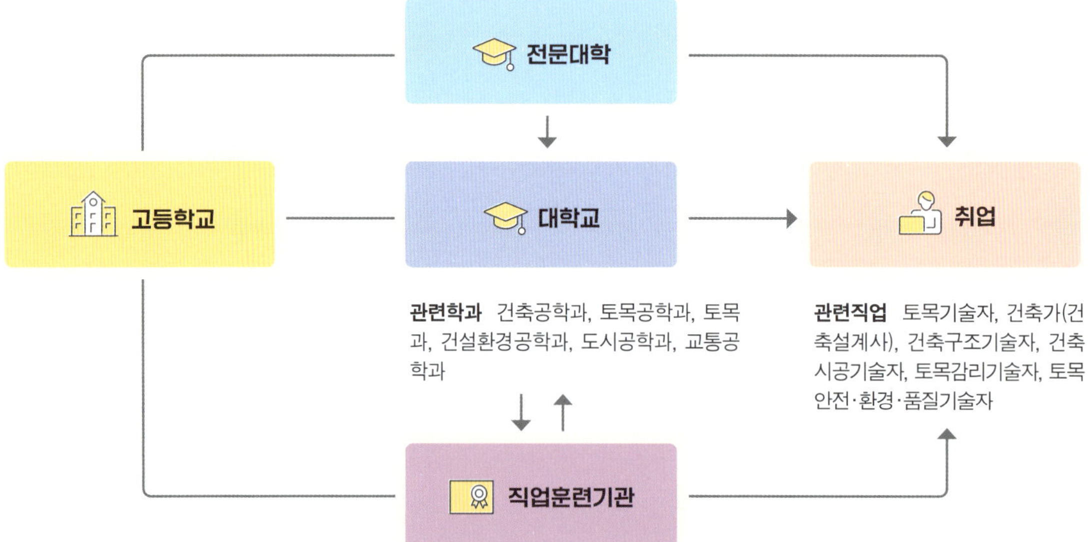

<table>
<tr><td>

**진로 탐색과
준비,
이렇게 하세요**

</td><td>

1. 고등학교에서 관련과목을 수강하고 전문대학이나 대학에서 관련학과를 졸업하는 것이 유리합니다.
2. 지역의 진로직업체험센터에서 주관하는 진로체험 프로그램에 참여하여 관련직업을 알아볼 수 있습니다.
3. 건축산업 전시회를 관람하면 건축 기술, 건축자재 등에 대한 정보를 얻을 수 있습니다.

</td></tr>
<tr><td>

**2025 고교학점제
준비,
이렇게 하세요**

</td><td>

건축공학과/토목공학과

일반선택   수학(미적분 I++, 확률과 통계), 과학(물리학), 기술·가정/정보(기술·가정, 정보)

진로선택   수학(미적분 II++, 기하), 과학(역학과 에너지, 전자기와 양자), 기술·가정/정보(로봇과 공학세계, 인공지능 기초, 데이터 과학)

융합선택   기술·가정/정보(창의 공학설계, 소프트웨어와 생활)

</td></tr>
</table>

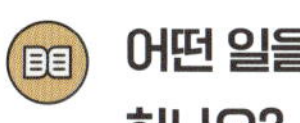

**어떤 일을
하나요?**

① 국가 기반시설인 도로, 철도, 교량, 터널, 항만, 상하수도, 댐 등을 계획·설계하고 공사 일정, 설계 일정, 공사 기간 등 단위 공사의 기본 계획을 작성합니다.

② 토목시설물의 재료를 선택하고 기기의 하중, 풍압 등의 조건에 적합한 구조를 결정하며 색채, 외형 등이 균형과 조화를 이루도록 합니다.

③ 토목시설물 공사의 각 작업 과정 소요 일정을 판단하고 기존 설비와의 연관관계를 검토하며, 작업의 우선순위, 기후 조건 등을 고려하여 종합 공정표를 작성합니다. 또한 공정대로 공사가 진행되도록 자재, 인원, 장비의 투입 등 전반적인 공정을 검토·분석합니다.

④ 측량, 조사시험, 설계 등의 용역과 공사 시공에 따른 과업 지시서, 시공품의 중간검사, 설계변경, 준공검사 등과 시설 공사의 감리 업무 등 제반 행정 업무를 처리합니다.

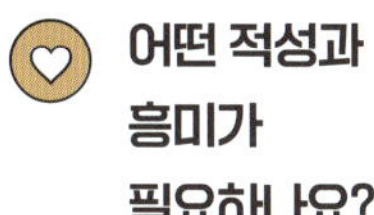

**어떤 적성과
흥미가
필요하나요?**

① 큰 공사를 설계하고 측량하는 데 필요한 수식을 계산하거나 논리적인 방법으로 문제를 해결할 수 있는 수리논리력이 필요합니다.

② 도로, 터널, 댐 등 큰 구조물을 설계해야 하므로 공간지각력이 필요합니다.

③ 논리적이며 호기심이 많고 분석적 사고를 좋아하는 사람에게 적합합니다.

④ 일상생활에서 기계에 관심이 많고, 기계의 조작·활용을 좋아하는 사람에게 적합합니다.

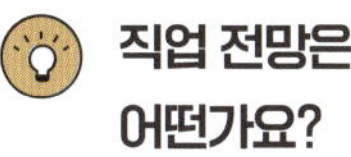

**직업 전망은
어떤가요?**

우리나라는 도로, 철도, 항만 등의 사회 기반시설이 어느 정도 갖추어져 있지만 국가 균형발전을 위한 사회 기반시설 확충이라는 측면에서 건설 투자가 이루어질 것입니다. 그 외에 국토 경관 개선, 관리 부문의 투자 확대가 예상됩니다.

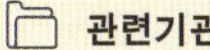 **관련기관**   대한건설협회 http://www.cak.or.kr   대한전문건설협회 http://www.kosca.or.kr

094

통신공학기술자 및 연구원

세상을 잇는 통신장비를 분석한다

#무선통신 #통신망
#무선설비 #초고속인터넷

수리논리력 공간지각력

한눈에 보는 진학 로드맵

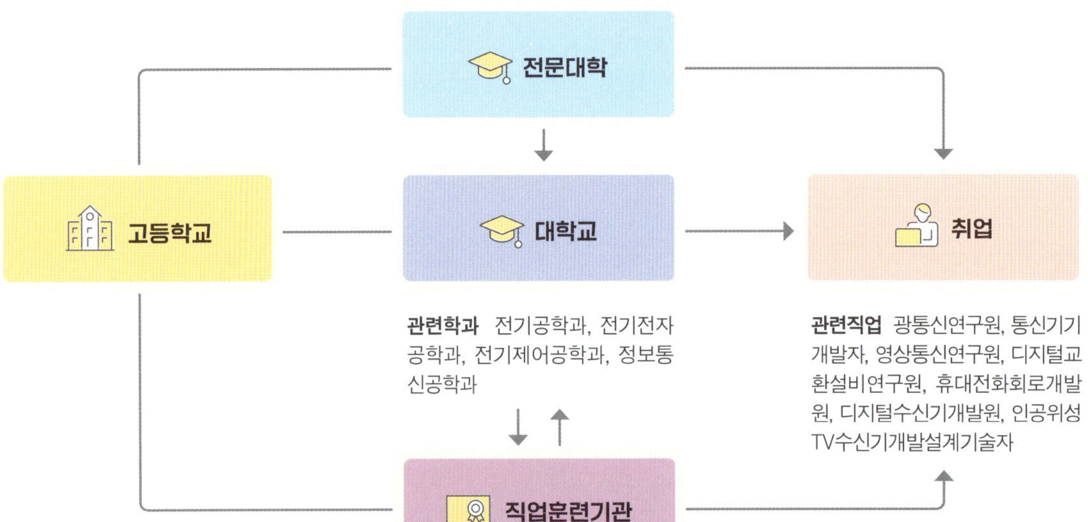

<table>
<tr><td>

**진로 탐색과
준비,
이렇게 하세요**

</td><td>

1. 전문대학이나 대학, 대학원에서 관련학과를 졸업하면 유리합니다. 대기업 부설연구소나 국공립 연구소에서는 석사학위 이상 취득자를 채용하기도 합니다.
2. 각 지역의 진로체험지원센터, 대학, 교육기관에서 주관하는 프로그램에 참여하여 학과 체험과 멘토링을 경험할 수 있습니다.
3. 전문가 멘토의 자료, 영상을 통하여 업무를 알아볼 수 있습니다.

</td></tr>
<tr><td>

**2025 고교학점제
준비,
이렇게 하세요**

</td><td>

전기공학과/전기전자공학과/전기제어공학과/정보통신공학과

`일반선택` 수학(미적분Ⅰ++, 확률과 통계+), 과학(물리학++), 기술·가정/정보(기술·가정, 정보)

`진로선택` 수학(미적분Ⅱ++, 기하+), 과학(역학과 에너지++, 전자기와 양자++), 기술·가정/정보(로봇과 공학세계, 인공지능 기초, 데이터 과학)

`융합선택` 기술·가정/정보(창의 공학설계)

</td></tr>
</table>

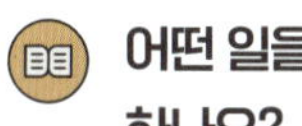 **어떤 일을
하나요?**

① 물리학, 수학, 컴퓨터 구조·원리의 전문지식을 바탕으로 통신장비의 설계, 생산 업무를 관리·감독합니다.
② 종합적인 통신망 체계를 구축하기 위해 기획, 연구, 설계하며, 세부 시설 계획을 수립합니다.
③ 단파방송 서비스 현황, 수신 상태를 분석하고 주파수를 선별하며 송출 시스템 송신 장비 운용 사항을 검토하고, 방송 시설을 설계합니다.
④ 무선통신공학 기초 지식을 바탕으로 이동전화, 레이다 설비, 방향탐지기, 팩시밀리, 공동시청 안테나, 무선랜 등의 각종 무선설비 설계, 설치공사를 감독·시공합니다.
⑤ 위성통신 연구 설계, 제작, 관련 기간 산업 시설, 각종 생활 편리성 등을 연구·개발합니다.

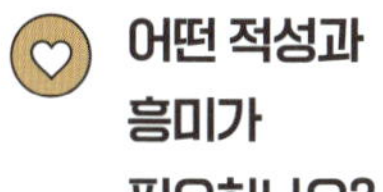 **어떤 적성과
흥미가
필요하나요?**

① 새로운 프로그램을 개발, 운영하기 위한 최첨단 시스템 기술 능력과 수리논리력이 필요합니다.
② 첨단 설비와 시공 등 입체적인 공간 활용 업무를 하기 위해 공간지각력이 필요합니다.
③ 분석적 사고와 창의적인 사고를 즐기는 사람에게 적합합니다.
④ 일상생활에서 기계나 전자와 관련된 물건에 관심이 많고, 기계를 조작하거나 활용하는 것을 좋아하는 사람에게 적합합니다.

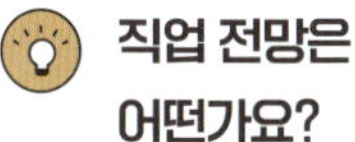 **직업 전망은
어떤가요?**

정보산업과 통신기술이 하루가 다르게 급속하게 발전하고 있습니다. 변화하는 기술에 발맞추어 새로운 통신 관련 기술들을 개발하고 적용하는 전문가 수요는 지속적으로 있을 것으로 보입니다.

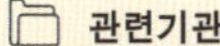 **관련기관**

한국전자통신연구원 http://www.etri.re.kr
정보통신기획평가원 https://www.iitp.kr

한국정보통신진흥협회 http://www.kait.or.kr

095

통신엔지니어

초고속인터넷 시스템과 관련된 기술을 연구·개발한다

#사물인터넷 #통신공학
#네트워크개발자 #5G

수리논리력 공간지각력

한눈에 보는 진학 로드맵

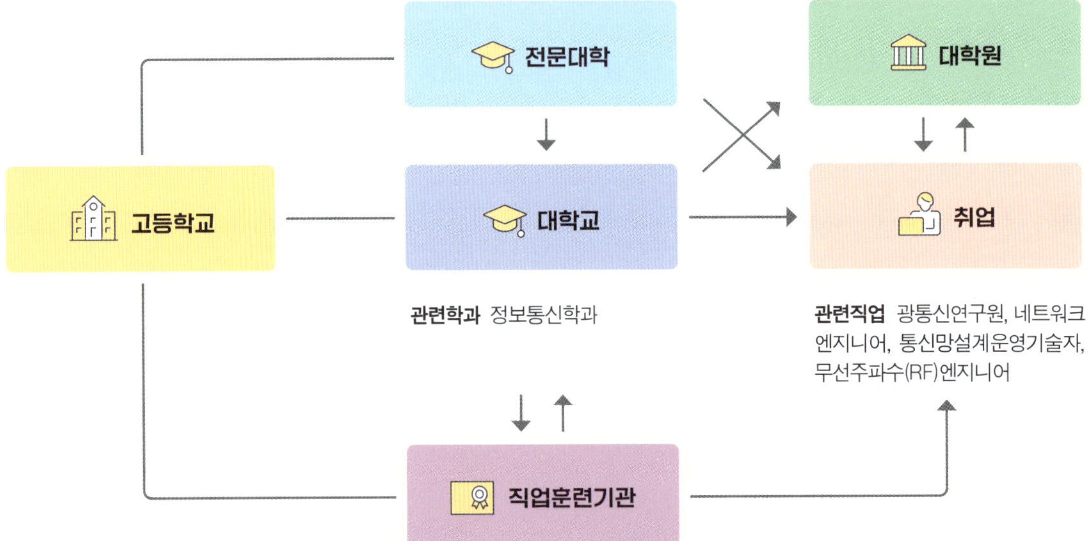

<table>
<tr><td>

**진로 탐색과
준비,
이렇게 하세요**

</td><td>

1. 고등학교에서 관련과목을 수강하고 대학의 관련학과를 졸업하는 것이 유리합니다. 연구 개발 관련 분야에 취업하기 위해서는 대학원 석사 이상의 학력이 필요하기도 합니다. 직업훈련포털을 통해 사설학원에서 운영하는 네트워크, 보안, 네트워크 구축과 관련된 과정을 훈련할 수 있습니다.
2. 각 지역의 진로체험지원센터, 대학, 교육기관에서 주관하는 관련 진로 프로그램에 참여하여 학과 체험과 멘토링을 경험할 수 있습니다.
3. 전자신문 웹사이트 방문, IT, 프로그래밍, 소프트웨어, 정보통신 등 관련 기사 검색을 통해 최신 정보와 새로운 기술을 빠르게 알아볼 수 있습니다.

</td></tr>
<tr><td>

**2025 고교학점제
준비,
이렇게 하세요**

</td><td>

정보통신학과

`일반선택` 수학(미적분 I++, 확률과 통계+), 과학(물리학++), 기술·가정/정보(기술·가정, 정보)

`진로선택` 수학(미적분 II++, 기하+), 과학(역학과 에너지++, 전자기와 양자++), 기술·가정/정보(로봇과 공학세계, 인공지능 기초, 데이터 과학)

`융합선택` 기술·가정/정보(창의 공학설계)

</td></tr>
</table>

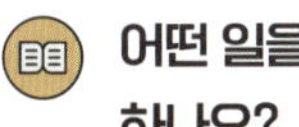 **어떤 일을
하나요?**

① 초고속인터넷 시스템과 기타 전송 방식에 사용되는 통신의 전자회로, 제품, 관련 기술을 연구·개발하는 일을 합니다.
② 국내외 시장조사, 통신 분야의 최신 기술이나 변화 등을 분석하여 새로운 기능과 성능을 갖춘 통신 제품과 기술을 연구·개발합니다.
③ 새롭게 개발된 통신 제품의 성능과 기능, 기술이 실제로 상품화되어 고객에게 서비스될 수 있는지 평가하고 확인합니다.

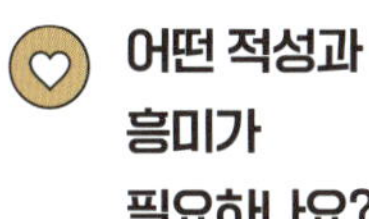 **어떤 적성과
흥미가
필요하나요?**

① 전기, 전자, 통신 등과 관련된 전문지식, 기술과 컴퓨터네트워크, 하드웨어, 소프트웨어 최신 기술 등 자신이 가진 정보를 논리적이고 체계적으로 정리하는 수리논리력이 필요합니다.
② 통신망 구성에 필요한 장치를 입체적으로 상상하고 그릴 수 있는 공간지각력이 필요합니다.
③ 데이터를 효율적으로 처리하고 전달하는 방법을 연구·개발하므로 한 가지를 깊이 있게 탐구할 수 있는 성격이 적합합니다.

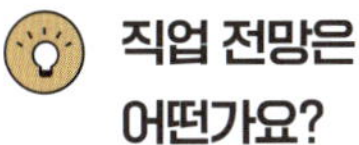 **직업 전망은
어떤가요?**

그동안 국내 통신 관련 산업은 지속적으로 발전해왔으며, 초고속인터넷망 서비스 이용자나 이동전화 이용자 수도 다른 나라에 비해 빠르게 증가하였습니다. 변화하는 기술에 발맞추어 새로운 통신 관련 기술들을 개발하고 적용하는 전문가 수요가 지속적으로 있을 것으로 전망됩니다.

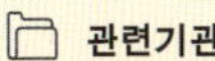 **관련기관**

한국정보통신공사협회 http://www.kica.or.kr
한국정보통신진흥협회 http://www.kait.or.kr
방송통신위원회 http://www.kcc.go.kr
정보통신기획평가원 https://www.iitp.kr

096

통신장비기사

통신 관련 장비를 관리한다

📖 한눈에 보는 진학 로드맵

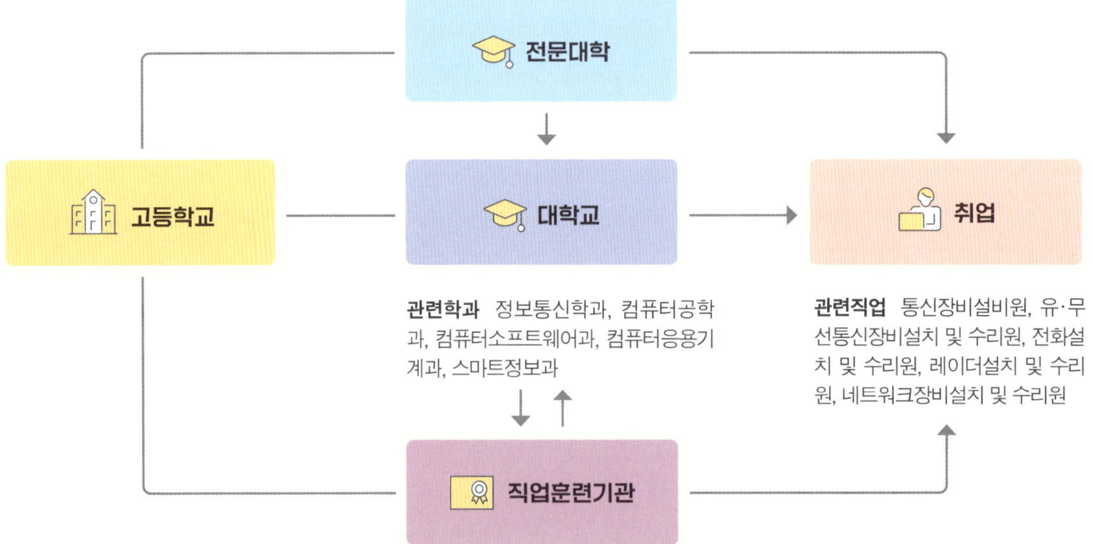

관련학과 정보통신학과, 컴퓨터공학과, 컴퓨터소프트웨어과, 컴퓨터응용기계과, 스마트정보과

관련직업 통신장비설비원, 유·무선통신장비설치 및 수리원, 전화설치 및 수리원, 레이더설치 및 수리원, 네트워크장비설치 및 수리원

관련자격 전기기능사, 전기기사, 전자기사, 통신기기기능사, 통신선로산업기사, 전파통신산업기사, 무선설비산업기사

<table>
<tr><td>

**진로 탐색과
준비,
이렇게 하세요**

</td><td>

1. 공업계고등학교(정보고등학교)나 전문대학에서 전기공학과, 전자공학과, 통신공학과, 이동통신공학과, 방송통신공학과 등의 관련학과를 전공해 졸업하고 대학의 관련학과에 진학하면 유리합니다.
2. 정보통신 기술 관련 박람회를 참관하여 통신장비의 발전과 운용을 알아볼 수 있습니다.

</td></tr>
<tr><td>

**2025 고교학점제
준비,
이렇게 하세요**

</td><td>

정보통신학과

`일반선택` 수학(미적분 I++, 확률과 통계+), 과학(물리학++), 기술·가정/정보(기술·가정, 정보)

`진로선택` 수학(미적분 II++, 기하+), 과학(역학과 에너지++, 전자기와 양자++), 기술·가정/정보(로봇과 공학세계, 인공지능 기초, 데이터 과학)

`융합선택` 기술·가정/정보(창의 공학설계)

컴퓨터공학과/컴퓨터소프트웨어과

`일반선택` 수학(미적분 I++, 확률과 통계++), 기술·가정/정보(정보)

`진로선택` 수학(미적분 II++, 인공지능 수학), 기술·가정/정보(인공지능 기초, 데이터 과학)

`융합선택` 기술·가정/정보(소프트웨어와 생활)

</td></tr>
</table>

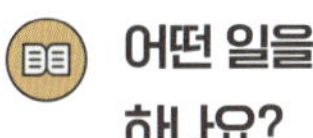 **어떤 일을
하나요?**

① 무선중계기시스템, 유선통신장비, 무선통신장비, 위성통신장비 등을 유지하고 관리하며 운용합니다.
② 설치 접수증을 보고 설치할 장소와 통신장비의 종류를 확인합니다.
③ 설계 도면을 검토하여 통신선로를 분리하고 수동 공구, 전기인두 등을 사용하여 전화기, 팩시밀리 등에 통신선로를 연결합니다.
④ 설치가 완료되면 선로시험원에게 연락하여 선로의 장애 유무를 확인합니다.
⑤ 각종 측정 장비를 사용하여 구내의 통신선로를 점검하기도 하며 파손된 장비를 수리하기도 합니다.

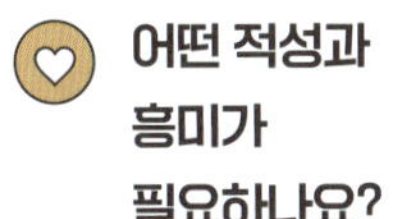 **어떤 적성과
흥미가
필요하나요?**

① 장치나 부품을 설치, 조립, 수리할 수 있는 손재능이 필요합니다.
② 다양한 기계나 장치를 조작하고 활용하는 것을 좋아하는 사람에게 적합합니다.
③ 장비를 설치하고 관리하기 위해 몸을 많이 사용하므로 신체능력을 활용하기 좋아하는 사람에게 적합합니다.

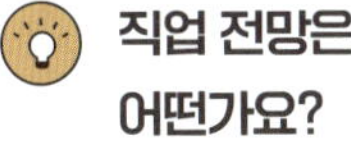 **직업 전망은
어떤가요?**

정보통신산업이 발전하고 통신망 인프라도 확충되고 있으며 가입자도 점차 증가 중입니다. 그러나 통신장비의 자동화로 최근 기지국이 무인 시스템으로 운영되고 장비의 대형화가 이뤄지기에 통신장비기사의 일자리 규모는 현 상태를 유지할 것으로 전망됩니다.

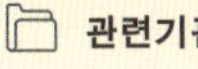 **관련기관**　　한국정보통신공사협회 http://www.kica.or.kr　　　한국전자통신연구원 http://www.etri.re.kr

097

해양공학기술자

공학적 원리를 이용해 바다에 적합한 장비와 시스템을 개발한다

#해양환경 #물리현상 #관측 #조사

수리논리력 공간지각력

한눈에 보는 진학 로드맵

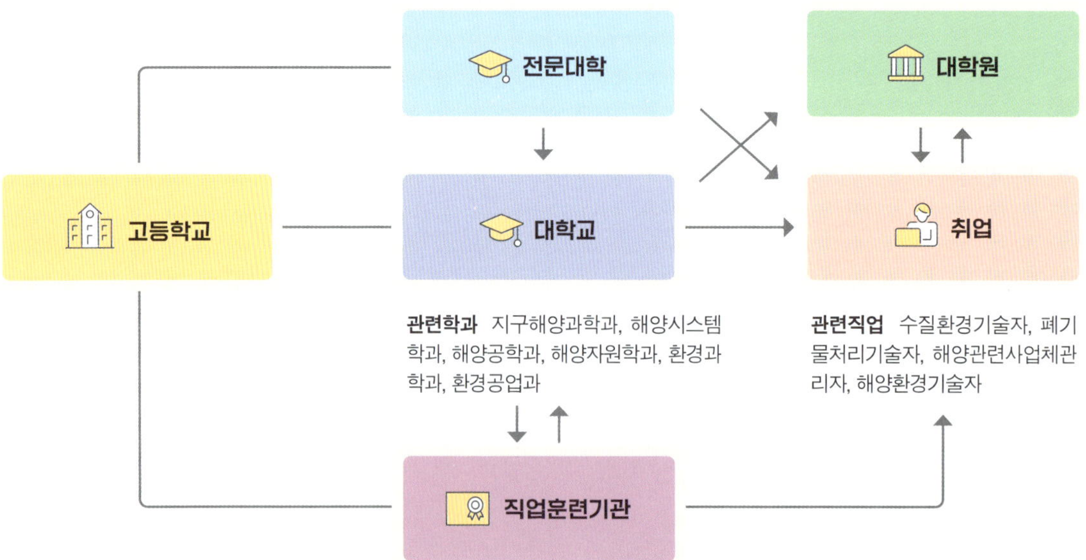

진로 탐색과 준비, 이렇게 하세요	1. 특별히 요구되는 학력 조건은 없습니다. 고등학교에서 관련과목을 수강하고 전문대학이나 대학에서 관련학과를 졸업하는 것이 유리합니다. 2. 해양환경공단에서 주관하는 해양환경 관련 진로체험 프로그램에 참여하여 관련직업을 알아볼 수 있습니다. 3. 해양박물관을 방문하여 해양 관련 전시를 관람하고 해양과학, 해양산업, 항해 선박 등에 대해 살펴볼 수 있습니다.
2025 고교학점제 준비, 이렇게 하세요	**지구해양과학과/해양시스템학과/해양공학과/해양자원학과** 일반선택 수학(미적분 I++, 확률과 통계+), 과학(물리학++, 지구과학), 기술·가정/정보(기술·가정, 정보) 진로선택 수학(미적분 II++, 기하++), 과학(역학과 에너지+, 전자기와 양자+, 지구시스템과학, 행성우주과학), 기술·가정/정보(로봇과 공학세계, 인공지능 기초, 데이터 과학) 융합선택 과학(기후변화와 환경생태), 기술·가정/정보(소프트웨어와 생활) **환경과학과/환경공업과** 일반선택 수학(미적분 I, 확률과 통계), 과학(생명과학, 화학), 기술·가정/정보(기술·가정, 정보) 진로선택 수학(미적분 II, 기하), 과학(세포와 물질대사, 생물의 유전, 물질과 에너지, 화학 반응의 세계), 기술·가정/정보(로봇과 공학세계, 인공지능 기초, 데이터 과학) 융합선택 과학(기후변화와 환경생태), 기술·가정/정보(소프트웨어와 생활)

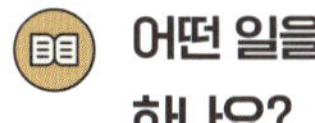 **어떤 일을
하나요?**

① 관련 전문지식을 이용하여 기초 자료를 조사·분석하고 해양환경 현황을 조사·관측·평가·계획합니다.
② 각종 관측과 기상관측을 통하여 환경영향평가와 위치적 타당성을 검토합니다.
③ 구조물의 하중에 대한 지지력을 추적하여 해안보전 시설물, 방파제, 방사제 등 해양구조물의 안정을 위한 합리적인 설계와 도면 작성, 재료 선택, 시공을 진행하고, 시공에 따른 오염물의 확산, 해안 건설공사로 인한 생태계의 영향 등을 분석합니다.

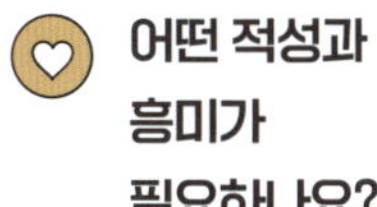 **어떤 적성과
흥미가
필요하나요?**

① 문제 해결을 단계적으로 할 수 있는 수리논리력이 필요합니다.
② 해양 관측 시스템 개발, 심해저 광물자원 탐사 등의 업무를 수행하기 위해 물건의 위치를 기억할 수 있는 공간지각력이 필요합니다.
③ 어떤 대상이나 기계를 조작하는 활동에 관심이 많은 사람에게 적합합니다.
④ 지속적인 학문적 접근이 필요한 분야인 만큼 깊게 탐구하는 과정을 즐기는 사람에게 적합합니다.

 **직업 전망은
어떤가요?**

국가전략산업으로 해양산업에 정부의 막대한 예산이 투입되고 있습니다. 따라서 해양시설의 설계, 시공, 관리와 해양기술개발 등을 수행하는 전문가의 역할이 커질 것으로 예측됩니다.

📁 **관련기관** 한국항로표지기술원 https://katon.or.kr   국토교통부 http://molit.go.kr

098

해양에너지기술자

바다에서 전기를 낚아올린다

한눈에 보는 진학 로드맵

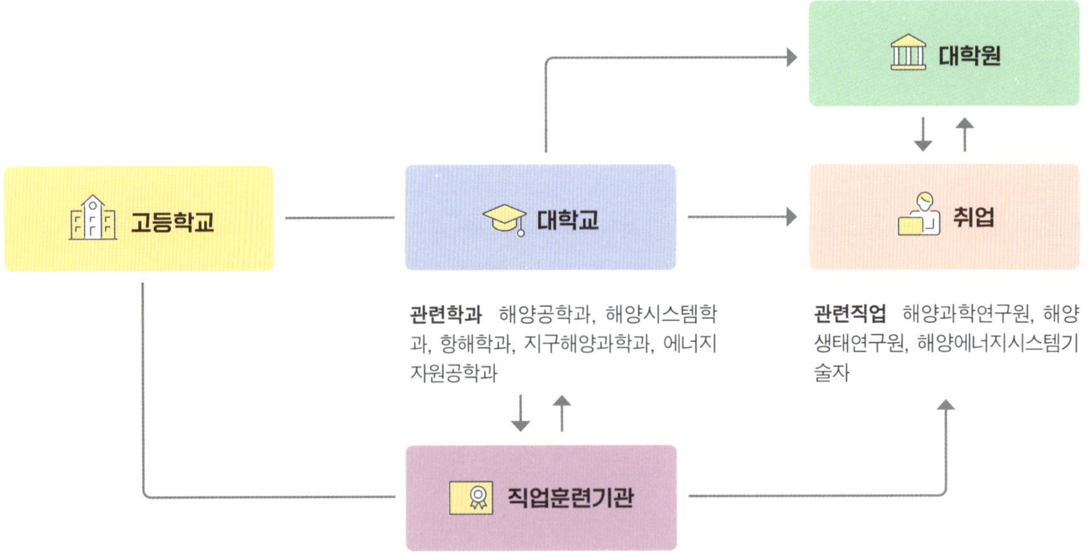

<table>
<tr><td>

**진로 탐색과
준비,
이렇게 하세요**

</td><td>

1. 보통 대학 이상의 학력이 요구되며 관련학과를 졸업하면 유리합니다. 연구소에서 연구원으로 일하기 위해서는 석사학위 이상의 학력이 요구되기도 합니다. 해양 관련 협회, 한국기술사회 등에서는 해양을 이용하고 개발하는 데 필요한 기술 훈련 과정을 제공하고 있습니다.
2. 해양박물관, 해양안전체험관 등을 방문해 관심도를 높일 수 있습니다.

</td></tr>
<tr><td>

**2025 고교학점제
준비,
이렇게 하세요**

</td><td>

해양공학과/해양시스템학과/항해학과/지구해양과학과

`일반선택` 수학(미적분 I++, 확률과 통계+), 과학(물리학++, 지구과학), 기술·가정/정보(기술·가정, 정보)

`진로선택` 수학(미적분 II++, 기하++), 과학(역학과 에너지+, 전자기와 양자+, 지구시스템과학, 행성우주과학), 기술·가정/정보(로봇과 공학세계, 인공지능 기초, 데이터 과학)

`융합선택` 과학(기후변화와 환경생태), 기술·가정/정보(소프트웨어와 생활)

에너지자원공학과

`일반선택` 수학(미적분 I++, 확률과 통계+), 과학(물리학++, 화학), 기술·가정/정보(기술·가정, 정보)

`진로선택` 수학(미적분 II++, 기하++), 과학(역학과 에너지++, 전자기와 양자++, 물질과 에너지, 화학 반응의 세계), 기술·가정/정보(로봇과 공학세계, 인공지능 기초, 데이터 과학)

`융합선택` 과학(융합과학 탐구), 기술·가정/정보(창의 공학설계, 소프트웨어와 생활)

</td></tr>
</table>

 **어떤 일을
하나요?**

① 바다의 자원을 활용하여 에너지를 얻을 수 있는 방법과 기술을 개발합니다.

② 바다에 넓게 존재하는 파랑(파도), 조류, 바다의 온도 차이 등을 전기에너지로 바꾸는 기술을 연구하고 관련 기계나 설비를 개발합니다.

③ 바다를 조사하고 자원을 개발하기 위해 만드는 해양구조물을 설치하고 관리하는 일을 합니다.

④ 해양에너지 자원을 조사하고 해양에너지를 이용할 경우 환경에 미치는 영향을 평가합니다.

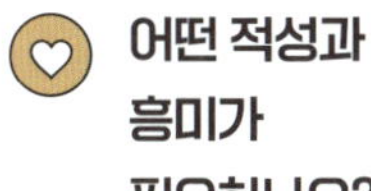 **어떤 적성과
흥미가
필요하나요?**

① 해양을 조사하고 파도, 밀물과 썰물의 특성을 분석할 수 있어야 하기에 논리적으로 해답을 찾을 수 있는 수리논리력이 필요합니다.

② 넓은 바다에 존재하는 다양한 현상을 고려해야 하므로 머릿속으로 어떤 물체나 현상을 떠올릴 수 있는 공간지각력이 필요합니다.

③ 해양 분야를 깊이 공부하고 문제를 끝까지 파헤치는 탐구심이 있는 사람에게 적합합니다.

④ 다양한 발전설비를 설치하고 관리할 수 있어야 하므로 기계 다루는 것을 좋아하는 사람에게 적합합니다.

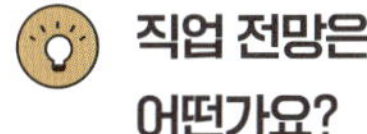 **직업 전망은
어떤가요?**

자원이 빈약한 우리나라에 있어 해양에너지는 앞으로 에너지를 더 많이 확보할 수 있는 중요한 원천이 될 것이므로 해양에너지기술자 일자리 규모에 긍정적인 영향을 미칠 것으로 예측됩니다.

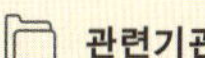 **관련기관**

한국해양과학기술원 https://www.kiost.ac.kr   국립해양조사원 http://www.khoa.go.kr

099

환경공학기술자 및 연구원

깨끗한 지구환경을 지키기 위해 연구한다

#환경오염 #환경보전
#오폐수 #폐기물

수리논리력

🗺 한눈에 보는 진학 로드맵

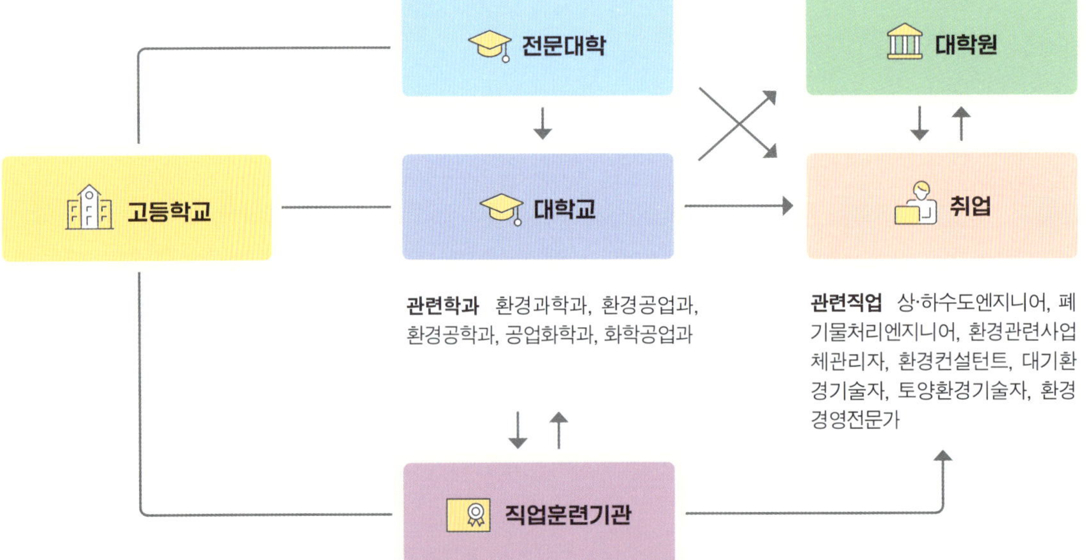

관련학과 환경과학과, 환경공업과, 환경공학과, 공업화학과, 화학공업과

관련직업 상·하수도엔지니어, 폐기물처리엔지니어, 환경관련사업체관리자, 환경컨설턴트, 대기환경기술자, 토양환경기술자, 환경경영전문가

관련자격 대기관리기술사, 대기환경기사, 수질환경기사, 해양환경기사

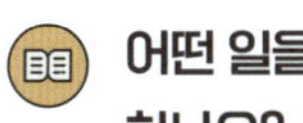

진로 탐색과 준비, 이렇게 하세요

1. 특별히 요구되는 학력 조건은 없습니다. 고등학교에서 관련과목을 수강하고 전문대학이나 대학에서 관련학과를 졸업하는 것이 유리합니다.
2. 지역의 진로직업체험센터에서 주관하는 진로체험 프로그램에 참여하여 관련직업을 알아볼 수 있습니다.
3. 환경 관련 동아리에 들어가 자연환경 답사를 하며 토양환경을 관찰해볼 수 있습니다.

2025 고교학점제 준비, 이렇게 하세요

환경과학과/환경공업과/환경공학과

[일반선택] 수학(미적분 I, 확률과 통계), 과학(생명과학, 화학), 기술·가정/정보(기술·가정, 정보)

[진로선택] 수학(미적분 II, 기하), 과학(세포와 물질대사, 생물의 유전, 물질과 에너지, 화학 반응의 세계), 기술·가정/정보(로봇과 공학세계, 인공지능 기초, 데이터 과학)

[융합선택] 과학(기후변화와 환경생태), 기술·가정/정보(소프트웨어와 생활)

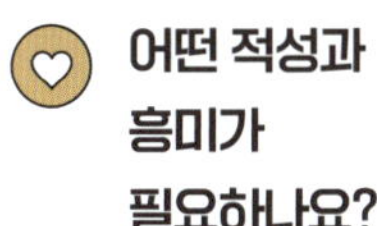

어떤 일을 하나요?

① 각종 환경오염 문제를 확인하여 연구·개발을 통해 방지 대책을 세우거나 공해 방지 설비를 설계하고 제작하며 환경 개선방안을 수립합니다.
② 환경보전에 필요한 다양한 공학적인 기술을 개발하고, 환경오염 방지와 제어를 위한 처리시설을 설계합니다.
③ 발생 폐기물이나 기타 오염물질 등을 정화하기 위한 공정의 설계, 시공, 운전 등에 관여합니다.

어떤 적성과 흥미가 필요하나요?

① 오폐수 처리장의 시설을 진단하고 기존 시설의 효율적인 이용 계획과 발전 계획을 수립하는 수리논리력이 필요합니다.
② 깊게 탐구하는 과정을 즐기는 사람에게 적합합니다.
③ 어떤 대상이나 기계를 조작하는 활동에 관심이 있는 사람에게 적합합니다.

직업 전망은 어떤가요?

국민의 소득수준이 높아지면서 삶의 질이 향상되고 있기에 빛, 소음, 미세먼지 등을 차단하고 깨끗한 환경을 보존하려는 욕구가 상승하고 있어 정부에서는 환경규제를 강화할 것이기에 환경산업 시장은 앞으로 확대될 것으로 예측됩니다.

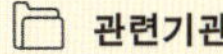 **관련기관**

국립환경과학원 http://www.nier.go.kr
한국환경연구원 http://www.kei.re.kr

사단법인 대한환경공학회 http://www.kosenv.or.kr

100

3D프린팅전문가

고객이 원하는 단 하나의 맞춤형 제품을 제작한다

#3D프린터 #산업디자인
#컴퓨터그래픽

수리논리력 공간지각력 창의력

한눈에 보는 진학 로드맵

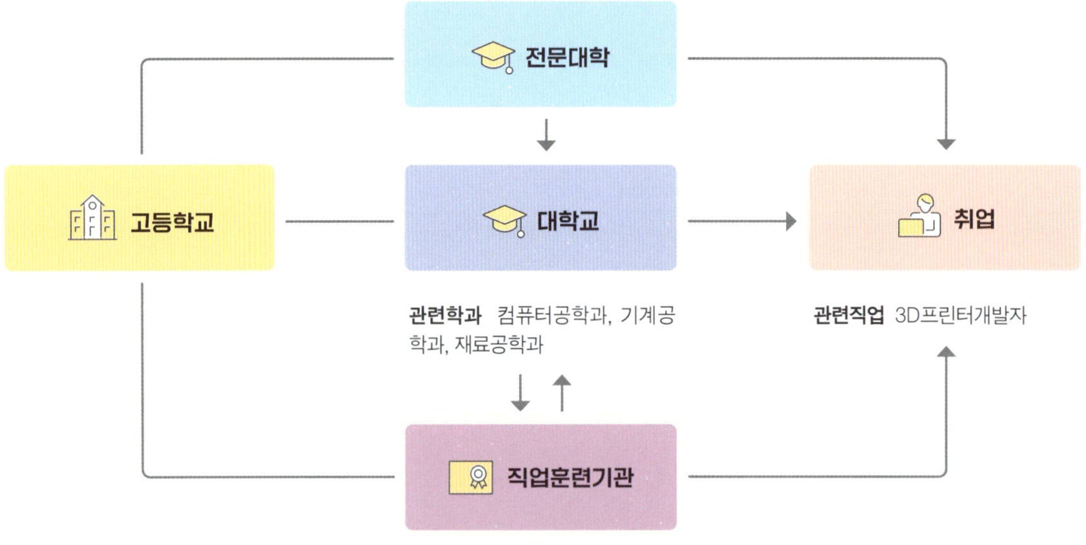

| 진로 탐색과
준비,
이렇게 하세요 | 1. 컴퓨터그래픽 프로그램과 장비에 대한 이해가 필수적이므로 대학에서 관련학과를 전공하여 업무의 이해 수준을 높이는 것이 좋습니다. 제품을 이미지로 구상해야 하고 도색, 코팅 등의 작업을 해야 하기에 미술, 산업디자인 등의 관련 전공자가 유리할 수도 있습니다.
2. 전국의 직업훈련기관에서 3D프린터 운용, 3D프린팅 모델링 등을 배울 수 있으며, 3D프린터 운용기능사 자격증 준비를 할 수 있습니다.
3. 지역의 진로체험지원센터, 창업체험교육센터, 대학, 민간기업에서 운영하는 3D프린팅 진로체험 프로그램에 참여하여 관련직업을 알아볼 수 있습니다.
4. 전문가의 수업 자료, 영상을 통해 업무를 알아볼 수 있습니다. 3D프린터를 체험할 수 있는 공방에 방문하여 3D프린터 설명을 듣고 직접 출력을 해볼 수 있습니다. |

2025 고교학점제 준비, 이렇게 하세요

컴퓨터공학과

- [일반선택] 수학(미적분 I++, 확률과 통계++), 기술·가정/정보(정보)
- [진로선택] 수학(미적분 II++, 인공지능 수학), 기술·가정/정보(인공지능 기초, 데이터 과학)
- [융합선택] 기술·가정/정보(소프트웨어와 생활)

기계공학과

- [일반선택] 수학(미적분 I++, 확률과 통계+), 과학(물리학++), 기술·가정/정보(기술·가정, 정보)
- [진로선택] 수학(미적분 II++, 기하++), 과학(역학과 에너지++, 전자기와 양자++), 기술·가정/정보(로봇과 공학세계, 인공지능 기초)
- [융합선택] 기술·가정/정보(창의 공학설계)

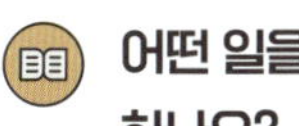 **어떤 일을 하나요?**

① 소재를 쌓아 물체를 만드는 3D프린터를 이용해 고객의 요구에 따라 제품(미니어처, 액세서리, 일상용품, 개인 편의 제품, 기계 부품 등)을 만들어냅니다.

② 컴퓨터 프로그램을 활용하여 설계된 디자인대로 프린터를 조작하고 운영합니다.

③ 제품을 디자인하는 3D 모델링 과정, 설계된 데이터값을 입력하는 3D 프린팅 과정, 출력된 제품을 후처리하는 과정을 통해 최종 제품을 설계하고 제작하는 서비스를 제공하는 일을 합니다.

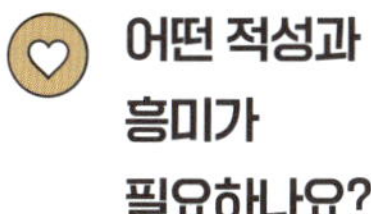 **어떤 적성과 흥미가 필요하나요?**

① 과학적 원리를 이해하고 논리적으로 생각해 문제를 해결하는 수리논리력이 필요합니다.

② 미적 감각과 컴퓨터 활용 관련 지식(컴퓨터그래픽, 프로그래밍언어 등)을 가지고 3D로 제품을 제작할 수 있는 공간지각력이 필요합니다.

③ 내용을 이해하기 위해 자료를 깊이 있게 분석하는 일에 흥미를 갖는 사람에게 적합합니다.

④ 모험을 시도하고 경쟁적인 활동에 참여하는 것을 좋아하는 사람에게 적합합니다.

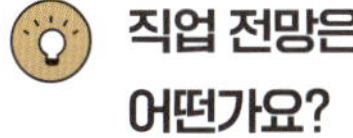 **직업 전망은 어떤가요?**

3D프린터 관련 제조업체, 재료업체, 콘텐츠업체가 증가하고 있으며 관련 산업의 매출이 늘어나면서 3D프린팅전문가의 활동 범위도 넓어지고 있습니다. 특히 의료, 패션, 제조, 교육산업 등으로의 진출이 활발해질 것으로 보입니다.

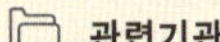 **관련기관**

(사)한국애니메이션제작자협회 http://koreaanimation.or.kr   한국지능정보사회진흥원 http://www.nia.or.kr
사단법인 한국3D프린팅협회 http://www.k3dprinting.or.kr

길벗 출판사는 전국의 〈정보〉 선생님에게 항상 최신, 최상의 IT 교육 콘텐츠를 제공합니다.

길벗출판사 〈정보〉 교과서

길벗 교과서는 선생님과 학생이 함께 배움을 익히는 교과서를 만듭니다. 누구에게나 쉽고 재밌는 수업이 되도록 실생활 예제로 흥미를 유발하고, 직관적인 설명으로 꼭 알아야 하는 핵심 개념의 학습을 유도합니다. 최고의 집필진과 수 십 명의 현직 교사가 함께 만든 최고의 교과서를 만나보세요.

중학교 정보

고등학교 인공지능 기초

소프트웨어와 생활

강력한 교사 지원 시스템
길벗 교과서 홈페이지

누구나 제공하는 기본 교육 자료는 너무나 당연합니다. 급변하는 IT 트렌드에 발맞춰 최신 IT 교육 정보를 실시간으로 업데이트하고 선생님과 공유할 예정입니다.

〈정보쿠키〉 뉴스레터

이미 전국의 〈정보〉 선생님 대다수가 구독 중입니다. 〈정보〉 선생님을 위해, 〈정보〉 선생님과 함께 만드는 국내 유일의 교과 뉴스레터. 한 달에 한 번, 최신 교육 정보와 다양한 수업 사례, 다양한 혜택의 이벤트가 배달됩니다.